失信联合惩戒制度研究

柯林霞 著

图书在版编目（CIP）数据

失信联合惩戒制度研究 / 柯林霞著. -- 兰州 : 兰州大学出版社, 2025. 5. -- ISBN 978-7-311-06896-7

Ⅰ. D922.282.4

中国国家版本馆CIP数据核字第2025GS2209号

责任编辑　王颢瑾
封面设计　汪如祥

书　　名　失信联合惩戒制度研究
　　　　　SHIXIN LIANHE CHENGJIE ZHIDU YANJIU
作　　者　柯林霞　著
出版发行　兰州大学出版社　（地址:兰州市天水南路222号　730000）
电　　话　0931-8912613(总编办公室)　0931-8617156(营销中心)
网　　址　http://press.lzu.edu.cn
电子信箱　press@lzu.edu.cn
印　　刷　兰州人民印刷厂
开　　本　710 mm×1020 mm　1/16
成品尺寸　165 mm×238 mm
印　　张　16
字　　数　305千
版　　次　2025年5月第1版
印　　次　2025年5月第1次印刷
书　　号　ISBN 978-7-311-06896-7
定　　价　96.00元

国家社科基金后期资助项目
出版说明

后期资助项目是国家社科基金设立的一类重要项目，旨在鼓励广大社科研究者潜心治学，支持基础研究多出优秀成果。它是经过严格评审，从接近完成的科研成果中遴选立项的。为扩大后期资助项目的影响，更好地推动学术发展，促进成果转化，全国哲学社会科学工作办公室按照“统一设计、统一标识、统一版式、形成系列”的总体要求，组织出版国家社科基金后期资助项目成果。

全国哲学社会科学工作办公室

本书受到作者工作单位南通大学的大力支持,谨致谢忱!

目录

导　言 ………………………………………………………………………………… 1

第一章　失信联合惩戒概述 ………………………………………………… 4

第一节　失信联合惩戒的概念和特征 …………………………………4
第二节　失信联合惩戒的演进历史 ……………………………………16
第三节　失信联合惩戒的措施 …………………………………………22
第四节　失信联合惩戒的制度功能 ……………………………………31

第二章　失信联合惩戒的标的——严重失信行为 ……………………… 36

第一节　严重失信行为的界定标准 ……………………………………36
第二节　严重失信行为类型化及其作用 ………………………………39
第三节　严重失信行为认定要件 ………………………………………44

第三章　失信联合惩戒的三大类型 ……………………………………… 48

第一节　以行政为主导的失信联合惩戒 ………………………………48
第二节　以司法为主导的失信联合惩戒 ………………………………53
第三节　以社会为主导的失信联合惩戒 ………………………………57
第四节　三大类型失信联合惩戒之间的关系 …………………………65

第四章　失信联合惩戒的理论基础 ……………………………………… 68

第一节　合作理论——联合的渊源 ……………………………………69
第二节　功利主义——联合的逻辑 ……………………………………75
第三节　道德正当性——联合的基础 …………………………………79
第四节　效率——联合的功效 …………………………………………82

第五章　失信联合惩戒的制度环境 …… 86
第一节　经济环境 …… 87
第二节　政治环境 …… 90
第三节　技术环境 …… 95
第四节　文化环境 …… 99
第六章　失信联合惩戒制度的现实考察及存在的问题 …… 111
第一节　失信联合惩戒规范的结构 …… 111
第二节　失信联合惩戒的制度依据 …… 113
第三节　失信联合惩戒的制度实践 …… 115
第四节　失信联合惩戒制度存在的问题 …… 124
第七章　失信联合惩戒制度的国际经验 …… 145
第一节　国际失信联合惩戒制度的实践 …… 145
第二节　域外失信联合惩戒制度的特点 …… 160
第三节　中外失信联合惩戒制度的差异 …… 164
第四节　域外失信联合惩戒制度的发展趋势 …… 167
第八章　失信联合惩戒的制度构建 …… 175
第一节　实体维度的构建 …… 176
第二节　程序维度的构建 …… 197
第三节　配套制度维度的构建 …… 209
结　语 …… 232
参考文献 …… 236
后　记 …… 246

导 言

假如历史没有给失信联合惩戒制度留下些许印记，后人可能对这个制度可能一无所知。本书能够起到一丁点的作用，那可能是人们能从中见证传统惩戒时代向联合惩戒时代过渡的部分真相，以及国家为治理失信问题所付出的努力和经历的曲折过程。不能认为，是出于偶然我们才发展了联合惩戒模式，人类社会不断向信用经济发展，法律的变迁支持了这一转型，法律制度以限制合同自由和失信人利益为代价，以有利于市场化的方式重塑。文明的发展是具有智慧的，人类有自我舍弃的能力，能被人类保留下来的东西，我们至少要为它保存一个镜像，但至今尚没有一部专著来记述它，这是本书写作的一个缘由。

信用领域自近代以来缺少真正的社会进步，直至失信联合惩戒制度的出现。世界正在发生变化，失信联合惩戒只是这个变化的一个体现。如果将视野放宽，自中华人民共和国成立以来，诚信社会建设的主要特征是：向几千年来的痼疾宣战，坚信制度的力量，相信科学技术能造福人类。笔者一直试图找到一个更好的解读这种变化的角度，希望找到一种理论去描述这种前所未有的惩戒方式，可以简洁地解释正在发生的变化：惩戒机构一改过去的单独行动，多个机构连接在一起，互相协作、互相联络，联合惩戒失信人，而且将他们联合在一起的是互联网等新兴技术。当今世界的信用场域逐渐变得滴水不漏，缝隙逐渐被填补，这是最醒目的变化。

变化是显而易见的，信用信息集中在网络上，使失信变得比以前更招人注意，就像马歇尔教授所说，“工人集中在工厂里干活，使失业比以前一般在农舍中干活更为惹人注目”[①]；马歇尔教授也说，“工业国家内信用网结合紧密，在国内外广泛分布，信用具有国际性质”[②]。信用注定成为这个特殊时代的一个隐喻，大到国家之间的科技、经济等冲突与博弈，小到契约合同中的得失，一切变化，最终都会在信用问题上留下不可磨灭的印记。

本书的任务之一是探寻失信联合惩戒制度强大的秘密以及其背后的

① [英] 马歇尔：《货币、信用与商业》，叶元龙、郭家麟译，商务印书馆，2011，第259页。

② [英] 马歇尔：《货币、信用与商业》，叶元龙、郭家麟译，商务印书馆，2011，第252页。

规律。就我们目前肉眼可见的现象和能接触到的现象而言，这些都是模糊的猜测，在这些猜测面前，有的现象我们可以看到，有的现象我们一无所知，但可能最后得出的结论是：全球化势必造就一个联合惩戒的时代，对联合惩戒最无动于衷的，莫过于那些全球化之外的地域或人口。

本书的任务之二是回答这样的问题，即传统惩戒模式已经存在了上百年之久，总体来看是成功的，制造了很多非凡的制度，但从20世纪起这种模式开始走向无助，20世纪到底发生了什么，促使我们重新反思信用治理问题，迫使政府试图对惩戒模式进行根本性的改革，将一些相互关联的机构汇聚成一股力量来对抗失信人呢?

失信联合惩戒在实践上的成功并不等于法律上的成功，尽管本书是对失信联合惩戒制度与法学理论之间的互动影响所作的粗浅记述，笔者仍要作如下说明：

第一，当我们试图提出失信联合惩戒制度的总体图景时，当代法理学起了重要作用。基于行政权力的失信联合惩戒如果不是事先获得来自法律的授权，它是缺乏合法基础的非法行径，失信联合惩戒的根据必须也只能来自法律，而不能是权力、道德或其他因素。法治、公民权利与自由以及国家权力的边界，这些法学学者关注的观念正在政治领域受到热切关注，这真是令人欣喜的进步。这和公务员制度广纳贤士、越来越多的法学院学生进入政府和司法系统有关。

第二，失信联合惩戒除了实践价值，其理论价值还有待学界发掘。失信联合惩戒就像海底的暗流，当它奔涌在海面上，我们才开始发现不能再忽视它，至少它的威力不能被忽视。研究失信联合惩戒制度，须从两个不同的方面加以细致考察，按照纯粹理性和实践理性的教导可能得出不同的结论，失信联合惩戒影响很多人，操作这个制度的人却很少，很少接触失信人的官员、教授和大律师如何对失信联合惩戒形成准确看法呢? 对组织联合的偏好被视为人类的本性之一，这似乎是对当代失信联合惩戒浪潮的最自然的解释。除此之外，关于失信联合惩戒可能只是一个相对片段的观察，只有在历史到达一定阶段之后，才能发展出法律的维度，从最先具有守信的道德义务到具有守信的法律义务，当信用问题被注入理性的反思，人类开始用客观的制度理由来证成惩戒的必要性和正当性时，这寓意着一个意义深远的进步。当代产生对失信联合惩戒的需求，也产生对失信联合惩戒制度专门化和正式化的需求，国家和法律起源于契约的观点在现代余音缭绕，同时暗指某种合作的模式，只是这种联合尚缺乏科学的维度。

第三，本书的目的和意义在于，指出在诚信社会建设背景下，失信联合惩戒制度迅速从经济领域延展到其他社会领域，并逐渐形成三种主要类型，即以行政为主导、以司法为主导和以社会为主导的失信联合惩戒。但这是一个尚不成熟的制度，其制度缺陷主要包括缺乏法律依据、没有统一标准、惩戒无限度扩张和行政权力的附随扩张等。回应诚信社会建设和失信联合惩戒制度本身的法治变革需求，我们应尽快促成其由行政状态下的失信联合惩戒向法治状态下的失信联合惩戒转化，从信用法律体系、基础规则、配套制度构建等方面多措并举，完成失信联合惩戒制度的法治化进程。为了完成上述任务，笔者主要采取社会调查法和跨学科研究法，社会调查是本选题的直接性来源，如果没有对相关单位进行走访调查，笔者对该主题就没有发言权；同时，失信联合惩戒制度是从法学领域和政治学领域这种混合交叉领域产生出来的，单纯从法学或政治学学科都不足以得到一个完全的解释，最后可能让读者产生一种本书不属于纯粹法学著作的印象。

在2022年的中国，有证成失信联合惩戒制度正当性的需要，在1990年的中国则无此必要。我们观察失信联合惩戒制度的进程渐次展开，即便在当下，抽象的失信联合惩戒观也没有清晰出现，“联合惩戒”一词的广泛使用不过是21世纪的事情。不能说，中国人向往诚信社会的自然本能促成了失信联合惩戒这样一个有意识的集体行动，这种开拓式的努力固然是一种有意识的选择，只是，要针对一个人制定信用规则没有多难，但要针对14亿多人，随着对象规模的增大，各种措施手段的优先排序以及意见一致程度都是问题，仰仗强力的可能性加大，不同人有不同的价值标准，难以对信用体系建设的各项主要指标的相对重要性取得一致，一致性意见减少，少数服从多数，强力介入的可能性更大。

第一章 失信联合惩戒概述

第一节 失信联合惩戒的概念和特征

从定义出发去研究问题往往不是一个正确的方法，费孝通先生提醒过，不要一上来就下定义，定义到最后才能下，要认清一个东西，提高到概念，是一件很不容易的事情[①]，因此，这里的概念其实是后来得出的。

一、失信联合惩戒的概念

失信联合惩戒是一个相对模糊的术语，至少，联合本身就是一个含混的词语。很多词汇，从日常用语的事实性陈述走向规范性陈述需要很长一段时间，如契约，虽然在现实中，人们对于合同、违约、违法都有一个大体模糊的概念，但是在立法上，在法官和律师的头脑中，这些概念都要固定下来，没有一个概念是简单的。在实务界和学界都没有对失信联合惩戒作出详细阐释的情况下，法官和专业律师在什么是失信联合惩戒这一点上和那些非专业人士的认识可能并无太大的差别，大家都是根据常识来判断的。

卡尔·拉伦茨在论及法学概念及体系的形成时提出，“由——作为规整客体的——构成事实中分离出若干要素，并将此等要素一般化，由此等要素可形成类别概念，而借着增、减若干——规定类别的——要素，可以形成不同抽象程度的概念，并因此构成体系。借着将抽象程度较低的概念涵摄于‘较高等’之下，最后可以将大量的法律素材归结到少数‘最高’概念上”[②]。失信联合惩戒是一个高度抽象的概念，按照黄茂荣先生的说法，所含概念特征愈多者，其抽象程度愈低，要将抽象程度低的概念涵摄到抽象程度高的概念之下，经由此涵摄过程可以归结出一个最高概念。依此见解，要想保障概念的稳定性，须对失信联合惩戒这个“最高概念”作分解，而失信、联合以及惩戒是环绕这个“最高概念”的

① 费孝通：《怎样做社会研究》，上海人民出版社，2013，第302页。

②［德］卡尔·拉伦茨：《法学方法论》，陈爱娥译，商务印书馆，2003，第316-317页。

子概念，借由这些子概念的襄助，才能建立起失信联合惩戒的概念。

（一）失信的概念

“失信”这个词在当代已经充满罪恶意味，这让人真正体会到卡尔·曼海姆博士在《重建时代的人与社会：现代社会结构研究》中提到的，一个以过去时代为模型的自由的概念，是妨碍人们真正理解这一问题的一个障碍①，失信这个概念即如此。它已经和不当行为混淆到极点，它不像“违约”这个词那样客观。“违约”这个词不会遭到同样的命运，没有经历过这类事件的人很难体会改动字义的做法所能达到的效果以及它引起的混乱和对理论探讨造成的障碍，地方社会信用条例将越来越多的行为纳入失信行为的范围，以致法律和道德之间原本清晰的边界变得模糊起来。这种字义的改动说明涉及政治理想的字词的变动不是一个孤立的事件，而是一个有意识的联动行为，“失信”的本义被剥夺，它失去了原有的部分内容，失信既可以包括违约违法行为，也可以包括严重不道德行为。由于失信本身的多样性和复杂性，如果仅仅按照字面意思将失信理解为不讲信用或者没有信用，还不足以诠释这种极端复杂的行为，因此要从以下两个不同角度来描述：

1.字面意义上的失信

从字面去理解失信的概念并不是一件容易的事情，失信更接近一种“日常用语”，它不是技术性词汇或专业词汇，没人费心去考查日常用语的含义。无论将日常用语变成专业用语，还是将专业用语融入日常话语，都会产生一定程度的混乱。莱奥尼提到，一旦专业词汇被融入日常话语，立刻就会变成非专业性或半专业性词汇，并以经济学家常常提及的“通货膨胀”这一语词为例②。恩迪科特则为法律的模糊性辩护，“模糊性以及因模糊性而产生的不确定性是法律的基本特征”③，继而提出“容忍原则”④，语义模糊、不确定性是语言的常见特征。

在英语世界，“失信”即“dishonesty”，意即“break one's promise”

---

①［德］卡尔·曼海姆：《重建时代的人与社会：现代社会结构研究》，译林出版社，2014，第308页。

② 美国人谈论通货膨胀通常指物价上涨，意大利人认为通货膨胀是指一国流通的货币增加，米塞斯等经济学家指出这是人们胡乱使用专业词汇最后出现语义混淆的结果。参见［意］布鲁诺·莱奥尼：《自由与法律》，秋风译，吉林人民出版社，2004，第37页。

③［英］蒂莫西·A.O.恩迪科特：《法律中的模糊性》，程朝阳译，北京大学出版社，2010，第1页。

④“容忍原则”指一事物在与该语词表达的适用有关的某一方面的细微变化不会造成适用该语词和不适用该语词之间的差异。参见［英］蒂莫西·A.O.恩迪科特：《法律中的模糊性》，程朝阳译，北京大学出版社，2010，第44页。

或"go back on one's word"，不诚实、食言、违约、变卦等都是失信的表现。常见的"credit"这个词对应"信用借贷"，和信用交易与相关征信活动紧密关联，在出发点上，西方意义上的失信和信用的概念都强调市场主体在经济方面的信用。在我国，"信"本身有十分丰富的含义，《辞海》将信的内涵分为三层：第一层是诚实，不欺；第二层是确实，信而有征；第三层是信用[①]。《辞源》均将"信"解释为"诚实，不欺"，兼有信从、信任以及的确之意[②]。《说文解字》按照"信"的字体结构解释说，"人言为信"，《弟子规》以180个字来描述"信"的内涵，如"凡出言，信为先，诈与妄奚可焉"，为世人的言行拟定了基本的行止规范。概言之，"信"的要义在于遵守承诺、诚实不欺诈、言行一致，从这个方向延伸，失信即"信"的反面，失信体现于言行两个方面，凡存在言行不诚实的情况都是失信的表现。

人类在对失信进行标准化这个问题上付出过不同寻常的努力，时代在发展，失信的范围不可能静止不动，任何以固定范围存在的东西都面临被突破的危险，这是迟早的事情。2002年，世界信用组织（WCO）［前身为"国际信用评估与监督协会"（ICASA）］发布ICE8000国际信用标准体系（以下简称ICE8000），作为检验个体是否诚信的一个标准，ICE8000逐步得到世界各国的认同，其清楚表明失信"指违反诚实信用原则的行为，即：在没有正当事由的前提下，损害他人正当权益，且事后不积极补救"[③]，并列举出9种失信行为，既包括违法行为、违约行为，也包括违反人类普遍价值原则的不当行为等。在我国，2005年成立全国信用标准化技术工作组，负责起草社会信用领域相关标准，已经发布《信用　基本术语》《信用标准化工作指南》《信用主体标识规范》等基础类信用国标，也发布了一系列信用信息类、管理类和服务类国标[④]。2008年，我国国家质量监督检验检疫总局、中国国家标准化管理委员会发布的《信用　基本术语（GB/T22117—2008）》将失信界定为"信用主体没有按照约定履行承诺的行为"[⑤]，而2018年《信用　基本术语（GB/T22117—2018）》将失信的概念变更为"信用主体未履行承诺的行

①《辞海》，上海辞书出版社，2002，第1896页。

②《辞源（第一册）》，商务印书馆，1984，第211页。

③ 参见ICE8000国际信用标准体系标准《失信行为及责任归属鉴定标准》之第二章。

④ 国家信用标准体系建设包括四类标准：信用基础类标准、信用信息类标准、信用管理类标准、信用服务类标准。参见吴维海、张晓丽：《大国信用——全球视野的中国社会信用体系》，中国计划出版社，2017，第306页。

⑤ 参见《信用 基本术语（GB/T22117—2008）》之2.2.8。

为”[1]，而且指明，信用是“个人或组织履行承诺的意愿和能力”，“承诺包括法律法规和强制性标准规定的、合同条款等契约约定的、社会合理期望等社会责任的内容”[2]。由此可见，10年间，在官方文件上，失信不再纯粹是一种违约行为，而是囊括了更宽泛的内容，违法行为和违背“社会合理期望等社会责任”的行为都被包括在内，失信行为的范围显见扩大。

由上可知，失信联合惩戒制度涵摄的失信早已突破字面上的意义，在这个制度下探讨失信，字面上的意义只是逻辑起点，人类对失信有新的价值判断，失信联合惩戒针对的是法律意义上的失信，而不是字面意义上的失信。退一步说，社会上讨论的失信和法律程序上的失信并不是一回事，至多法教义学中关于失信的表达还可能被视为一种对失信的法律讨论。

2.法律意义上的失信

法律概念和非法律概念的界分困难，部分由于“人们有一种根深蒂固的不幸倾向，即一遇到具体问题，便往往将法律因素与非法律因素搅在一起、混为一谈”[3]。当“失信”这个普通词语被法律用来作为技术术语时会发生什么？奥尔森回答过类似的问题，即“对那些被认为错误地理解了法律的人，生活可能会变得很困难。当法官责成陪审团使用的技术性的法律词汇同时也是普通的日常用语时，这种困难可能会被复杂化”[4]。出于道德义务遵守信用和出于法律义务遵守信用存在区别，哈特曾经分析过社会规则与习惯之间的差别[5]，如果失信被看作一种习惯，不必然遭受非难。失信联合惩戒制度下的失信是针对同一形态的行为方式的，这种行为方式一再出现，不仅危害社会，还危害无辜者，需要一整套具有拘束力的标准规范来对所有人提出行止要求，这是信用法律法规的意义。传统字面上失信的意义和法律上的规范性陈述实际上代表了从不同角度来处理同一对象的方式，按照戴雪的法治理念，关于什么是失

① 参见《信用 基本术语（GB/T22117—2018）》之2.13。

② 参见《信用 基本术语（GB/T22117—2018）》之2.1。

③［美］霍菲尔德：《基本的法律概念》，张书友译，中国法制出版社，2009，第10-11页。

④［英］约翰·奥尔森：《司法语言学》，王虹、欧阳国亮、刘旸菲译，中国人民公安大学出版社，2015，第9页。

⑤［英］哈特：《法律的概念》，许家馨、李冠宜译，法律出版社，2018，第109-110页。

信的论证，应该呈现出诉诸法律的特点[①]。

实践中，尚没有一部法律法规对失信做过有价值的阐释，旨在“提高全社会的诚信意识和信用水平”的社会信用条例也没有直接对失信作出界定，但对“社会信用”有过明确的表述，上海、河南、山东等地的社会信用条例均将社会信用界定为“指具有完全民事行为能力的自然人、法人和非法人组织履行法定义务或者约定义务的状态”。如果信用是“履行法定义务或者约定义务的行为和状态”，那么失信就是不履行法定或约定义务的行为和状态，由此推理，法律意义上的失信针对的是违法或违约行为和状态。这意味着只有在法律法规明确规定和契约存在的场合，才有法律意义上的失信事件发生。如此一来，仅作为客观事实的失信事件和作为法律事实的失信事件是不同的，后者才能称为法律意义上的失信。事实也是如此，日常社会生活中的撒谎或短斤少两都是当之无愧的失信行为，却不是法律针对的对象，这两种行为都属于道德领域的问题。概言之，根据多地的社会信用条例，失信是违反法定义务或约定义务的行为，落入法律范围的失信行为只有违法行为和违约行为两种。

需要说明的是，法律意义上的失信行为必须是被法律限制的行为，它排除不道德行为，法律和道德的界限始终存在。不道德行为分为两种，一种是见于法律的，另一种是在法律之外的，那些严重的不道德行为因被擢升为违法行为而成为法律针对的对象，此时，不道德行为已经上升为违法行为，不再是纯粹的不道德行为，如地方政府规章将地铁逃票列为失信惩戒事由之一。同时，更重要的是，失信惩戒制度的兴趣已经不在违约行为上，而是对违法行为和其他不正当行为表现出更多的兴趣。当前，政府更愿意将失信惩戒用在限制违法行为或其他不正当行为上面，而对于那些签有白纸黑字的契约的失信人和守信人之间的纠纷，要么可以通过协商解决，要么可以通过诉讼解决，并不是迫在眉睫的事件。当今的失信惩戒制度并不是主要用来惩戒违约人的，这个认识很关键，那么，就没有必要总是将失信人限定在违约人的“执念”上，违法者和败德者都是政府眼中的失信人。对于什么样的行为才是法律意义上的失信行为，笔者提出了三个标准：

第一，假如受害人得到的赔偿足以抵补行为人的过错，在不侵害社

① 戴雪的法治理念被概括为三个原则：第一，与专断权力的影响相比，普通的法律应当具有绝对的至高无上的地位或优势地位。第二，法律面前人人平等，或者说，每个阶层都服从于这块土地上的一般性法律，并服从于一般法院的管辖。第三，宪法源于由法院加以确定并执行的个人权利。转引自[英] 雷蒙德·瓦克斯：《法律》，殷源源译，译林出版社，2016，第9页。

会公共利益的情况下，该行为是被允许的，不是被禁止的，法律禁止的是作出该行为又拒不补救或赔偿的行为，即逃避赔偿，就像诺齐克所说的“试图逃避支付赔偿就会成为被禁止的行为”[①]。

第二，有些行为，即便得到受害人同意或给予了足够的赔偿，也是禁止的，如违法行为。赔偿金还不足以阻止人们越界，因此需要司法进一步介入，如审判，还要额外花费更多的代价才足以制止失信人的行为，当然，也可能仍然不足以制止其行为。

第三，不禁止所有的道德越界行为。不道德行为里面包括大量非故意、意外和无意识行为，如果都要进行处罚，只会给人们带来普遍的恐惧，给人们的生活带来不安全因素和广泛的风险。对不道德行为的惩戒类似于道德禁令，仅针对在道德上严重越界的人。

要将千头万绪的失信事件分为无关法律和有关法律的两部分，理论和实践就不能割裂。第一，法律意义上的失信行为是由抽象的知识体系构成的。现实中的失信描述的是真实发生了什么，法律上的失信描述的是什么样的失信不应该发生，法律意义上的失信已经脱离了现实生活，有高度抽象性，是一个思辨性问题。第二，现实中的失信杂乱无章、偶然、无序，随时随地出现，法律意义上的失信就是要将问题系统化，散落在现实中的失信就有了内在关联性，而将现实中的失信转化为法律意义上失信的动力主要是失信对社会危害的日增，失信惩戒制度的逐步引入有力地刺激了关于失信行为的理论研究。第三，现实中人们不会被要求像律师或法官那样，精确地使用失信这个术语，区分不同失信行为之间细微的差异，但这种情况在法律实践中是必备的技能，而且至关重要。现实中从来没有人去整理失信行为，这个名单一定又长又乏味，甚至人们脑海中关于失信人总会出现一幅猥琐、贪婪的画面，面目可憎，令人厌恶，这已经不是简单的“敌意想象”[②]了，信用环境的恶化，失信事件的增多，强化了环绕在失信人头上的负面光环，构建了人们对失信人的评价，这种情形说明边沁提出的“同情和厌恶原理”[③]所言非虚，人类倾

① [美] 罗伯特·诺齐克：《无政府、国家和乌托邦》，姚大志译，中国社会科学出版社，2008，第72页。

② “敌意想象”起始于对他人的刻板印象，把对方想象成是邪恶的，能让人充满仇恨或恐惧，让一个群体憎恨另一个群体，如对犹太人的排斥。参见[美] 菲利普·津巴多：《路西法效应》，孙佩奴、陈雅馨译，生活·读书·新知三联书店，2013，第10页。

③ 边沁提出的“同情和厌恶原理”又被称为“任性原理”，这是一个和功利主义相反的原理，指赞许和非难某些行动，并非由于它们趋于增大利益有关的幸福，亦非由于趋于减少其幸福，而只是因为一个人自己倾向于赞许之或非难之。参见[英] 边沁：《道德与立法原理导论》，时殷弘译，商务印书馆，2017，第70页。

向于赞许守信，厌恶失信。但要注意的是，一旦到了失信联合惩戒机制这里，普通公众或者律师都需要有一个更为精确和严格的概念。

（二）联合的概念

对失信联合惩戒的概念解读之所以难以让人满意，很大一部分归因于名词方面，归结于“联合”这个语词的模糊和不准确。语言技术问题一直被置于次要地位，但正是“联合”这个名词日后被当作反对失信联合惩戒制度的关键理由。

笔者将多次提及“联合”这个词语的特殊力量，在措辞上，“联合”最能唤起生动的形象，使失信联合惩戒制度获得生命力，是具有不同惩戒权力的机构之间的互动和联合，这使不同的失信行为面临的惩戒结果变得没有差异，都是一种联合的惩戒。实践中，《国务院关于建立完善守信联合激励和失信联合惩戒制度　加快推进社会诚信建设的指导意见》（国发〔2016〕33号）提出，“依法依规运用信用激励和约束手段，构建政府、社会共同参与的跨地区、跨部门、跨领域的守信联合激励和失信联合惩戒机制”，联合在外部形式上的表现即“政府、社会共同参与的跨地区、跨部门、跨领域”，作为一部政府性文件，这种联合还不涉及司法机关。事实上，在诚信社会建设语境下，整体意义上的“联合”是行政机关及法律法规授权的具有公共事务管理职能的组织、司法机关和社会共同参与的“联合”。

“联合”本身有协同、联结和共同的意蕴，甚至，“联合”似乎是一个有契约意蕴的词语。关于“联合”的前提，一方面是存在联合的需求，确有协调一致、共同行动的必要，这是相关主体面对客观形势作出的直觉反应；另一方面是需要两种以上的联合要素，这类似于一个生产过程需要两种不同的生产要素结合才能进行，失信联合惩戒的过程同样需要两种以上的要素结合。在失信联合惩戒的语境下，需要两个以上惩戒机构的参与，或者需要两种以上不同性质的惩戒措施，如果惩戒是由同一个惩戒机构作出，或者惩戒措施只有一项，都算不上是联合惩戒。比如，市场监管局对制售假冒伪劣产品的失信企业作出限期整顿和罚款的处罚，虽然也是两种惩戒措施的联合，却不是失信联合惩戒。再比如，侵害社会公共利益的知识产权侵权行为，既面临行政主管部门的处罚，又面临法院的司法制裁，但两个部门各自作出决定，并无联合的需求和意识，这也不是联合。在失信联合惩戒的概念中，多种惩戒手段的联合是失信联合惩戒区别于刑事、行政、民事制裁的一个主要特征，失信联合惩戒采取的是行政、道德、司法、市场等综合性手段。

（三）惩戒的概念

从字面上看，惩戒是惩与戒的结合，惩是惩罚，是一种手段；戒是警戒和告诫的意思，是一种目的，即惩罚的目的。综合起来，就是希望通过惩罚来警戒他人。一种正当的惩戒应该在手段和目的上均具有正当性，两者相统一，手段不正当或者目的不正当，都算不上正当的惩戒。如教师对学生的惩戒和体罚应该有所区别，前者是正常的教学手段，目的和手段都应在合法合理的范围内，超出一定范围的惩戒可能被认为是体罚。

基于此，惩戒和惩罚之间的差异也是明显的，惩罚是一种惩戒手段，刑事、民事和行政制裁都是一种惩罚手段，惩戒却是手段和目的的结合，以惩罚为起点，目的是警戒和预防，如果通过一种惩罚手段不能达到警戒和预防的目的，这种惩戒就是失败的。在失信联合惩戒制度中，有一项特别制度是信用修复制度，如果失信联合惩戒意在惩罚，而不是警戒和预防，完全可以摒弃信用修复制度或者将信用修复的期限极大限度地延长，正是因为失信联合惩戒目的在于治理社会失信乱象，将失信人拉回守信的轨道，因此要给失信人改过自新的机会，而不是“一棍子打死”。也是基于此，失信联合惩戒的概念要体现出其制度目的是规范社会各主体的信用行为，而不是单纯惩罚失信人。

至此，如果一定要下一个定义，失信联合惩戒是一种在信用信息数据库基础上综合运用行政、司法、道德、市场等手段对危及信用秩序的严重失信行为进行惩戒来达到规范社会各主体信用行为目的的社会约束机制。笔者将失信联合惩戒的概念和特征放在同一个章节目录之下，部分是在提醒：纯正的失信联合惩戒的概念是在记录、总结、归纳、提炼相关特征的基础上得出的。但在本节内，笔者还是将概念置于特征之前，事实上，失信联合惩戒的概念是在穷尽其特征之后的产物。

二、失信联合惩戒的特征

尽管有很多人将失信联合惩戒看作一种不同的惩戒模式，但失信联合惩戒真的具有独特性吗？还是它只是重述了惩戒机构各自的惩戒权限，将它们聚合在一起，使用了失信联合惩戒这一引人注目的表述？失信联合惩戒的决定性特征体现如下：

（一）合作

合作是失信联合惩戒的技术特征，失信联合惩戒趋向于通过合作塑造一个“无缝隙”的惩戒组织，即联合惩戒联盟，可以用连贯、集体性、完整等词汇来形容联合惩戒的组织形态，这种“无缝隙”组织能够提供种类繁多和个性化的措施，避免各自为政，而以一种整体方式作出惩戒。同时，在组织内部，各个机构之间存在的壁垒通过备忘录形式予以消解。跨部门协作的固有优势是灵活性和宽泛性，参与各方可以借此转换角色，获得之前没有的权力，对信用问题作出有力的反应。

首先，最好的惩戒体系是善于合作的体系。从各方面看，合作都是失信联合惩戒制度的基本成分，越来越多的工作要通过合作完成，不管是惩戒机构之间的合作还是和社会的合作，惩戒机构可以互换运作，以监视和控制失信人。理由很简单：下一阶段的信用问题，无论在哪个领域都是非常复杂的，没有任何一个机构能够独自解决。社会信用治理需要众多成员参与，每个机构起到的作用越来越小，为了获得效率，必须把越来越多的机构联合起来，真正的突破存在于合作之中，还包括结盟的能力。如果要对失信联合惩戒机制的模式和惯例造成的所有净效应进行汇总，可以总结为两个字——合作，它是失信联合惩戒制度最重要的特点。

其次，信用治理越来越多地来自不同机构之间的平行合作，每个机构都掌握一定的惩戒权力，但是只有将它们结合在一起才能实现增值。平行合作需要的技术和传统上的垂直治理是不同的，后者采取的是从上到下的方法，失信联合惩戒就是利用了若干因素的会合，创造了一个联合惩戒失信人的系统。或者换一种说法，世界已经发生了变化，要以新的方式和失信人互动，以便提高失信惩戒机制的效率，但是只有惩戒机构自己改变之后才能对效率提高有帮助，只有有效率地惩戒失信人，将失信人转变为守信人，才能真正保证信用秩序。惩戒效率的提高也不是简单地把各种资源堆在一起就可以解决的，更关键的是如何利用好这些资源。在失信联合惩戒的场合，惩戒机构和失信人之间的对立已经被扬弃，失信人直面的是制度，而不是具体的机构，惩戒机构不是一个，而是多个，失信人的怒火不再集中于某一个机构身上。

（二）以严重失信行为为标的

失信行为是失信惩戒制度的靶心，如前所述，法律上的失信指的是“不遵守法定义务或约定义务的状态”，失信行为分为一般失信行为和严重失信行为，后者才是失信联合惩戒的对象。失信事件的一般性和典型特征是研究失信联合惩戒制度不可忽略的部分，这种典型特征应对所有同类事件都适用，那么关于什么才是“严重”，必须有一个客观标准，就像将犯罪行为从违法行为当中分离出来需要拟定一定的条件一样。作为规范性措辞，“严重”的本义是相对于“一般”而言的，如果失信人主观恶意的程度、失信情节或造成的危害后果在程度上明显不同于一般失信行为，则有落入严重失信行为的风险，面临更严厉的失信联合惩戒，这和报复理论经常提到的“均衡性”[①]是相当的。一方面，严重失信行为是必须予以惩戒的失信行为；另一方面，要对严重失信行为予以严厉的惩戒，否则不足以制止其重复发生。

（三）建立数据库，促进信用信息共享

在我国，金融信用信息基础数据库由中国人民银行统一搭建，一方面，在中国人民银行的监督管理下，依照法律法规的要求，统一收集、管理社会公众的消费信用资料，所有金融机构依法必须加入该公共征信系统，这是强制性的，为公共征信系统提供征信数据，并可以从中获取征信数据。另一方面，以私人征信弥补公共征信的不足，公共征信和私人征信是一种互补关系[②]。2015年，中国人民银行发布《关于做好个人征信业务准备工作的通知》，要求8家机构做好个人征信业务的准备工作。同年，最高人民法院与芝麻信用通过专线方式实现数据对接，共享失信被执行人信息。如“信用中国”作为全国性信用信息平台，提供统一社会信用代码查询、行政管理信息查询、诚实守信相关荣誉信息查询、严重失信主体名单查询、经营异常名录信息查询等服务。据统计，截至2019年12月初，全国信用信息共享平台归集总量持续增长，共享平台累计归集共享各类信息约451.06亿条，更新双公示信息23860万条，包括19093万条行政许可信息和4767万条行政处罚信息[③]。截至2023年底，各级市场监管部门累计限制失信被执行人190万人次。已提供经营异常名录数据3518万条、严重违法失信名单数据255万条[④]。为了对接全国信用信息平台，地方开始筹建信息平台，如长三角公共信用信息共享平台，与全国信用信息共享平台实现信息交换共享。

“建记录”和“追责任”是信用管理制度的两大主要功能，“建记录”是“追责任”的前提，只有那些进入失信信息目录的行为才可能受到失信惩戒。参与制定《社会信用体系建设规划纲要（2014—2020年）》的

① 更严重的犯罪应接受更严厉的惩罚。参见[美] 布赖恩·比克斯：《法理学——理论与语境》，邱昭继译，法律出版社，2008，第146页。

② 李建华：《公共征信机构及其运行模式研究》，《征信》2009年第10期，第20页。

③《长三角区域将探索多领域信用联合惩戒制度》，《中国信用》2019年12月，第3页。

④《市场监管总局：依法对严重失信主体实施限制惩戒措施190万次》，https://www.creditchina.gov.cn/lianhejiangcheng/lianhejiangchenganliguiji/lianhejiangchengbuwei/202312/t20231213_327409.html，访问日期：2024年1月5日。

吴晶妹教授说，“‘黑名单’制度是社会信用体系的一部分，它的建立与运行说明我国失信惩戒机制已开始发挥作用”[①]，但“黑名单”的存在并不表明失信联合惩戒真正启动，人民法院将“老赖”列入失信被执行人名单，将信息上传至公共信息平台，和其他部门进行信息共享，其他部门才会根据联合惩戒备忘录执行联合惩戒。在现实中，并不是所有进入失信被执行人名单的失信人都会受到失信联合惩戒，那些进入名单之后采取补救措施的失信人就可能免于失信联合惩戒。但总体来说，没有信息共享，就不存在“一处失信，处处受限”的局面，公共信用信息中心就是起到一个信息中转站的作用，直接主管机关通过这个信息中转站，不同部门共享失信信息，以此为依据展开失信联合惩戒。

失信联合惩戒制度将失信信息作为一个关键性的变量，信息必须直接且快速地交换。前手在失信的源头处第一次捕捉信息，通过公共信用信息中心平台把信息反馈给后手，减少传递的时间、过程或步骤，避免浪费时间和人力资源，使整个惩戒过程一体化，起到事先控制的作用。相关机构之间保持不间断的联系，信息在惩戒机构、公共信用信息中心、银行、信用中国等机构之间来回共享，正是由于平台的存在，打破了职能部门之间的藩篱，整个失信联合惩戒的进程都在平台上得以展现，包括失信事件的缘起、惩戒措施的进展和失信人信用修复等。

（四）采取综合性惩戒手段

我们将失信联合惩戒制度看作一家综合商店，陈列着各种各样的商品（惩戒措施），无论出现哪一种失信行为和哪一类型的失信人，都能在这里找到最佳惩戒措施。对于失信人而言，联合惩戒不是不同机构惩戒措施的集合，而是一种整合的惩戒体验，是一种“一站式”的惩戒体系。根据联合惩戒设计出来的框架将惩罚的范围变成一种可以移动的范围，而不是固定不变的，正如路易斯·亨利·沙利文所说的那样，“使职能永远处于流动状态”[②]，联合惩戒就具备这样的功能，而且几项惩戒同时并举，而不是按顺序逐项进行。过去，对于危害社会公共利益的知识产权侵权行为，行政机关作出处罚需要走行政程序，司法机关作出惩戒需要走司法程序，而在联合惩戒模式下，失信信息被载入公共信用信息平台之后，一旦符合联合惩戒的要件，相应的惩戒机构可以同时启动惩戒程序。

---

① 参见2014年3月12日《法治周末》记者对吴晶妹教授的访谈。

② ［美］拉塞尔·M.林登：《无缝隙政府》，汪大海、吴群芳译，中国人民大学出版社，2014，第70页。

首先，失信联合惩戒是多种惩戒措施的综合。《国务院关于建立完善守信联合激励和失信联合惩戒制度　加快推进社会诚信建设的指导意见》将失信惩戒措施分为六种，包括行政性惩戒、市场性惩戒、行业性惩戒、社会性惩戒、计入信用记录以及失信联合惩戒，但这只是在行政背景下的分类。有学者根据惩戒的内容将失信惩戒措施分为四类：人身自由惩戒、财产惩戒、道德惩戒以及资格惩戒[①]；还有学者根据惩戒的来源将失信惩戒措施分为行政性惩戒、市场性惩戒、监管性惩戒、司法性惩戒以及社会性惩戒[②]。以上三种分类各自存在一定的疏漏，要么忽略了以失信被执行人名单制度为首的司法性惩戒，要么忽略了失信联合惩戒这种特殊的失信惩戒形式。它难以归入行政性、司法性、行业性或社会性惩戒当中的任何一类，是多种性质惩戒措施的综合，应该作为一种独立的失信惩戒形式来进行讨论，这也是本书最终的意义的一部分，如果失信联合惩戒可以归入以上种类中的任意一种，那么将其单独拿出来进行专门研究就没有太大意义了。

其次，失信联合惩戒需要综合多个惩戒机构，不同的惩戒机构具有不同的惩戒手段，联合惩戒联盟的达成本身就意味着惩戒手段具有综合性特征。失信联合惩戒属于新兴事物，反映了时代特征，不符合纯粹的惩戒权力划分思想，它并不是对惩戒权力作了微调，而是改变了整个惩戒模式和方法。一方面，当联合形成后，社会层级颠倒过来，那些起初没有被赋予惩戒权力的机构刚开始是失信联合惩戒机制的“局外人”，现在他们作为惩戒机构之一主动参与进来，这意味着失信人必须调整其信用行为，惩戒机构必须调整其治理手段，不能抱着那些陈旧的方法。另一方面，在过去，每个惩戒机构有一项或几项惩戒权力，并在法律赋予自己的区域之内提供服务，他们一般不会跨越这个区域，其他的惩戒机构也一样，大家各安其位，在自己的区域惩罚失信人，为受害人提供服务，但联合惩戒将惩戒机构手中的惩戒权力混同起来，若干个不同的惩戒机构将同在一个区域提供服务，比如在环保部门主导下，商事登记部门、市场监管部门、自来水公司、供电公司等针对失信人的非法排污行为共同作出惩戒。联合惩戒是一种共同制度，这个制度内的惩戒机构都处于一个共同制度下，由直接主管机关来判断失信行为的性质和程度，并行使他们手中惩戒的权力，联合惩戒的扳机是由直接主管机关扣动的，

---

① 李锋：《社会主体信用奖惩机制研究》，中国社会科学出版社，2017，第34页。

② 陈文玲：《整顿和规范市场秩序是一项长期任务》，《管理现代化》2004年第8期，第7页。

一旦扣动这个扳机，联合惩戒就如离弦之箭，除非修复信用，这箭再也不回头了。

综上可知，在微观上，当信用治理模式从垂直模式向水平模式转变时，失信联合惩戒趋近提高了惩戒水平，失信联合惩戒的做法有时是致命的、破坏性的，个人补救失信的可能性早已降低。同时，联合惩戒相比传统惩戒模式的特点在于它看起来不那么强势，它只是将失信人纳入黑名单，而不是像传统惩戒模式那样直接动用暴力系统，它貌似给失信人留有三思的缓冲空间，类似经过一个讨价还价的协商，如果失信人不停止失信行为，履行自己的义务，惩戒机构将采取一系列的惩戒措施，它建立起这种协商氛围，过去失信人和惩戒机构之间互相不信任，如果以联合惩戒为后盾的协商能够实现，那么它产生的结果比强制性的惩戒措施产生的结果更能让人接受，也更持久。

第二节　失信联合惩戒的演进历史

每一个历史阶段都需要不同的惩戒模式互相配合，失信联合惩戒在我国经历了下述四个阶段，不同的阶段有不同的表现。

一、萌芽阶段

这个阶段起始于20世纪中期，无疑，在当时，有新的东西正在酝酿之中，并带有尝试性质，只是我们都没有预料到，这是更为深远变化的先兆。

实践过程漫长且繁杂。一方面，行政机关主导的联合执法和协同监管在20世纪80年代已成为政府进行社会管理的一种常规手段。针对环境污染、超载超限、占道经营、交通违法、市场整治等社会治理问题，公安、工商、税务、交警等行政机关联合执法，按照当时学者的描述，“彻底理顺各级行政机关的职责与权限尚需一个过程，而行政执法的范围相当广泛，情况十分复杂，在执法的过程中，有些问题仅靠某一个部门孤军作战存在一定难度，需要有关部门协调配合。因此，一些地方政府及基层执法部门就把联合执法作为强化和维持基层原有管理现状的手段”[①]。另一方面，金融领域联合征信制度蓬勃兴起。1991年，深圳特区率先推广贷款证制度，企事业单位办理贷款以取得贷款证为前提，彼

① 顾建国、陈斌：《浅谈联合执法及其行政复议》，《中南政法学院学报》1991年第3期，第26页。

时金融机构就对企事业单位的信贷情况进行登记。1996年，中国人民银行颁布《贷款证管理办法》，在全国范围内大力推广贷款证制度，并在1997年开始电子化管理，形成以计算机网络为手段、连接商业银行并最终全国联网的银行信贷登记咨询系统。1998年，中国人民银行颁布《银行信贷登记咨询管理办法（试行）》，在全国范围内建立起银行信贷登记咨询管理系统，这种模式和国际信用管理模式是接近的[①]。社会生产经济制度的变迁，往往导致法律实体的变迁，这是法律发展史上的一个规律，这在中外都有很多事例可以证明，比如针对我国城乡一体化进程中的农民工问题，出台的规范不计其数，为农民工讨薪出台了《建设领域农民工工资支付管理暂行办法》《司法部、建设部关于为解决建设领域拖欠工程款和农民工工资问题提供法律服务和法律援助的通知》等文件，为保障农民工劳动条件出台了《关于进一步清理和取消针对农民跨地区就业和进城务工歧视性规定和不合理收费的通知》《国务院办公厅关于做好农民进城务工就业管理和服务工作的通知》等文件。

在这个时期，如经济学家温元凯教授在2001年所言，“从完整意义上看，我们几乎可以说没有信用体系”[②]，彼时行政机关主导的联合执法和协同监管还只停留在执行层面，行政处罚仍旧以直接行政主管机关的单方名义作出，还没有上升到联合惩戒的程度。在当时，初具雏形的失信联合惩戒主要针对金融领域的失信违约行为，是局部领域的特殊制度。

二、改革试点和筹备阶段

金融领域联合征信制度的成功实践吸引了实务感强烈的政府，失信联合惩戒最早被官方认可并接纳就是在金融领域。1999年，上海率先开展个人信用联合征信体系建设的试点，内地首家第三方征信机构成立于上海。2001年，企业信用联合征信系统开始创建，上海市社会信用联合征信体系初步建立。同年4月，国家经济贸易委员会、国家工商总局等十部门联合发布《关于加强中小企业信用管理工作的若干意见》（国经贸中小企〔2001〕368号），为了实现社会化的中小企业信用监督管理，探索建立部门间联合的信用信息征集与信用评价体系，以企业为主体的信

① 皮卫东：《银行信贷登记咨询制度：我国信用管理体系建设的开端》，《南方金融》2001年第7期，第21-22页。国际信用管理模式分为三种：一种是以中央银行为主体的国家社会信用管理体系；一种是以商业征信公司为主体的国家社会信用管理体系；还有一种是以银行协会建立的会员征信机构和商业性征信机构共同构成的国家社会信用管理体系。

② 唐冰开：《华尔街归来看中国信用体系——著名经济学家温元凯教授谈中国信用体系的构建》，《现代商业银行》2001年第10期，第31页。

用体系建设启动，这和我国当时建设社会主义市场经济体制和加入WTO的时代背景是契合的。2004年7月，江浙沪三地政府在上海签署《信用体系建设合作备忘录》，推进信用资源共享，共同创建“一处失信，处处制约”的区域联动机制。同在2004年，长江三角洲（简称“长三角”）16个城市共同发表《共建信用长三角宣言》，即中国第一份区域性政府间“信用宣言”，提出将对区域内的偷逃税款、拖欠债务、恶意违约、假冒伪劣和商业欺诈等行为，形成“一处失信、处处受制”的制约体系，可见“一处失信，寸步难行”这种提法早在2004年就已经出现。2006年7月，中国银行业监督管理委员会发布《关于进一步加强房地产信贷管理的通知》，提出“加强同业合作，防范和控制客户跨行违约行为，建立违约客户‘黑名单’等联合惩戒机制”。2007年，黑龙江省政府工作报告也基于稳定金融市场的目的，提出要“建立失信联合惩戒机制”，官方最早系统提出失信联合惩戒的文件是2007年《国务院办公厅关于社会信用体系建设的若干意见》（国办发〔2007〕17号），“逐步建设和完善以组织机构代码和身份证号码等为基础的实名制信息共享平台体系，形成失信行为联合惩戒机制，真正使失信者‘一处失信，寸步难行’”。此时，政府已经绸缪帷幄，开始系统谋划社会信用体系建设大局了。2012年，国家发展和改革委员会、中国人民银行等七部委联合印发的《关于进一步加强药品安全信用体系建设工作的指导意见》提出，失信联合惩戒机制是直接作用于药品安全领域各主体信用行为最有效的制度安排。2013年，《黑龙江省企业失信行为联合惩戒实施办法（暂行）》已经开始区分一般失信、较重失信和严重失信，并对较重失信以上的行为施以联合惩戒。值得关注的是，在中央层面，最重要的两部信用管理条例，即2013年《征信业管理条例》和2014年《企业信息公示暂行条例》相继问世。在地方，2011年11月《陕西省公共信用信息条例》出台。可见，从中央到地方都在探索信用治理的规范框架。

特别要说明的是，在这个阶段，最高人民法院于2010年颁布《关于限制被执行人高消费的若干规定》，并于2013年颁布《关于公布失信被执行人名单信息的若干规定》，联合银行、铁路、航空等部门对失信被执行人进行惩戒，司法机关开始逐步参与到失信联合惩戒网络中来。

三、快速发展阶段

这个阶段为2014—2018年，国家关于失信联合惩戒的重大指导性文件主要出自这个阶段。2014年，《社会信用体系建设规划纲要（2014—

2020年）》发布，提出要“建立多部门、跨地区信用联合奖惩机制”，但仅仅针对两个领域提出失信联合惩戒，一是统计领域[①]，二是知识产权领域[②]。2016年，在《国民经济和社会发展第十三个五年规划纲要》（简称“十三五”规划）中，“完善社会信用体系”由第71章专章列出，明确提出要“健全多部门、跨地区、跨行业联动响应和联合惩戒机制，强化企业信用依法公示和监管，建立各行业失信黑名单制度和市场退出机制”。同在2016年，中央发布《国务院关于建立完善守信联合激励和失信联合惩戒制度　加快推进社会诚信建设的指导意见》，这是国家层面第一份专门关于信用联合奖惩机制的文件，是关于失信联合惩戒的官方行动指南。在这个阶段，主要依靠政府直觉和经验进行决策和管理，追求效率，这是一个全面探索的阶段，也是一个发现问题的阶段，关于失信联合惩戒的很多问题都被暴露出来。但正如温元凯教授所言，在当前，最重要的不是去追究失信联合惩戒制度的好与坏，是否完善，当务之急是把失信联合惩戒的框架先建起来，然后再进一步完善[③]。在以上一系列政府指导性文件的指引下，2017年，《湖北省社会信用信息管理条例》《上海市社会信用条例》《河北省社会信用信息条例》《浙江省公共信用信息管理条例》相继出台，《河南省社会信用条例》彼时亦在酝酿之中。继2011年《陕西省公共信用信息条例》之后，多个省市先后出台关于信用的地方性法规，失信联合惩戒制度在真正意义上逐渐成为一项专门的法律制度。

需要注意的是，失信联合惩戒备忘录在此阶段应运而生。一方面，在行政领域，许多重要领域的行政性失信联合惩戒文件都诞生于这个阶段。国家公共信用信息中心在2019年9月发布的信息显示，“截至2019年8月底，各部门共签署51个联合奖惩备忘录。其中，联合惩戒备忘录43个，联合激励备忘录5个，既包括联合激励又包括联合惩戒的备忘录3

① 参见《社会信用体系建设规划纲要（2014—2020年）》第二部分“统计领域信用建设”，“加大对统计失信企业的联合惩戒力度。将统计失信企业名单档案及其违法违规信息纳入金融、工商等行业和部门信用信息系统，将统计信用记录与企业融资、政府补贴、工商注册登记等直接挂钩，切实强化对统计失信行为的惩戒和制约”。

② 参见《社会信用体系建设规划纲要（2014—2020年）》第二部分“知识产权领域信用建设”，“重点打击侵犯知识产权和制售假冒伪劣商品行为，将知识产权侵权行为信息纳入失信记录，强化对盗版侵权等知识产权侵权失信行为的联合惩戒，提升全社会的知识产权保护意识”。

③ 唐冰开：《华尔街归来看中国信用体系——著名经济学家温元凯教授谈中国信用体系的构建》，《现代商业银行》2001年第10期，第32页。

个”[1]。事实上，以上备忘录出台的时间跨度基本上位于2014—2018年，这些备忘录也主要是国家层面的失信联合惩戒。在地方层面，由于国家对失信联合惩戒尚无明确的限制，一时之间，失信联合惩戒处于井喷状态，遍及全国各个地方，以致有学者预估：“据不完全统计，含有‘失信联合惩戒’内容的地方规范性文件等各类红头文件已经有上千件之多，且在不断增长。”[2]可见，不仅有国家层面的失信联合惩戒，也有省级、市级，甚至区级、县级的失信联合惩戒，各地方根据实际情况制定符合各自需要的失信联合惩戒制度，这种权力“下移”现象本身并不多见。总体而言，国家层面失信联合惩戒主要是以备忘录的形式出现，而地方层面失信联合惩戒主要以“实施办法”的形式出现，如2018年江苏省南通市如东县出台《关于对失信被执行人进行联合惩戒的实施办法（试行）》，对同一社会领域，同一性质的对象，不同地方制定不同的失信联合惩戒规范，情况相当混乱。另一方面，在司法领域，最高人民法院于2015年修改《最高人民法院关于限制被执行人高消费的若干规定》，2017年修改《最高人民法院关于公布失信被执行人名单信息的若干规定》，失信被执行人名单制度日趋完善。司法机关和其他机构之间频繁互动，积极参与到社会信用体系建设中来。2014年《“构建诚信　惩戒失信”合作备忘录》（文明办〔2014〕4号）和2016年《关于对失信被执行人实施联合惩戒的合作备忘录》相继颁布，意味着以司法机关为中心的失信联合惩戒的包围圈不断扩大。正如2018年《最高人民法院工作报告》所指出的，截至2018年，“联合国家发改委等60多个单位构建信用惩戒网络，形成多部门、多行业、多手段共同发力的信用惩戒体系”，以司法机关为中心的失信联合惩戒机制建立起来了。

可以看到，2014年以来，我国开启有史以来最大规模的信用改革，将积蓄已久的怒火瞄准失信人，并借着高涨的诚信社会运动的东风，向失信人发起猛攻。但随着失信联合惩戒机制的推进，产生广泛影响，来自不同群体的意见纷至沓来，失信联合惩戒同样会有错误，遭到社会公众的重重质疑，这使得政府急切推动信用改革的愿望一时受挫，政府意识到，基本的合法性问题还是要解决，监管措施还是必要的，于是，2018年之后，改革的步伐慢了下来。

---

①《2019年8月新增失信联合惩戒对象公示及说明》，http://www.gov.cn/fuwu/2019-09/05/content_5427393.htm，访问日期：2022年4月28日。

② 贾茵：《失信联合惩戒制度的法理分析与合宪性建议》，《行政法学研究》2020年第3期，第100页。

四、调适与改革阶段

自2019年起，行政领域失信联合惩戒制度陷入暂时性停顿，相比司法领域，行政领域失信联合惩戒遭遇更大更多非议，它和现行法律制度和传统理念相冲突，失信联合惩戒备忘录更是招致众多非议[①]，失信联合惩戒和整个社会体系的适应不良被清楚地反映出来。如门中敬教授提到的失信联合惩戒的问题核心是污名，污名的泛化会带来诉讼风险和合法性危机[②]；还有学者指出，失信联合惩戒的泛道德化倾向[③]和合宪性问题[④]，如果这些争议不能解决，失信联合惩戒制度不能成立，无法自立，这是失信联合惩戒制度要经历的危机，危机处理的成功与否意味着两个不同的极点，最终影响失信联合惩戒制度的走向和命运。在实践中，2020年《关于进一步规范公共信用信息纳入范围、失信惩戒和信用修复构建诚信建设长效机制的指导意见（征求意见稿）》和2022年《中华人民共和国社会信用体系建设法（向社会公开征求意见稿）》的公布表明，政府逐渐认识到失信联合惩戒制度的固有缺陷，需要时间来予以调适，如《中华人民共和国社会信用体系建设法（向社会公开征求意见稿）》将联合惩戒严格限制在社会服务和社会保障领域以及知识产权领域。

当前，失信联合惩戒制度达到一个关键阶段，涉及更多的人物和机构，如果我们还记得2018年左右从中央到地方掀起的失信联合惩戒浪潮，那还只是序曲，过去的几年时光都在磨炼这个新式工具，现在才进入关键阶段，这个所谓的关键阶段指的就是对失信联合惩戒制度的全方位改造。当下正处于第四阶段，但正如《中共中央关于全面推进依法治国若干重大问题的决定》所言，要“实现立法和改革决策相衔接，做到重大改革于法有据、立法主动适应改革和经济社会发展需要”，下一个阶段将是一个法治阶段，依靠科学的法律制度体系实现失信联合惩戒制度的要旨，依靠成熟的社会整体信用法律制度达到理想境界。当前，失信联合惩戒制度中的精华或糟粕可能被未来的立法所吸收或否定，地方失

① 吴堉琳、刘恒：《信用联合奖惩合作备忘录：运作逻辑、法律性质与法治化进路》，《河南社会科学》2020年第3期，第11页。

② 门中敬：《失信联合惩戒之污名及其法律控制》，《法学论坛》2019年第11期，第18页。

③ 周海源：《失信联合惩戒的泛道德化倾向及其矫正——以法教义学为视角的分析》，《行政法学研究》2020年第3期，第69页。

④ 贾茵：《失信联合惩戒制度的法理分析与合宪性建议》，《行政法学研究》2020年第3期，第95页。

信联合惩戒制度试点也可以为国家顶层设计提供有益的借鉴。由于失信联合惩戒制度牵涉社会多个领域，跨越多个部门，涉及多项公民权利义务，它将以特定的方式继续生长和变化。但是，学界关于失信联合惩戒的理论研究过于薄弱，信用体系建设这个概念在2001年之后才真正进入学界的视野[①]，失信联合惩戒则在2018年之后才逐渐为学界所关注，不能为实务界提供有意义的指南，目前的情形都显示，合乎法治原则的失信联合惩戒制度的产生尚需时日。

综上所述，以上四个阶段，每一个阶段都具有质的变化，不同阶段彼此联结，从中可以清晰地看出失信联合惩戒制度在当代的发展脉络。它并不是凭空出现的，它有自己的演进历史，反映着时代诚信观念的变迁。失信联合惩戒看似是接近社会生活的某种副产品或从属物，但并非不可缺少的要件，如果说它是不可或缺的，这同样有违逻辑。因为即便在奴隶社会，失信事件也大量存在，没有失信联合惩戒的存在，社会信用秩序依然被其他力量强制地向前推动着。应当说，失信惩戒和其他制度一样，在历史上的不同时期所呈现出来的形式是不同的，它的内容不是永恒的、不变的，只不过在现代，失信惩戒以联合惩戒的形式呈现出来。在古罗马的《十二铜表法》中，失信惩戒的内容是完全刑罚式的，债务人的人身甚至生命都被列入惩戒的范围，这显得直接而强烈，而现代社会的失信惩戒是间接的、隐晦的、留有余地的，它往往被限制于经济利益的范围，而一般不延及政治或其他权利。

第三节　失信联合惩戒的措施

奥斯本和普拉斯特里克提出的“元工具”概念发人深省，要将多种策略连贯整合起来，最简单的方法是找到“元工具”，它是能够发挥两种或三种战略作用的工具[②]。在制度创立之初，谁也无法确定一个制度的全部技术细节，如果要使社会公众包括学者积极支持失信联合惩戒制度，而不是消极对抗和腹诽它的话，就必须使其得到公开的阐释。辛普森教授说：“我们对于法律体制的信心，正是基于法律对于低劣行为所能采取

① 据知网数据，第一篇关于信用体系建设的文章发表于2001年，在此之前，没有直接、系统关注信用体系建设的文章。

② ［美］戴维·奥斯本、［美］彼得·普拉斯特里克：《再造政府》，谭功荣、刘霞译，中国人民大学出版社，2014，第264页。

的强制措施。”[①]联合惩戒的精妙之处在于将一切惩戒手法集体化和精致化，让失信惩戒第一次找到一种联合的表达方式。失信联合惩戒措施的特殊性是失信联合惩戒措施有别于刑事、行政、民事制裁的一个重要方面。美国学者亚里山德罗（Alessandro De Giorgi）提到，“每种‘生产方式’都知道其独特的‘惩罚方式’”[②]，反过来说，同一种惩罚方式并不对所有社会主体都有功效。失信联合惩戒措施是在失信惩戒措施的基础上集合生成的，而且，同一部门作出两种不同的惩戒措施通常难以构成联合惩戒。因此，在实质上，失信联合惩戒措施其实就是来自不同部门的两种或多种惩戒措施的结合。

一、失信联合惩戒措施的种类

理想的失信联合惩戒，是把一条确定的惩戒规范应用到事实中去，这个过程可以用一个公式来表示：严重失信行为×惩戒措施=失信联合惩戒。除了严重失信行为的范围，各种惩戒措施似乎构成了联合惩戒制度的全部。事实上，法律也是通过各种惩戒措施发挥作用的。基于实质正义的考虑，需要规定不同类别的人应该受到怎样不同的对待，就像它不会针对全体人类，只会针对一部分人一样，而这一部分人中又要作出不同的分类，给予不同的惩戒。归结起来，当前的联合惩戒措施主要有如下几类：

（一）对外公开和共享严重失信信息

失信行为泛滥成灾，失信惩戒不仅是填补问责机制的机制，还是克服失信人和社会公众之间信息不对称的重要机制。信号原理作出提示说，违反规范不仅让违法者付出代价，还包含了更重要的信息，即关于违反者在未来环境里的信息，而且是不利信息。最初，信用信息量少，可是当信息量变大时，参与方通过信息沟通工作，不发出信号的人不会受欢迎，直至被淘汰，因为这些参与方违反了一致被遵守的规范，因此受冷落，那些原本没有参与失信联合惩戒的机构不想被边缘化和排斥，就要追随联合惩戒联盟，所以联合惩戒变成了一种新规范。

首先，共享失信信息不等于公开失信信息，比如金融机构内部共享不良贷款人信息，但并未对外公开。同时，共享失信信息往往使失信人在某一社会领域或行业受到特定限制，公共机构参考失信信息，作出相

① ［英］布赖恩·辛普森：《法学的邀请》，范双飞译，北京大学出版社，2015，第27页。

② Alessandro De Giorgi，*Re-Thinking the Political Economy of Punishment*：*Perspectives on Post-Fordism and Penal politics* (New York:Routledge Press,2017)，p.1.

应的决定，但这一惩戒并非必然发生，公共机构可以参考失信信息，也可以不参考失信信息，因此，对失信人而言，内部共享失信信息有时只是小范围内的惩戒。

其次，对外公开和共享失信信息与计入信用记录是有区别的。虽然在很大程度上它们源于信号原理，“违背规范就会给出一种关于你个人类型的信号”[①]，失信信息都是对失信人不利的信息，当越来越多的人通过信号来取得他人的信息时，信用记录从表示一个人的信号变成表示一类人的信号，守信者受欢迎，失信人受排斥，信用记录对失信人进行身份识别让失信人付出代价，但是两者之间是有区别的。计入信用记录有计入内部信用记录和计入外部信用记录的区别，只有后者才可能出现对外公开和共享失信信息的情形。

无论是对外公开还是共享失信信息或是计入信用记录，都是将失信人从匿名状态转为公开状态的过程，匿名状态对失信人的影响极为隐晦。津巴多教授曾以一本专著来描述一个好人是如何变成恶魔的，他通过实证实验得出结论：任何让人感觉拥有匿名性的事物或情境，也就是任何让人觉得像是没人认识或想认识他们的状况，都会削弱他们个人的行为辨识度，并因此创造出为恶的潜在条件[②]，即匿名性会帮助人们变成潜在的失信者。

（二）限制资格

限制失信人取得某一方面的资格，如限制其担任企事业单位的法定代表人、限制其招投标资格、限制其担任某些职务[③]等，就等于将失信人与其他公民区别对待。

柏拉图在《理想国》中描述的分配正义即不同品德的人享有不同的政治权力、社会荣誉和财产数额[④]。诚信社会认为诚信价值应该得到更高的估价，建设诚信社会，施行失信联合惩戒，在把失信惩戒权力交由惩戒机构时，实际上就是将惩戒机构置于有权决定失信人是否取得某些权益的地位。在现代社会条件下，人们几乎每一件事都需要外部提供条件和手段，社会分工使人们的每一个活动都成为社会进程的一部分，惩戒

---

① ［美］罗伯特·阿克塞尔罗德：《合作的复杂性》，梁捷、高笑梅译，上海人民出版社，2017，第64页。

② ［美］菲利普·津巴多：《路西法效应》，孙佩妏、陈雅馨译，生活·读书·新知三联书店，2013，第349页。

③ 参见2022年《河南省法院公布十大失信联合惩戒典型案例》。

④ 分配正义即求得比例的相称，不同地位、不同身份的人按等比例原则办事。参见徐爱国：《法学的圣殿——西方法律思想与法学流派》，中国法制出版社，2016，第13页。

机构通常有意识地控制着这些条件和手段，它有权决定给失信人什么和按照什么条件给失信人，实行失信人和守信人之间的差别待遇。在限制资格方面，惩戒机构的权力几乎是无限的，惩戒机构更多的是作为管理者和利益提供者来进行活动的。

限制或取消资格是失信联合惩戒施行的主要手段之一，可以对这一措施作简要分类：第一，在政府监管方面，限制不动产交易，限制特定项目审批核准，限制发起设立或参股金融机构、类金融机构，限制股票上市，限制债券发行，限制银行融资信贷，等等。第二，在市场或行业准入方面，限制参与从事互联网信息服务，限制参与政府招标投标、政府采购等公共资源交易活动，限制参与基础设施或公用事业特许经营活动，限制财政性资金项目上的申请资格等。第三，在从业资格方面，限制担任法定代表人、高级管理人员以及董事、监事等职务，限制公务员招录等。第四，在精神荣誉方面，限制评优评先，已经取得的资格或荣誉也可以被取消。第五，在社会活动方面，限制高消费，限制出境，限制乘坐飞机和列车的较高席次，限制度假，限制入住高级宾馆，等等。一言以蔽之，在一定范围内限制严重失信人从政府、市场或社会获得利好待遇。

（三）加重处罚

每个时代威慑失信者的方式大多如出一辙，手段无非两种：一是加重惩戒，二是重复惩戒。加重或重复，它们各自都对失信人具备强大的威慑力，失信联合惩戒制度兼具两种功能，在法理上，同等情形同等处置。反言之，针对不同程度的情形，应有不同的处置，这是形式正义[①]。客观来说，除了处罚的加重，失信联合惩戒的另一特征是惩戒的重复，只要明白重复惩戒的作用，就可以理解它对公众的影响，这种影响来自一个事实：不断重复的惩戒，即便力度不大，也是叫人不堪忍受的。

在心理上，失信人受到单一惩戒是可接受的，因为人为自己的每一个错误买单总是为人所接受的，而且是一次错误接受一次惩戒，一次性了结，不会祸及将来，这已经固化成一种习惯。现在，联合惩戒要在原来的一次惩戒基础上增加第二次，甚至多次惩戒，无论增加的惩戒是否实现，在失信人看来都不可接受，引发无数抗议，因为它给人的心理暗示是：一次错误接受了多次惩戒，显得很重。仅仅从惩戒机构的数量上，

① 正义概念分为一般的和形式的，形式正义要求同样事情同样对待，不同事情不同对待，并给予每个人应得的待遇。参见［英］尼尔·麦考密克：《法律推理与法律理论》，姜峰译，法律出版社，2018，第88页。

失信人就感受到不同寻常的压迫感，从而刺激了群体的神经，而且事实上，失信联合惩戒的确加重了惩戒的力度，要对一个群体从法律上施以比过去重得多的惩戒，当然需要谨慎处理。在失信联合惩戒制度下，出现多个机构或机构联盟，在一个区域内并存多个具有支配性地位的机构，这从一个侧面说明，“一事不二罚原则”部分被突破，没有什么原则是固若金汤、不可突破的，失信人从事类似“西西弗斯式”的工作，只要不纠正失信行为，就要不断“推石上山”，接受不断的失信惩戒，往复不断，如果硬说这种制度非人为设计，因巧合产生，这种解释很难站得住脚。

（四）降低信用等级

2018年，安徽省税务局在官网公开了一则联合惩戒案例，一纳税信用评价为D级的企业因纳税意识淡薄，多次未按规定期限申报纳税，被税务机关依法认定为非正常户，该企业如申请纳税信用复评，则要缴清欠缴税款、滞纳金及罚款等。

失信人属于异质性群体，失信惩戒机制要在不同人之间建立起“信用差距”。降低信用等级指惩戒机构降低严重失信人的信用等级，主要针对企业，而不是个人。降低信用等级的前提是信用评级，基于行业标准的差异，不同行业有不同的信用等级标准，如我国纳税信用等级分为A级、B级、C级、D级和M级[①]，《关于对重大税收违法案件当事人实施联合惩戒措施的合作备忘录》将纳税信用级别直接判为D级作为惩戒措施之一，如海关总署根据2021年新修订的《中华人民共和国海关企业信用管理办法》的规定，降低高级认证企业的信用等级[②]。

信用评级在西方国家是一种社会中介服务，由信用中介服务机构为社会提供企业或个人的资信信息，提供决策参考，如美国著名的三大信用评级机构[③]。在我国，政府转变职能之后，对市场主体的信用评级主要通过第三方信用评级机构来进行，而不是由政府来进行。同时，有的地方法规规定政府机关不得参与信用评比活动，如《浙江省企业信用信息征集和发布管理办法》（浙江省人民政府令第194号）[④]。在当代，政府

① 最初评定纳税信用等级时，只分为A、B、C、D，2018年《关于纳税信用评价有关事项的公告》新增M级。

② 参见《中华人民共和国海关企业信用管理办法》第二十一条。

③ 美国三大信用评级机构包括穆迪公司、标准普尔、惠誉国际，这也是美国证券交易委员会认定的信用评级组织。

④《浙江省企业信用信息征集和发布管理办法》第二十条就规定：“除法律、法规、规章和国家有明确规定外，行政机关及其所属的机构不得组织或者变相组织企业信用评比活动。社会中介机构向社会提供企业信用状况调查评估等服务的，应当按照有关规范进行……”

逐渐认识到企业的信用等级不应由官方认定，而主要应由市场主体或民间机构来认定，因此坚持“只记录，不评价”的原则。但在诚信社会建设背景下，有的惩戒措施须改进，有的惩戒措施被逐渐弃用，信用评级又被重新启用。概言之，目前还处于探索阶段，没有可以借鉴的先例，各个地方只能根据各自实际情况摸索出自己的标准。

（五）将失信信息作为参考

“将失信信息作为参考”指允许相关机构参考失信信息对严重失信人作出具体行为，它是一个任意性规范，既可以参考，也可以不参考，因此，惩戒可能发生，也可能不发生。联合惩戒的一个特征是使惩戒机构在惩戒决策上更具影响力，赋予惩戒机构一定的自由裁量权能产生更有效的惩戒结果。当前，很多失信联合惩戒措施都是高度抽象化的，甚至是一些看似无用的措施，比如“将失信信息作为参考”，其能增加惩戒的可能性，术语也不那么严谨，无论将来最终采取什么样的措施形式，惩戒机制都会面临某些难题，这些难题反映出联合惩戒机制处于某种困境，暂时还没有找到精准打击严重失信人的办法。

公开和共享失信信息是将失信信息作为参考的前提。在《中华人民共和国政府信息公开条例》出台之前，很多失信信息被封锁在政府内部，“信息壁垒”“信息割据”的存在使失信信息无法被社会其他主体所掌握，失信联合惩戒施行的依据就是失信信息的客观存在，失信信息在各个机构之间共享，各个机构将失信信息作为作出具体行为的参考。

首先，参考的范围有限制，只有在规定的范围内才能参考失信信息。如金融机构授信、股票和可转换债券发行审核、股份转让、系统挂牌公开转让、上市公司实行股权激励计划或相关人员成为股权激励对象的事中事后监管、非上市公司重大资产重组审核、基金销售资格审批、低保等救助对象的认定、保障性住房等保障对象的认定以及复核其救助保障资格等，在此范围之外，不允许以失信信息为参考。

其次，参考的机构有限制，不是所有的机构都能参考失信信息对严重失信人作出惩戒。当前，哪些机构可以参考失信信息作出联合惩戒，在失信联合惩戒备忘录上都有明确的记载，这些机构在参考失信信息后对对象进行重新评估，从而对严重失信人作出肯定或否定的决定。

再次，要想将所有政府行为都通过参考失信信息确定下来是不现实的，每一项政府政策都需要具体的实施措施，如果所有的实施措施都可以预先参考失信信息确定下来，失信人接受的惩戒就无边无际了。因此，只要这条惩戒措施存在，自由裁量权就必须同步赋予，立法要做的是如何防止自由裁量权被滥用。

（六）加强监管

加强监管指对严重失信人加强监督管理，在具体手段上，有加大日常检查力度，增加抽查、检查频次，列为重点监管对象，列入异常名录等。一方面，这是在强化直接主管部门的监管职责；另一方面，这起到督促和警戒严重失信人的作用，将严重失信人尽快拉回守信的轨道。这也是工商、税务、环保等负有直接监管职能的部门针对管理对象作出的最为常见的联合惩戒措施之一，如《关于对失信被执行人实施联合惩戒的合作备忘录》就提出，失信被执行人或以失信被执行人为法定代表人、高级管理人员、实际控制人、监事、董事的企业单位将是重点监管对象，要加大日常监督力度，提高随机抽查频次和比例。

首先，加强监管的执行单位主要是行政机关以及被授权的具有公共管理职能的机构。行政监管措施包括行政处罚类监管措施和非行政处罚类监管措施两种。前者在法律上有一套完整的体系，在性质上是一种强制性措施，其种类法定，《行政处罚法》对行政处罚的种类有明确限定[①]。后者用于管理和监督，不属于行政处罚，但具有惩戒性质，范围很广，包括29种类型[②]，在这29类监管措施中，约谈、出具警示函、要求报送专门报告等都是加强监管的方式。

其次，惩戒措施的功效不仅依赖于它们是如何产生的，还依赖于对失信人的最终影响，需要关注的重点是失信人最终得到了什么。惩戒措

① 2021年新修定的《中华人民共和国行政处罚法》第九条规定："行政处罚的种类：（一）警告、通报批评；（二）罚款、没收违法所得、没收非法财物；（三）暂扣许可证件、降低资质等级、吊销许可证件；（四）限制开展生产经营活动、责令停产停业、责令关闭、限制从业；（五）行政拘留；（六）法律、行政法规规定的其他行政处罚。"

② 非行政性监管措施包括：（1）监管谈话、谈话提醒；（2）重点关注、出具监管关注函、出具警示函；（3）记入诚信档案；（4）责令改正；（5）指定中介机构进行核查；（6）要求报送专项报告、提交合规检查报告，要求披露资料；（7）请司法机关禁止其转移、转让或者以其他方式处分财产，或者在财产上设定其他权利；（8）通知出境管理机关依法阻止其出境；（9）限制业务活动；（10）限制分配红利；（11）限制向董事、监事、高级管理人员支付报酬、提供福利；（12）限制转让财产或者在财产上设定其他权利，限制证券买卖；（13）限制董事、监事、高级管理人员的权利；（14）责令保荐机构更换保荐代表人；（15）限制有关股东行使股东权利；（16）责令暂停部分业务，停止批准新业务；（17）停止批准增设、收购营业性分支机构；（18）责令暂停或者停止收购、暂停或者终止回购股份活动；（19）暂停履行职务；（20）指定其他机构托管、接管公司；（21）暂不受理业务或业务资格申请、暂缓审核相关申请；（22）责令更换董事、监事、高级管理人员；（23）责令股东转让股权；（24）一定期间内不受理有关文件、申请或推荐；（25）记入诚信档案并公布；（26）向社会公示违反承诺的情况；（27）认定为不适宜担任相关职务；（28）被认定为不适当人选；（29）不予注册登记，从名单中删除；（30）证券市场禁入；（31）撤销证券公司。

施很多，罗列的选项看起来很多，但这并不能说明失信人所受到的所有惩戒。失信人受到的共同惩戒措施只有几样，如银行限制信贷、公开失信信息，其他惩戒措施能否兑现还要视失信人的情况判断，不是所有失信人都面临就业的问题，也不是所有失信人都面临工商登记的问题。不同的社会领域可以实行不同的惩戒措施，几乎所有提出来的联合惩戒措施都是模式化的，按照失信人行为的种类、性质、失信程度、危害后果或者各项的权重综合分布，失信人受到的惩戒却不是模式化的，惩戒的变化在很大程度上由各个变项来加以解释。

事实上，法律无须对失信人采取过于暴烈的方法，虽然失信人诡计多端，但是基本上在面对法律时都是合作的，那些失信人对自己的行为少有辩护，都是安安静静地接受惩罚，不吵不闹地等待法律的惩戒。笔者在调研过程中接触的唯一一位被惩戒人[①]反复强调自己的过失，表示真诚的羞愧，一个原因是关于信用的问题，人们有普遍的感知，失信是错误的行为，应该在道德上和法律上接受失信惩戒，人们早已养成了这种服从性，法律要做的是如何使惩戒合法且公平合理、程序公正，一旦失信事实确凿，失信人的抵抗都趋于徒劳。当然，也有少数失信人并不打算向法律屈服，监狱、警察等强制力量或失信联合惩戒都不能解决失信问题，这种可能性也是存在的。

二、失信联合惩戒措施的特征

惩戒措施在一定程度上将失信联合惩戒与刑事、行政和民事制裁区分开来，或者说，惩戒措施打破了传统刑事、行政和民事制裁手段的分类，对过去已经存在的非正式手段加以改进，将其作为正式手段重新呈现出来。

第一，措施的灵活多样性。对联合惩戒模式最极端的看法是，它设立多元化的惩戒机构以及惩戒措施，将其当作商品和服务来提供，具有灵活性和弹性，而不是像单一惩戒模式那样，每一个组织只提供一种商品或服务，比如法院负责作出有罪判决，行政机关负责行政处罚且行政处罚的种类被严格限定。联合惩戒参与的机构的性质和数量是联合惩戒依赖的一个变量，单一惩戒手段的缺陷是明确的，对失信人的控制不够严密，惩戒之网扎得不够密，很多失信人成为漏网之鱼。联合惩戒也不是灵丹妙药，但就算一种措施不行，还有另外的措施来补充，人们还是

① 笔者在调研过程中发现，几乎所有被惩戒人都不愿意被曝光，也不愿意接受调研访谈。经社区工作人员努力，才有一位被惩戒人（女性）愿意参与访谈，但其明确表示不能录音录像和公开曝光。

能找到解决问题的办法。

第二，以市场为基础。最初，失信联合惩戒就是以市场为基础进行的变革，越来越多地采取以市场为基础的手段，而单一惩戒通常采取的手段，如赔偿金、罚金或公开失信信息，都没有排除公权力部门的影响，但在联合惩戒模式下，对市场力量的关注和借重也许是整个联合惩戒模式中最重要和最成功的部分。理智的行政官员总是试图最大限度地扩展本部门的管制范围，他们有更多接触失信人的机会，掌握更多的失信信息，他们比任何人更清楚失信人的失信实际成本以及带来的收益，如果选择守信的市场竞争者提供同类服务，那么就能刺激失信人，控制失信成本，从而战胜失信人。

第三，惩戒机构具有更大的自由裁量权。相对于单一惩戒机制的保守、注重立法和稳定，联合惩戒更注重自由裁量。一方面，惩戒机构对是否采取联合惩戒或者采取何种强度的联合惩戒享有自由裁量权。而单一惩戒是在一个自上而下的环境里进行的，决策权由立法机关掌握，不大允许惩戒机构自己作决定，遵守法令有时成了目的，进一步来说，失信人及其律师也会千方百计去钻法令的漏洞，为了堵上这些漏洞，国家又要制定出更多的法令，结果是惩戒方面的法令发生更严重的僵化。另一方面，失信联合惩戒机制要赋予参与机构极大的自由裁量权，使之有能力去挑选合格的惩戒机构，并有能力带动整个联盟。在一个称职、卓越的牵头机构手中，失信联合惩戒机制可以弥补市场失信信息的不足。但是，如果在一个错误的牵头机构手中，失信信息链条可能中断，供应链无法运转。最好的惩戒联盟供应链往往会因为外部条件的变化，如失信人行为，而弹性地调整其惩戒的力度。

概言之，传统立法给失信人设置的惩戒措施种类并不少，可仍然跟不上时代需求，那些被限制担任法定代表人的失信人可以将自己的配偶或其他亲属推上法定代表人的位置，然后作为实际控制人在背后掌控局面。法律限制了失信人的高消费，却丝毫没有阻碍失信人依附家庭享受富足生活，将一个失信人的隐秘经历写下来，那一定是引人入胜的，他们总有各种各样的办法在法律的限制之内享受最美好的生活，信用管理机构只有获悉这些不可言传的秘密之后，才有可能堵上这些疏漏。一个极力维护诚信的社会，当然不能容忍这种疏漏，让失信人从这种疏漏中得利，失信联合惩戒就是在这样的情境中产生的。诚恳地说，如果失信联合惩戒措施善加运用，确能成为失信问题的极佳解决方法，但是，这个机制的运用相当困难和复杂，地方政府过去一度信心十足地尝试，却效果欠佳，多半是因为联合惩戒措施不当招致民众心理上的抵制。在自我意识上，人们认为有的惩戒手段不应该施加于失信人身上，即便惩戒机构能够自主选择各种手段，但有什么理由允许他们这么对待失信人呢？

第四节　失信联合惩戒的制度功能

诺齐克所称最弱意义国家的功能仅限于保护所有公民免遭暴力、盗窃、欺诈，并强制执行契约[①]，这样的国家也是人类梦寐以求的“理想国”，失信联合惩戒制度使人类离这一梦想更近了一步。没有人极力排斥失信联合惩戒，即便是那些对失信联合惩戒持强烈质疑态度的人，也大多没有否认过失信联合惩戒的功效。当然，正如涂尔干所坚持的，一个事物的功能并不是产生这一事物的原因，原因在功能之前[②]。社会公众的质疑和学者们的警告并不是在否定失信联合惩戒，更不意味着过去的单一惩戒更好，质疑和警告都是舍弃旧原理要付出的代价，社会公众和学者们呼吁政府谨慎行事，恰恰说明失信联合惩戒制度还在摸索的过程中，但总的方向是正确的，失信联合惩戒推翻了以前的旧方法，解决了一些旧问题，但带来了一些新问题，这是改革的必经过程。

一、惩罚功能

法律的效果是命令、禁止、准许和惩罚[③]，德恩里科更是直言，“法律是形诸文字的恐怖”[④]，惩罚是失信联合惩戒的首要功能，法律以及权力机关逐渐成为抵御失信的核心力量。法律与普遍性的失信现象是相对立的，后者也可以被看作信用秩序的崩溃，失信的发生往往伴随着资源和成果分配的失败，惩戒措施是恢复和重建秩序的工具，信用秩序的失衡要通过强制力量予以恢复，有时要通过审判和惩罚实现，有时要通过其他合法的强制力实现。

首先，惩罚的原理与功利主义分不开，失信联合惩戒的功利主义特

---

① ［美］罗伯特·诺齐克：《无政府、国家和乌托邦》，姚大志译，中国社会科学出版社，2008，第32页。

② 涂尔干在《社会分工论》中的观点总结起来，即社会分工并非为了创造更多财富，社会分工有提高效率、增加财富的功能，但这并不是社会分工的原因，能否提高效率或增加财富要通过分工之前和分工之后的对比才能显示，社会分工的原因在这些功能显示之前就存在了，造成社会分工的真正原因是人口密度过大。

③《学说汇纂》，卷一，第三题，第七条（I，34a）。

④ ［美］彼得·德恩里科、邓子滨：《法的门前》，北京大学出版社，2012，第170页。

征过于明显，它的目标是使侵犯信用秩序的总量达到最小化，即便本身使用的手段可能会侵犯失信人的权利。现实中，如果严重失信人没有受到严厉的惩罚，其他失信人就会受到鼓舞，并竞相仿效。

其次，失信联合惩戒的惩罚是集体性的。追踪失信人的动态用的不是直接主管部门的两只眼睛，而是二十，甚至四十只眼睛，一个部门不能做到的事情，另一个部门可以帮助做到，法院不能限制“老赖”的出行，但铁路等交通部门可以做到；交通运输部门不能限制失信人的信贷，但银行等金融机构可以做到。联合惩戒带有出其不意的效果，直接主管部门的权威力量经过层层折射，足以震慑失信人。

再次，失信联合惩戒的惩罚仍以强制力为后盾。自从违法行为进入失信行为序列，暴力也转移到失信联合惩戒机制中。辛普森教授曾经有见地地区分过强制力和惩罚，认为两者并不是一回事，惩罚会用到强制力，监禁是惩罚，强制力是迫使嫌疑人接受惩罚的暴力，凌迟、烙刑的废除不等于确保罪犯伏法的强制力的废除[①]。对于那些没有达到违法犯罪标准的失信行为，失信惩戒制度相当于一种强制力，如果不遵守，将会面临负面后果，失信的治理最终还是依赖于强制力的约束。对于闯红灯、违规停车等行为施以惩戒这一事实说明，对于微小的失信事件都会涉及强制力的独立行使，只是在现代才引起我们的关注。

需要指出的是，失信联合惩戒制度的惩罚流程更接近保罗·利科所说的“惩罚—再造—宽恕”这一序列[②]，这条轨线从惩罚开始延伸，经过恢复履行、信用修复等流程，失信人得以改造，最后可能使失信人获得宽恕，重新获得正常人的权利，惩罚最终被放弃，惩罚中断了。

二、解决现实纠纷的功能

如果要追溯人民法院失信被执行人名单制度的起源，不得不提到法院在诉讼案件中作出有效司法判决却不能实际执行的窘境，案结事未了，法院长期饱受司法判决“打白条”的批判，也有人强烈谴责法院的畏难态度阻碍了司法向社会需要的方向发展，失信被执行人名单制度的施行将原本毫无顾忌的失信被执行人再次拖入法治的轨道，因为失信被执行人名单制度的存在，法院“执行难”问题得到极大缓解，这的确是可喜的进步。虽然在现实的案例当中，法院自身将失信被执行人名单制度看

① [美] 罗伯特·诺齐克：《无政府、国家和乌托邦》，姚大志译，中国社会科学出版社，2008，第33页。

② [法] 保罗·利科：《论公正》，程春明译，法律出版社，2007，第153-157页。

作不过是“司法程序中执行措施的延伸”[①]，但是失信被执行人名单制度对失信人起到的威慑作用直接有助于解决现实的司法纠纷。

首先，诚信社会建设将国家和守信人团结在一起，有力地维护了守信人的利益。我们的法律汗牛充栋，但失信现象依然猖獗，守信人仍然蒙受损失，这种现实与理想之间的失衡不得不让人得出结论：旧体制是不完善的。国家机关采取了多种多样的方法来完善立法和执法，即便是对失信人的口头训斥，也是对守信人莫大的安慰。在失信问题上，国家坚定地和守信人站在一起，通过各种可能的方法去安抚守信人，帮助他们索取赔偿，即便不能收取赔偿，也要在精神上鼓舞守信人，严厉鞭挞失信人的恶劣行径。在一定程度上，公开失信人失信信息的意义还在于安抚守信人，促进社会纠纷的化解。

其次，失信联合惩戒促进了“执行难”问题的解决。事实上，几乎所有发起失信联合惩戒的机构都面临“执行难”问题，无论是司法机关还是行政机关，因执行不力给本部门和其他守信人带来负担，对执行手段和方式进行改革不可能完全解决执行问题，但可能减少来自社会的压力，并且有助于增强本部门的权威。进一步说，执行更严厉的惩戒措施在向人民解释“执行难”问题时将会更有说服力。既然一个机构不能拦阻失信人，那就尽可能地增加拦截的力量，机构越多越好。执行机构往往对自己的服务对象中的一部分人充满敌意，正是因为这小部分人，行政效率低下，行政机构本身也招致了猛烈的批评。执行方面的法律总是受到这小部分人的左右，联合惩戒的方案也不是针对多数人，而是针对失信人当中最难缠的那一部分人，这部分人成为着重管制的对象。

在现实中，为什么有些行政机关对那些极端顽固的失信人采取放任自流的态度？为什么法院在作出判决之后，不能乘胜追击，穷尽一切手段，将判决利益全部归于胜诉方？还有一个隐晦的原因，那就是这些权力机关已经按照法律的规定完成了应尽的义务，不会过多地提供法律规定之外的服务。

三、威慑功能

立法者在设计单一惩戒模式时，对成本和收益的考量并不是没有，但不是那么突出，经济学对立法者的影响远不如法学对立法者的影响

① 参见〔2016〕闽01民终2692号民事裁定书。

大。传统惩戒体系起不到足够的威慑作用，对失信人的制裁不足以实现威慑和惩罚的目标，引入更多更具创造性的个人制裁措施成为一种社会需要。

首先，威慑功能与失信成本有关。一个人的失信选择有时由从失信行为中收获利益的机会决定，他被发现、被制裁的概率，还有连在一起的各种代价，包括对受害人的赔偿、被公之于众后所付出的心理和精神代价，如果失信的预期代价比收益更少，那么法律的威慑作用微乎其微，接近零威慑，这种威慑也是失败的。

其次，在无法估算恰当威慑分量的情况下，只能不断增加惩戒力度。我们能对失信人做些什么呢？刑法上有一种观点，对犯罪的处罚应该是为威慑犯罪所必需的最轻处罚，对失信人设置的惩戒也只能是为威慑失信所必需的最低限度的惩戒。惩戒过重可能导致所有失信行为消失；惩戒过轻可能导致失信行为屡禁不绝，失信总量没有减少可能导致威慑力为零。这些都是不可接受的。那么，它应该被放在两者之间的什么位置呢？单一惩戒的“悲剧”在于设置的障碍太少，惩戒过轻，无法抵御失信人这个庞大的群体，所以功利主义者赞成提高惩罚的力度，而这种不断提高的惩罚力度是威慑失信所必需的最轻处罚吗？没有人能说得清，也没有人能清楚计算出能够成功威慑失信人的“适当分量”。这个问题既然无法清楚考虑，那么尽可能增加拦阻失信的惩戒机构，将他们联合起来，让失信人自己去衡量，权衡失信带来的不幸和收益比是否尚在可接受的范围之内。

当然，联合惩戒本身的威慑力因人而异，让我们假设，在大多数失信人都和惩戒机构打交道的同时，也有很多失信人散居各处，并不与惩戒机构打交道，这些为数不多的失信人是独立的个体。大部分人被迫进入联合惩戒的包围圈，有些人选择屈服于联合惩戒，但另外一些人仍然可以选择不屈服，留在自由状态之中，联合惩戒的威慑到此失败了，这是一种威慑的失败。政府会如何处理这种情况呢？惩戒机构将失信人分为两个阵营，一种是屈服的，另一种是不屈服的，不屈服的被隔离，永远不被允许进入惩戒机构的领地吗？这也会留下政府和这些独立的失信人之间关系对立的严重问题。

综上，凯尔森将法视为一种强制实施的社会技术，法律秩序以人的趋利避害为出发点，通过对相反行为加以强制，鼓励社会所欲行为的发生[1]。和任何法律制度一样，失信联合惩戒制度具有积极功能和消极功能，积极功能有改造失信人、保护守信人、促进公平、维护社会公共利益等，消极功能有惩罚失信人、权益再分配等。多数国家的失信惩戒机制要么偏向消极功能，要么偏向积极功能，其他国家则要在这两者之间寻找定位，这个定位要取决于国家是否有愿景计划，希望建立什么样的社会，譬如我国要建立诚信社会，打击失信人，填平利益只是信用惩戒的最小功能，这是远远不够的，因此还要加强干预。

---

① ［奥］凯尔森：《纯粹法理论》，张书友译，中国法制出版社，2008，第58页。

第二章　失信联合惩戒的标的——严重失信行为

过去，对失信人的惩戒是附带完成的，刑罚或行政处罚惩罚了失信人，失信惩戒只是刑罚或行政处罚的辅助方法。现在，失信联合惩戒具有了自己的惩罚和威慑的逻辑与政策核心，已经具备一种独立制度的要素，作为一种制度的锚点，对严重失信行为的专门性研究已经不能回避。严重失信行为指失信情节、危害后果严重或影响恶劣的失信行为，对失信联合惩戒机制的研究，首先要指出严重失信作为客观存在的现象究竟是什么，其次要对法律语境下严重失信行为的概念作出权威的解释，两者之间存在模糊不清的问题，但恰恰也是这种模糊不清，客观上刺激了学界的研究热情和立法的发展，随之产生了学界和实务界之间的任务划分，学界要对两者之间的界限作出阐释，而实务界继续从客观上给出指引。

第一节　严重失信行为的界定标准

法律概念、法律从业者对严重失信的判断以及个体有权做什么的思想使法律的标准和其他标准区分开来，我们可以把其他标准合称为非法律标准，我们指向的法律标准，也是法官和律师口中的标准，这个标准是否成立，并不取决于社会能否普遍接受，而取决于法律能否接受。

人们经常把法律看作一系列的规定，这些规定告诉所有人应该做什么，应该有怎样的信用行为，如果失信会有什么样的后果。但法律并不这么看，法律的功能在于告诉人们在信用关系中有什么样的权利、义务和责任，大量规则、专业术语、例外情况、法律概念都是必不可少的，于是人为地产生了很多法律范畴，关于失信的争论都可以纳入这些范畴，进而得到司法权威的公正裁决。一旦法律进入修正现存的失信行为及其限度的活动中，社会将向前迈出至关重要的一步，即运用法律的权威开始改变社会上的信用行为准则，要么改进旧法规，要么引入新法规，2019年多部新法已经引入失信联合惩戒机制，如《中华人民共和国疫苗管理法》。

一、严重失信行为的社会标准、行业标准、官方标准和法律标准

从性质上看，社会标准建立在诚信观念的基础上，失信概念立基于行为本身，是一种行为规则，无论诚信社会建设将来是否持续，失信行为的基本结构都和诚信观念无法脱钩，社会标准上的失信行为无论如何演化下去都是违背诚信观念的行为，建立在诚信观念基础上的社会标准是一种自然进程的产物。因此，在整体上，社会标准根本不是人为创设或发明出来的标准，它是自然演化的结果，它的一个特征是，一旦发生失信，人们就能从过去的经验中察觉到应当或不应当受惩罚。

行业标准的存在是因为不同行业有不同的失信行为表现，在那些没有明文规定严重失信行为范围的行业领域，暂时是一片空白，在这些空白行业领域，法律尚没有划定严重失信行为的范围，就谈不上严重失信行为的惩戒。譬如，房地产行业划定的严重失信行为范围无法同等适用于服装行业或旅游行业，房地产行业严重失信行为的表现完全不同于其他行业领域，有的行业优先括定了严重失信行为的范围，而有的行业还没有将这个范围确立下来，没有确定严重失信行为范围的行业通常也是那些没有正式确立失信联合惩戒机制的行业。

官方标准乃是组织起来的标准，原本也只是为了确保诚信社会建设目标的实现而建立起来的标准。之所以官方标准被视为首要标准，实是因为政府在诚信社会建设中的组织者地位，即官方标准确实是政府为了实现特定诚信社会建设目标而刻意设计的标准，以创制一种更为宽泛的失信概念更好地满足诚信社会建设的条件。因此，官方标准上的失信不仅包括违约行为，还包括违法行为，甚至很多地方将不道德行为囊括其中。

法律标准是社会标准、行业标准和官方标准的升华。几千年来，失信的社会标准经由数不清的失信事例总结而出，在发现失信行为的过程中，人类试图阐明的是长久以来支配人们信用行为的一个规则就是诚信原则，有一种正义感指引着人类去处理信用关系。官方标准代表着另一种秩序，而这个秩序的目的不仅仅在于构建诚信社会，还在于另外两个方面：第一，要维护此前已经存在的失信的社会标准；第二，要在社会标准和官方标准的基础上生成法律标准。在我国，官方标准获得优越地位，但它还是与社会标准一起存续的，官方标准是在社会标准的基础上发展起来的。法律标准要在社会标准的基础上发展起来，而不是在官方标准的基础上发展起来。换句话说，法律标准要在立法者的指引下发展

起来，而不是在政府的指引下发展起来。牢记这个区分至关重要，诚信原则是法律上的规则，延续的是法律上的观念，而哈耶克说："一旦人们把法律视作一种实现政府自身目的的工具，作为内部规则的法律观念和个人自由的理想便会迅即消亡。"①

当从单一惩戒模式向联合惩戒模式转变，当我们摧毁那些信息壁垒或围墙，我们立刻发现很多纷繁复杂的变化，这些变化不仅影响失信惩戒的方式，还影响很多方面，包括个人行为的方式、人类的信用管理以及政府职能的转变，无论是政府还是个人，都要对之前习惯的信用行为进行深入调整，并重新修正信用标准，以适应这个时代，即笔者所称的"大联合时代"。

二、一般失信行为与严重失信行为的区分

失信联合惩戒的产生得益于失信行为的细化，一般失信行为和严重失信行为的分离过程涉及一项最普遍的法律原则，即公平正义。那些更恶劣的失信人应该受到更严厉的惩治，法律上的公平正义原则要求区分哪些失信行为应该受惩戒，哪些不应该受惩戒，哪些应该受更严厉的惩戒，这样，普通人理解的失信行为和法官、律师理解的失信行为，普通人和法律从业者关于失信的概念就分离开了，就像合同法那样，合同法的高度精细化就是法律在细节问题上要求做到更加精准，但这在日常生活中并不必要，老百姓的理解并不需要十分精确。

首先，相比单一惩戒，联合惩戒是一种更严厉的惩戒形式。它的诞生，部分是为了弥补传统单一惩戒的不足，根据不同程度的失信行为处以不同的惩戒是正义的要求，一般失信行为接受单一惩戒，严重失信行为接受联合惩戒，而不是将所有失信行为笼统一团，按照同一个标准进行惩戒。实践中，准确来说，社会信用条例的作用在于建立了两个分水岭：一是失信行为和守信行为的分水岭，其确立的失信信息目录让人们明晰何为失信、何为守信。二是一般失信行为和严重失信行为的分水岭，对不同程度的失信行为应予以不同的惩戒，其确立的严重失信行为目录为后来的失信联合惩戒奠定了基础。《南京市社会信用条例》提出，一般失信主体的认定有两个前提，一是社会信用主体发生失信行为不符合豁免惩戒的条件，二是不属于严重失信②。这表明，一般失信行为处于失信

---

①［英］冯·哈耶克：《民主向何处去》，邓正来译，首都经济贸易大学出版社，2014，第104页。

② 参见《南京市社会信用条例》第三十八条。

行为的中间层，最底层是严重失信行为，最上层是可以豁免的失信行为。

其次，对一般失信行为实行的是“弱干预”，而对严重失信行为实行的是“强干预”。失信联合惩戒代表了一种不同于过去的对失信行为的干预，这是一种不同形式的干预。在过去，对失信行为的干预，法律制度扮演了十分重要的角色，法律是惩戒失信的最主要力量。虽然被纳入法律管制范围的失信行为保持在一个相对较小的总体规模以内，但是似乎法律没有扩张的企图，一直维持着原本的内部秩序，对失信人的惩戒也是温和的，法律的目标也从来不是建设一个美好的诚信社会，而是让失信人不至于扰乱社会秩序。

再次，一般失信行为和严重失信行为的划分反映出人们对惩戒效率以及公平的双重渴望。假设存在一条普遍原则，可以划定一般失信行为和严重失信行为，并对严重失信行为处以更严厉的惩戒，这不正符合法治国家的理想吗？失信联合惩戒看上去符合常识，但要使它合法，有法可依，而非取决于惩戒机构的主观意愿，还必须清楚划定一般失信行为和严重失信行为的界限，越精确越好，而且必须清楚计算失信人应该付出的代价，过重或过轻都是不合适的。

最后，不同性质的失信行为有不同的严重标准。对于违约行为，严重失信行为的标准是违约且不积极补救或赔偿，给对方造成严重损失或严重影响；对于违法犯罪行为，违法犯罪性质、行为情节与危害后果是综合考量的因素。相对于违约行为，违法犯罪行为是具有较高危险性的严重失信行为。在违法犯罪行为内部，抢劫和盗窃又是不同的，前者具有更高的社会危险性。根据情节严重程度，抢劫可以分为情节严重和情节特别严重的情形；根据犯罪所得，又可以分为违法金额较大、巨大和特别巨大，且一一标出违法金额的具体数目。以上种种，足以看出立法者力图将抽象问题具象化的趋势。

第二节　严重失信行为类型化及其作用

失信人这支规模庞大、浩浩荡荡的队伍也分门别类，违约的叫违约失信主体，还有一个别名叫“老赖”，违法的叫违法失信主体，前者占据的是违约领域，后者占据的是违法领域，还有那些严重违反道德的败德者，一起被归入失信人的队伍，他们曾经盘踞在社会的各个角落，身份隐秘，和其他人混居，无法辨认。现在，国家想通过某种方式将其标识出来，比如黑名单和红名单，红名单是“善人榜”，而黑名单是那些“老赖”、违法者（包括曾经的罪犯）还有败德者的栖身地，让人们可以在人群中将其辨认出来，对其加强警惕，远离他们，不接受他们的服务和商品。如同犯罪分为不同种类一样，走私、诈骗和抢劫是不同的，严重失信行为也有不同的类型，不同类型的行为对应不同的惩戒方式。

一、严重失信行为类型化尝试

失信联合惩戒所涉主题主要包括两个：一是最好的惩戒方式是什么；二是惩戒针对的是哪些行为。针对失信行为，法律之上的，由法律来调节；法律之下的，则意味着信用活动是在没有强制和武力干预的情况下由当事人互相协调进行，并没有有意识的社会控制，这给予每个人自主权，来决定失信与未来风险和不利相比，应如何取舍。如果我们想使严重失信行为的分配符合某种特定标准，就要设计一个相对永久一点的框架，在其中每个人可以根据这个框架指导各种活动，我们的目标是根据诚信社会这个计划对一切信用活动加以集中管理，和以前不同，要对失信行为有意识地进行管理。大体上，对严重失信行为类型化的尝试要从两个方面综合进行，即抽象的法律类型和具体的行业类型相结合。

（一）抽象的法律类型

关于失信联合惩戒的讨论还近乎“盲人摸象”，没有人特别清楚失信联合惩戒应该如何展开，法律应该用何种方法将失信联合惩戒规则灌输到体系中去，毕竟这是第一次公开地、有意识地去探讨它的形态，关注严重失信行为在法律上的地位。要知道，惩罚作为一项普遍制度，实践性很强，如果看到福柯在《规训与惩罚》中所列出的监狱作息时间表，看到不同的惩罚方式惩罚的是不同的罪行和不同的人，如罪犯是未成年人或女性，就知道惩罚类似一门技术，需要依靠经验。每一项惩罚不是单纯遵从纸面上的法律的规定，对于惯盗，对于强奸犯，该如何区别惩罚都是在现实处理方式中总结得来的。有关失信惩戒机制的大部分工作，并不是解决哪类失信事件应该适用哪类法律之类的问题，而是解决哪类失信行为被处以哪类惩戒更为有利和适宜的问题，至于应该适用哪类法律，那是立法者的任务。

1.立法上严重失信行为的类型

立法上严重失信行为的类型受到官方标准的严重影响，2016年《国务院关于建立完善守信联合激励和失信联合惩戒制度　加快推进社会诚信建设的指导意见》开创性地括定了四类严重失信行为，那些危害社会公共秩序、他人生命健康的行为以及拒不履行法定义务的行为落入严重失信行为的范围，这意味着那些不是危害社会公共秩序、他人生命健康的失信行为和违反约定义务的失信行为就不会被贴上严重失信行为的标签。随后，《上海市社会信用条例》括定的严重失信行为类型沿袭了这一标准[①]。《山东省社会信用条例》在这四类行为后面加上了第五类严重失信行为，即“法律、行政法规规定的其他严重失信行为”。《南京市社会信用条例》突破了官方标准，将“被人民法院列入失信被执行人名单的”和“亵渎英烈，宣扬、美化侵略战争和侵略行为，严重损害国家和民族尊严的”失信行为纳入，而《河南省社会信用条例》在这四类行为的基础上，将严重失信行为种类扩展至十类，如严重侵害消费者或投资者合法权益的行为、严重违背教育和科研诚信的行为等，都作为严重失信行为的新类型纳入。可以想见，未来不同地方的社会信用条例都可能在严重失信行为类型上发挥各自的想象力，由于缺乏一部可适用于全国的社会信用法，严重失信行为类型化的任务还没有正式完成。

2.强弱层次上严重失信行为的类型

严重失信行为类型化是将失信行为当中性质严重的那一部分析出的结果，违反法定义务或约定义务并不是判定性质严重与否的标准，并不是说违反法定义务就一定在性质上比违反约定义务更严重，如公民个人下载歌曲、电影的侵权行为并不比“老赖”的失信行为更恶劣。因此，笔者认为，严重失信行为应该包括违法行为当中的一部分，也包括违约行为当中的一部分，即相对严重的一部分。在抽象上，最弱层次的失信不侵害任何社会、集体或他人，不引起实质危害，即仅违反社会道德、公序良俗等社会责任，可以由道德规范来调整，如短斤少两和言而无信；较弱层次的失信造成一定的社会危害，但只要进行足够的赔偿或事后补救即可获得宽宥，如违约行为，可以由民商法进行调整；最强层次的失信，由于对社会、集体和他人的严重危害，即便赔偿或事后补救也不能弥补，要由行政法或刑法来调整，如违法犯罪行为。

相应地，在立法上，人的行为被分为不同的几种，立法法规定，涉及犯罪和刑罚以及公民政治权利的剥夺、限制人身自由的强制措施和处罚的事项只能由法律规定，在潜意识中，人的不当行为被赋予不同的地位。第一等是犯罪行为，这是最应该被严厉惩罚的行为，为了其他人或

①《上海市社会信用条例》第二十五条括定的四类严重失信行为是：（一）严重损害自然人身体健康和生命安全的行为；（二）严重破坏市场公平竞争秩序和社会正常秩序的行为；（三）有履行能力但拒不履行、逃避执行法定义务，情节严重的行为；（四）拒不履行国防义务，危害国防利益，破坏国防设施的行为。

社会整体，罪犯被剥夺的权利或利益；第二等是违法但未达到犯罪标准的行为，对社会公共秩序存在危害，要被严厉制止，虽然违法行为人不会因其他人而被伤害或牺牲，但是为了社会公共利益，可以牺牲违法行为人，剥夺其一定范围内的权利或利益；第三等是不违法但也不合道德或公序良俗的行为，一般不允许剥夺权利，不会因对其他人或社会整体有害而被牺牲。本书指向的严重失信行为包括两类：一类是违法行为中较为严重的那一部分，另一类是违约行为中较为严重的那一部分，合同纠纷中的失信被执行人，即“老赖”，多属于严重违约失信人。也是在这个基础上，一般失信行为和严重失信行为被区分，前者面临单一惩戒，后者面临联合惩戒，单一惩戒和联合惩戒的制度化差异是显见的，因此形成了两套惩戒机制。

（二）具体的行业类型

立法无法将所有严重失信行为的类型一一列出，在抽象的法律类型之下，不同社会领域需要各自明确严重失信行为的具体范围。

不同行业领域有不同的失信行为表现，《对安全生产领域失信行为开展联合惩戒的实施办法》（安监总办〔2017〕49号）界定的十类严重失信行为[①]在安全生产领域均具有典型性。2019年，民政部颁布《养老服务市场失信联合惩戒对象名单管理办法（试行）》，将九类严重违法失信行为纳入失信联合惩戒[②]，同时规定，养老服务机构和从业人员一旦被人民法院认定为失信被执行人的，应当列入失信联合惩戒对象名单，这从侧面表明严重失信行为包括严重违法失信行为和严重违约失信行为，严重违约行为人中有一部分会转化为失信被执行人。概言之，尽管不同行业领域括定出的严重失信行为的范围千差万别，但基本上都包括违法失信行为和违约失信行为。

同时，失信行为有突出和不突出之分。有的失信行为带有典型性，如“老赖”，还有一些失信行为，特别是经济领域不多见的隐蔽失信行为，如上市公司违法失信行为，就是人们无法预料的。至少在我国现阶段，上市公司数量相对有限，有实力的企业也有限，上市公司违法失信并不是普遍现象。但民间失信领域已经被广泛勘探过了，拖欠农民工工资这类失信行为既普遍，又有恶劣的社会影响，这类突出的失信行为提前进入立法者的视野，2022年1月1日开始施行的《拖欠农民工工资失

① 参见《对安全生产领域失信行为开展联合惩戒的实施办法》第二条。

② 参见《养老服务市场失信联合惩戒对象名单管理办法（试行）》第五条。

信联合惩戒对象名单管理暂行办法》限定了两类严重失信行为[①]，因拖欠农民工工资的违法行为引发群体性事件或极端事件造成恶劣社会影响的，将纳入失信联合惩戒对象名单。

必须说明的一点是，严重失信行为不宜被限定在重点领域。2016年《国务院关于建立完善守信联合激励和失信联合惩戒制度　加快推进社会诚信建设的指导意见》提出“对重点领域和严重失信行为实施联合惩戒”，严重失信行为并不是按照社会领域分布的，任何一个社会领域都有严重失信行为。只是在那些没有明文规定严重失信行为范围的社会领域，暂时是一片空白。在这些空白领域，法律尚没有划定严重失信行为的范围，就谈不上严重失信行为的认定问题。譬如，专利领域已经划定严重失信行为的范围，但这个范围并不等同适用于商标领域和版权领域，因为失信联合惩戒规范性文件的缺位，商标领域和版权领域严重失信行为还没有被明确括定出来。

二、严重失信行为类型化的作用

就像刑法以剥夺生命或限制人身自由的系列有效方式，将有罪和无罪、罪轻和罪重之人识别出来，违约、违法、犯罪都是识别的方式之一，现在，一般失信和严重失信成为识别失信程度的方式之一。穆勒说，“如将研究的对象归入不同种类，关于这些种类能够做出许多一般的命题，而这些命题比这些对象也能归入的其他种类所能做的命题更为重要，则最能达到科学分类的目的”[②]。刑法以传统意义上的罪名为中心，代表国家对罪犯的生命和人身进行极端干预，而失信联合惩戒以失信人的严重失信行为为中心，同样代表国家对失信人的行为进行干预，只是干预的措施和手段不同。

首先，在区分一般失信行为和严重失信行为的基础上，按照不同类型的严重失信行为制定不同类型的惩戒措施。对严重失信行为分门别类，具体说明哪些类型的严重失信行为能够施以哪些类型的惩戒措施，一旦划定一般失信行为和严重失信行为之间的界限，也就划定了个人关于失信问题的道德空间和法律空间的范围。很多因素决定这条线的形态和位置，联合惩戒设置的规则都会产生这样的问题：人们被禁止去做失信联合惩戒划定范围的事情吗？或者，是不是只要接受惩戒，并在后来努力

---

① 参见《拖欠农民工工资失信联合惩戒对象名单管理暂行办法》第五条。

② 参见［英］约翰·穆勒:《逻辑体系》第四编第七章。转引自［英］马歇尔:《经济学原理》，朱志泰、陈良璧译，商务印书馆，2019，第72页。

修复信用，人们就被允许再次去做这样的事情？从法理上看，这样的论证是站不住脚的。在实践操作上，直接主管机关根据严重失信行为确定严重失信人，其他参与机构则是根据严重失信人的身份而不是他们的所为来判断的，严重失信人即进入失信联合惩戒的区域。

其次，对严重失信行为类型化是进行社会管理的需要。诚信社会的创建，相当于在社会中植入一整套强制性的信用管制体系，这是现代政府治理范围不断扩张的衍生品，政府将越来越多的行为纳入管制范围，如违反防疫规定、违规停车、随地吐痰、公共场所吸烟或乱扔垃圾，传统很多由道德领域管辖的事项已经被失信惩戒机制接管，并加强这类管理工作，对违反这种管理性规定的行为通常采取的惩罚手段是罚款，重复多次的不合作者将被计入信用记录，辛普森教授将这些行为称为管理性违法行为[①]。失信惩戒作为合同法、刑法、行政处罚法、侵权行为法等的补充，成为现代政府进行社会管理的工具，用来惩治那些不按管理制度行事的人。

我们不可能精准知道每一个失信人的情况，以便按照失信人的个人情况来分配最有分量的惩戒方案。模式化的惩戒措施的公认价值在于，惩戒的是人，而不只是行为，作出类似失信行为的人很多，并不是所有人都会面临这样的惩戒。即使同样违约的两个人，都被列入失信被执行人名单，他们遇到的具体惩戒情境也是不同的。失信联合惩戒机制在试图隔离严重失信人，允许惩戒机构借他人之手对失信人进行惩戒和报复，失信人固然可以按照自己的处境来选择屈服或不屈服，惩戒机构也要审视失信人的行为是否正当或过当，当且仅当失信人行为严重失当时，才可以联合惩戒他们，进而剥夺他们一定范围内的权利。

第三节　严重失信行为认定要件

显然，严重失信行为的划定，即为失信联合惩戒界定了打击范围，这个范围奠定了基本的惩戒结构，惩戒的变化导致失信人进行失信活动的成本收益发生变化，失信人由此调整自身行为，推动制度变迁。一般来说，严重失信行为必须满足以下三个要件：

① ［英］布赖恩·辛普森：《法学的邀请》，范双飞译，北京大学出版社，2015，第133页。

一、严重失信行为的主体——严重失信主体

失信的普遍性与其认定门槛过低有关，不论年龄，不论场合，不论人物，几乎任何人在任何条件下都可以实施失信行为，如不守诺言，但严重失信主体应包括以下两类：

首先，直接作出严重失信行为的自然人或组织。每个人都要为自己的行为负责，作出严重失信行为的自然人或组织要为自己的失信行为承担不利后果，直接作出严重失信行为的自然人或组织是当然的严重失信主体。

其次，为严重失信行为提供便利和支持的自然人或组织——失信关联人。与行为相伴的环境是需要考虑的，同样一项行动，在某些环境是有益的，在某些环境是有害的，环境同失信行为有因果关系，边沁阐述过行为和环境之间的关系，一个事件是合力造成的，环境是其中因素之一，环境可能是直接或间接导致事件发生的原因之一[①]。没有失信关联人为失信人提供便利和支持，失信人可能根本无法独立完成失信行为，那些明知失信人失信却为失信人提供便利和支持的相关人也是联合惩戒的对象。

严重失信行为无疑人为地抬高了失信的门槛，失信的种类很多，它只将极少数失信行为类别囊括进来，同时，并不是所有人都能成为严重失信行为的实施主体，失信人（包括严重失信人）只能是具有完全民事行为能力的自然人、法人和非法人组织，至少以下两类主体是特殊的：第一，未成年人。根据新颁《民法典》，18周岁以上的自然人为成年人，才具有完全民事行为能力；16周岁以上的未成年人，以自己的劳动收入为主要生活来源的，视为完全民事行为能力人。据此，一般来说，未成年人不是合格的严重失信行为主体，但以自己的劳动收入为主要生活来源的16周岁以上的未成年人可以成为严重失信行为主体。因为缺乏主体资格的限制，现实中已经发生很多荒唐事件，如地方法院将一个9岁小女孩列为“老赖”，足见社会信用立法和《未成年人保护法》等其他法律的融通尚有很长的一段路要走。第二，精神病人。不能辨认自己行为的精神病人不独立承担法律责任，也无法承担信用责任，但对于间歇性精神病人，在精神状况正常情况下作出严重失信行为的，应当承担信用责

① 边沁认为，环境与一个事件有因果关系有四种可能：导致或产生、衍生、间接联系和并发性影响。参见［英］边沁：《道德与立法原理导论》，时殷弘译，商务印书馆，2017，第130页。

任，可以作为合格的严重失信主体。

二、客观方面——作出严重失信行为

正如犯诈骗罪的犯罪人须具有虚构事实、欺骗他人的行为，受到失信联合惩戒的严重失信人也要有行为的具体表现。

首先，失信人作出的严重失信行为必须属于法定严重失信行为的种类，属于括定的严重失信行为的范围。严重失信行为将多数失信行为排除在外，仅将一小部分突出的失信行为规定在内。

其次，严重失信行为的“严重”指的是情节严重或后果严重，应综合考量失信行为的手段、持续时间、次数、后果、影响范围、规模、失信人态度和表现、造成的损害等因素，以下情节可以称为严重：

第一，因失信被惩戒之后，重复实施失信行为。

第二，失信人反复多次作出失信行为，主要收入来源依靠失信所得或肆意挥霍失信所得。

第三，失信后隐匿、伪造或毁灭证据。

第四，拒不履行法律、政策规定的义务。

第五，失信行为对国家安全、社会公共利益有害，或者严重损害他人生命健康。

第六，失信人因失信获利巨大，或者被侵害方损失巨大。

第七，其他情节严重或后果严重的情形。

三、严重失信主体主观上存在过错

意图的抽象性在法学领域早已被克服，成为可以观察并作出评判的对象。在关注失信人主观意图时，会发现一些失信人将过失作为失信的惯用借口，法院在审理债务纠纷案件的过程中经常不会采纳这样的辩护。常识告诉我们，绝大多数人都不会出于毫不相干的原因去杀人或违约，但的确有人没有任何理由地乱穿马路或酒驾，也不会因为乱穿马路或酒驾而心存负罪感或内疚，即便是那些最有诚意的基督徒，也不会认为自己因为随地吐痰而死后应该下地狱。

首先，严重失信行为主要针对故意失信，这里的故意包括恶意。关于故意的认定，应综合考量失信人的态度、被侵害方的实际情况、失信过程以及被侵害方和失信人的关系，以下情形可以被认定为故意：

第一，失信人经他人或被侵害方提醒后仍然继续实施失信行为，拒不改正。

第二，被侵害方和失信人具有密切关系，且失信人明知其失信行为会侵害对方权益。

第三，被侵害方和失信人之间具有合同关系，失信行为违反合同规定。

第四，失信人的行为明显违法或违反道德。

第五，其他故意的情形。

其次，严重失信行为还针对一部分过失失信。一方面，人的行为变得越来越复杂，区分故意失信和过失失信有时变得很困难；另一方面，过失失信并不比故意失信造成的社会危害小。就合同领域来说，严重失信行为并没有排除过失失信，不得不说，失信人失去了其传统的保护神——契约自由，从那里已经得不到多少帮助。违约，无论是故意还是过失，都要承担相应的违约责任，除非存在不可抗力等法定事由。但通常这些事由被法院严格限定适用，至于哪些过失失信落入严重失信行为的范围，则要视三个方面：

第一，失信行为本身落入严重失信行为的范围，但失信人无法证明自己属于客观失信，主观上存在过错，有时惩戒机构无法辨明失信人的主观意图是故意还是过失，失信人也无法证明自己因过失而失信。

第二，反复多次过失失信，失信人并未吸取教训，罔顾社会和他人利益。

第三，客观上，失信行为情节严重，或者对社会公共利益构成威胁，或者对他人生命健康、财产造成重大损害。

第三章　失信联合惩戒的三大类型

辛普森教授说，法律分类绝不仅仅是为了方便起见，“将杂乱无章的大量法律资料随意地分作不同的小类，而是反映了关于法律结构或目的等基本思想”[①]。以法律的思维对失信联合惩戒进行分门别类不是一件简单的事情，按照意图可以分为有共谋的联合和无共谋的联合；按照惩戒力量来源可以分为三大类型，即以行政为主导、以司法为主导和以社会为主导的失信联合惩戒[②]，以行政为主导和以司法为主导的失信联合惩戒主要是以权力为基础的惩戒类型，而以社会为主导的失信联合惩戒非以权力为基础，主要仰仗社会性力量展开对失信人的联合惩戒，社会性力量主体包括自然人、舆论媒体、市场主体、行业协会等。本章主要对后一种进行分析，惩戒机构之间根据不同的现实目的进行各种联合，从而能够构成取向于不同目标的失信联合惩戒，但其间有某种价值或逻辑上的联系，而不是毫无规律地并置在一起。

第一节　以行政为主导的失信联合惩戒

诚信社会建设以政府为主导，以行政为主导的失信联合惩戒是最典型的类型，如果没有对其进行专门探讨，那本书就是不完整的。政府往往也有一种偏见，认为自己制定的一般制度有变为普遍制度的资格，当把诚信社会当作一个目标来建设时，惯于扩大行政主导的范围，缩小不受控制的领域，直到触碰成文法的极限为止。

以行政为主导的失信联合惩戒指的是主要以行政权力为惩戒力量，由具有直接惩戒权限的行政机构或被授权的具有行政管理职能的机构起主要作用，与其他力量联合起来，对严重失信行为采取集行政、司法、市场、行业、社会性手段于一身的惩戒模式。但要说明的是，以行政为主导的失信联合惩戒不同于行政性惩戒，后者也是依据行政权力作出的惩戒，但惩戒机构通常是行政机构或被授权的具有行政管理职能的机构，前者的参与机构呈多样化，既有行政机构或被授权的具

① ［英］布赖恩·辛普森：《法学的邀请》，范双飞译，北京大学出版社，2015，第108页。

② 关于失信联合惩戒三大类型的划分属于个人观点。

有行政管理职能的机构，也可能有司法机关、行业组织或其他社会团体，只不过行政机构起主要作用。在现实中，失信联合惩戒经常以行政为主导的失信联合惩戒的面目出现，以致学者中间产生一种误解，将以行政为主导的失信联合惩戒与行政性惩戒画等号，如门中敬教授提出失信联合惩戒是一种“污名+行政性惩戒”的行政管制方式[①]，并建议基于合法性和最佳性的目的平衡立场，重塑立法和行政的关系[②]。有的学者认为它是一种在行政处罚措施基础上包含多种规制工具的制度设计[③]，也有学者将它界定为一种行政监督措施[④]，但以上认识并不正确，原因在于，以上认识忽略了以司法为主导和以社会为主导的失信联合惩戒客观存在的事实。

一、以行政为主导的失信联合惩戒的特征

无疑，为不同目标而加以安排的不同类型的失信联合惩戒都具有自己独有的特征，但同时，失信联合惩戒体系的整体特征、解释、定性都可能影响到局部，局部失信联合惩戒规范因此受到影响并作出相应的修正，失信联合惩戒体系的价值和原则是局部失信联合惩戒规范的控制因素。

（一）以行政权力作为惩戒权力的主要来源

失信惩戒机制的存在，使惩戒权力成为一项必不可少的权力。失信惩戒机制的权威也体现在惩戒机构具有惩戒失信人的权力上面，正是由于惩戒权力的存在，失信人才会屈服于失信惩戒制度。在早期，失信问题通过法院来解决，也通过政府和其他机构来解决，法官、警察、海关稽查员以及很多执法官员都被法律赋予了特殊的权力，法律在不同程度上说明了给予他们什么样的权力、可以做什么，这种权力结果正是政府运作的基础。事实上，以行政为主导的失信联合惩戒也是主要依靠行政权力对失信人施以惩戒，行政权力是对失信人采取惩戒措施的合法依据之一。

① 门中敬：《失信联合惩戒之污名及其法律控制》，《法学论坛》2019年第11期，第23页。

② 门中敬：《失信联合惩戒的正当性拷问与理论解决方案》，《法学杂志》2021年第6期，第61页。

③ 贾茵：《失信联合惩戒制度的法理分析与合宪性建议》，《行政法学研究》2020年第3期，第101页。

④ 周海源：《失信联合惩戒的泛道德化及其矫正——以法教义学为视角的分析》，《行政法学研究》2020年第3期，第70页。

（二）参与机构主要是行政机构或被授权的具有行政管理职能的机构

对信用管理机构的考察，可以充实我们对失信联合惩戒制度发展的智识。从现在摆明的事实看，行政机构居于以行政为主导的失信联合惩戒制度的中心，是以行政为主导的联合惩戒规范的制定者和执行者。

翻开一部失信联合惩戒备忘录，经常看到在签署单位一栏上，长长的一串名单里，除了司法机关，几乎清一色的行政机构或被授权的具有行政管理职能的机构。越来越多的行政机构加入失信联合惩戒的队伍，这个名单仍有不断加长的趋势。事实也是，公众对失信的恐惧根源于对权力的恐惧，联合惩戒是权力与公众直接对抗的缓冲地带，权力部门将自己的直接管理对象变成社会公开管理的对象，公众从此有了一个看得见的对手，即失信人。将失信人的失信情节公布于世，将前后的形象相对比，就能看到失信人的那种粗俗和恶劣，失信是可怕的堕落，对其进行惩戒无可厚非、无可指责，权力部门就不会被质疑了。权力部门保持克制，暂时不让“刀剑出鞘”，以失信联合惩戒来弥补自己执法正当性分量的不足，可谓一石二鸟之计。

（三）不同的社会领域有不同的惩戒规范

不同的社会领域有不同的失信行为表现，以行政为主导的失信联合惩戒分布在不同的社会领域，不同的社会领域也将拥有内容上截然不同的规范，以行政为主导的失信联合惩戒通常也只能由直接主管的行政机构主导进行，除了直接主管的行政机构外，谁还能对本领域的实际情况掌握得更多、把握得更准呢？就像制定食品药品领域失信联合惩戒规范的任务不可能交由环保部门去执行一样，知识产权主管部门也无法完成制定医疗卫生领域失信联合惩戒规范的任务，于是不可避免地，不同的社会领域制定出来的失信联合惩戒规范也不同。

（四）形成国家、省、市、县（区）四级结构

考夫曼提到法律发现，指当不存在现成的制定法，但按照法秩序必须进行调整时，即出现一种“违反计划的不完满性”[①]。在国家层面失信联合惩戒文件之下，各地方政府在《国务院关于建立完善守信联合激励和失信联合惩戒制度　加快推进社会诚信建设的指导意见》第二十七项“鼓励有关地区和部门先行先试，通过签署合作备忘录或出台规范性文件等多种方式，建立长效机制，不断丰富信用激励内容，强化信用约束措施”的指引下，在中央“先行先试”政策的鼓励下，出台的失信联合惩

---

①［德］阿图尔·考夫曼：《法律获取的程序——一种理性分析》，雷磊译，中国政法大学出版社，2015，第26页。

戒文件不计其数，几乎覆盖所有社会领域，甚至在国家层面失信联合惩戒文件已经出台的情况下，地方政府超出国家层面失信联合惩戒的失信种类、惩戒措施种类和幅度范围作出更具体的规定。总体上，地方失信联合惩戒文件大部分是以国家层面失信联合惩戒文件为基础，但仍有地方政府革故鼎新，将中央政策和地方实际结合，形成独具特色的地方方案。例如，2018年浙江省《嵊泗县失信被执行人联合惩戒2018行动方案》和2019年《深圳市龙岗区关于对列入城市更新企业信用不良记录“黑名单”的企业及其有关人员开展联合惩戒的合作备忘录》，后者为全国首个城市更新领域联合惩戒合作备忘录。2018年江苏省苏州市吴中区出台的《关于对城市管理领域严重失信责任主体实施联合惩戒的合作备忘录（试行）》是全国首个区级失信联合惩戒备忘录。还有2019年山东省《寿光市对校外培训机构及其有关人员开展联合惩戒的合作备忘录》、2020年《内蒙古自治区关于对工程建设项目审批制度相关失信责任主体实施联合惩戒的合作备忘录》以及2020年山西省临汾市《关于对人防工程建设单位和个人严重失信实施联合惩戒的合作备忘录》等。

当前，以行政为主导的失信联合惩戒形成四级，即国家级、省级、市级和县（区）级，大量失信联合惩戒文件集中于市级和县（区）级，这恰恰说明失信联合惩戒制度尚在摸索之中，还没有形成自己的轮廓和范围。由于缺乏一部可以适用于全境的失信联合惩戒规范性法律文件，地方政府各自寻找有效的路径和手段，失信联合惩戒制度有被滥用的风险。结果是：一方面，相比国家层面失信联合惩戒文件，地方层面失信联合惩戒文件已经突破其既定框架，更为细致和具体，地方政府在适用过程中各显其能；另一方面，地区发展不平衡，有的省份提前施行失信联合惩戒，有的省份没有施行，甚至在同一个城市，有的区有失信联合惩戒，有的区没有，没有形成统一的法治标准。

二、以行政为主导的失信联合惩戒的类型

失信联合惩戒类型多样化是2016年《国务院关于建立完善守信联合激励和失信联合惩戒制度　加快推进社会诚信建设的指导意见》坚持“部门联动，社会协同”原则的必然结果，作为该意见倡导的四项基本原则之一，该原则倡导“形成政府部门协同联动、行业组织自律管理、信用服务机构积极参与、社会舆论广泛监督的共同治理格局”，根据惩戒力量的来源，可以将以行政为主导的失信联合惩戒分为三类，即“行政+行政”型、“行政+司法”型以及“行政+社会”型。

（一）“行政+行政”型

行政机构或者被授权具有行政管理职能的机构联合起来施行惩戒，是以行政为主导的失信联合惩戒的主要形式。以失信联合惩戒备忘录为例，签署单位绝大部分属于行政机构或者被授权的机构，其余还有银行、企事业单位等，其中，行政机构或者被授权具有行政管理职能的机构占据主体地位，也是惩戒权力的主要持有者和执行者，行政机构或者被授权具有行政管理职能的机构之间的联合在我国有存在已久，许多行政机构及被授权组织在联合执法方面积累了丰富的经验。

尤其要注意的是，有的机构，虽然不是行政机构，但是根据法律法规的授权，享有一定的法定职权，如高等院校具有审查授予学位的职权，高校对不诚信取得学位的失信行为联合其他机构进行失信惩戒，在性质上仍然属于以行政为主导的失信联合惩戒，即主要依赖行政职权施行惩戒。

（二）“行政+司法”型

除了联合惩戒，没有什么制度能如此这般贯穿司法机关和行政机关，这是一个脱俗的现象。要知道，在早些年间，法院曾经因与其他行政机关联合执法而受到批判，司法机关和行政机关之间保持适当距离是一项常识，这几乎让我们认为他们之间不可能有合作，而联合惩戒则算得上一个“超自然”的奇迹了。

这是一类相对特殊的失信联合惩戒类型，行政机关和司法机关应保持一种什么样的关系一直是焦点。必须说明：第一，行政机关起主要作用。在参与失信联合惩戒的过程中，行政机关通常处于主导地位，统领全局，推动失信联合惩戒向前发展，行政机关的参与程度也决定了整个联合惩戒的成效。第二，司法机关起辅助作用。由于司法权的独立性和谦抑性，法院本身具有特殊性，司法机关作为参与机构，起协助配合作用。迄今为止，最高人民法院参与的失信联合惩戒备忘录有20多个，地方法院参与失信联合惩戒的情况不可尽数，但总体而言，失信被执行人名单制度是以司法机关为主导展开的失信联合惩戒，如果司法机关联合其他行政机关展开的失信联合惩戒主要依靠行政力量推动惩戒的全面展开，那就属于以行政为主导的失信联合惩戒。

（三）“行政+社会”型

单纯依靠政府自身力量还不足以创造一个风清气正的诚信时代，广大的社会资源也是可以凭借的力量。政府最新的目标是实现“全方位联合”，政府的目光甚至已经投向虚拟世界，凡是人迹所至之处，都会有失信联合惩戒的身影。政府和社会之间的合作越来越多，尤其政府和银行、大企业集团之间达成失信联合惩戒联盟往往具有巨大的社会影响力，如国家发展和改革委员会于2016年与国家开发银行、中国工商银行签订《关于落实联合奖惩措施的合作备忘录》，2017年与苏宁集团签订《关于加强信用信息共享的合作备忘录》，国家信息中心于2016年与阿里巴巴集团签订《电子商务领域诚信建设备忘录》，2017年与京东集团签订《关于加强信用信息共享共用和推进电商领域信用建设的合作备忘录》，从而形成一个体制内和体制外、线上和线下纵横一体的失信联合惩戒包围圈。

如果以行政为主导的失信联合惩戒类型构成失信联合惩戒的最主要形式，那么诚信社会的构建有可能依靠的不是价值观或信仰，而是依靠权力。政府对于失信联合惩戒机制的发展史最为清楚，诚信社会理想无论多么崇高，都不及解决现实问题来得直接。事实上，政府的逻辑是，失信行为是不道德的，而且带有普遍性，必须受到严厉的惩罚，既然刻板的法律不能有所作为，权力的灵活性正符合群众的呼声，也是现实社会治理的需要。

第二节　以司法为主导的失信联合惩戒

司法正义本就无尽繁复，必须无穷尽提高自我标准，所以需要更多投入、更多社会运动，经过更多努力和更多失败，换来更多成功。

——引自[美]贝兹·卓辛格《把他们关起来，然后呢?》

在过去，一个人因为失信受到的伤害以及可以获得多少赔偿，是交给一个集中的中立机构来决定的，如法院或仲裁机构，这被看作正义的方法。如果失信人不信任判决或者不执行判决，司法机关如何能够强制其履行呢？一旦失信人坚决地站在国家法律体系的对立面，守信人和司法机关都被拖入泥潭，于是，司法机关开始采取行动，力图减少失信的概率，也是在这个过程中，司法机关意识到借助外在力量的必要性。失信联合惩戒制度的意义不仅存在于司法之中，还存在于司法之外，司法机关作用的扩张已是20世纪以来法律最突出的一个方面，至少，“在这个崇尚积极行为的世界上改变法律所扮演的那种一味消极的角色”[①]。

一、以司法为主导的失信联合惩戒的特征

如果以行政为主导的失信联合惩戒范围过大，以至于只有官僚机构才能掌握失信联合惩戒的主要流程和知识，那么，司法的意义就很微弱了。笔者更为相信，社会将是多元的，行政、司法和社会都是并行不悖的力量，三者相互借鉴、互相参照，而且这三者同在法律的框架内，建立在其基础上的失信联合惩戒制度才能保持自己的独立意义。

（一）起于“执行难”问题

2019年，最高人民法院工作报告唯一一次提到联合惩戒是在说明执行模式变革时，这间接说明在司法机关眼中，联合惩戒是从执行领域“执行难”问题延伸出来的一个制度，它和“执行难”问题密不可分，正是为了解决“执行难”问题，才对传统执行模式进行改革，对失信被执行人施以联合惩戒。人民法院“执行难”问题贯穿司法工作的始终，自20世纪80年代开始，人民法院“执行难”就是跨立两界的难题，学界和实务界的注意力都不同程度地放在如何破解“执行难”问题上，因为涉及不同类型的利益群体，单凭司法机关自身力量无法有效解决，因此，“在治理资源欠缺以及对组织长期发展的战略考量双重因素的影响下，人民法院既‘被动接受’也‘主动迎合’了运动式治理”[②]。

在实践中，司法机关“执行难”主要体现在查人找物难的问题上。2019年最高人民法院工作报告指出，已经“与公安部、自然资源部等16家单位和3900多家银行业金融机构联网，覆盖存款、车辆、证券、不动产、网络资金等16类25项信息”，司法机关建立网络查控系统，将被执行人主要财产形式囊括其中，这种联合执法为日后的失信联合惩戒奠定了基础。

（二）以失信被执行人名单为依托

到现在为止，笔者更相信，失信概念是一种特定社会情境中人为制造出来的产物，如果一个司法判决降临到一个失信人头上还不足以将其转化为守信人，对失信人的惩戒将一直持续，失信人会进入失信被执行人名单，变成“老赖”。

---

① ［美］伯纳德·施瓦茨：《美国法律史》，王军、洪德、杨静辉译，法律出版社，2018，第323页。

② 侯学宾、陈越瓯：《人民法院的运动式治理偏好——基于人民法院解决“执行难”行动的分析》，《吉林大学社会科学学报》2020年第11期，第70页。

人民法院公布的失信被执行人名单是司法机关施以失信惩戒以及司法机关联合其他机构施行联合惩戒的基础。2014年《“构建诚信 惩戒失信”合作备忘录》十分明确地将惩戒对象限定为失信被执行人。2016年《关于加快推进失信被执行人信用监督、警示和惩戒机制建设的意见》指出，人民法院通过司法程序认定的被执行人失信信息是作为社会信用信息重要组成部分存在的，其他机构是在法院发布的失信被执行人名单基础上展开跨部门协同监管和联合惩戒的，“构建一处失信、处处受限的信用监督、警示和惩戒工作体制机制”。但到后期，司法机关参与的失信联合惩戒备忘录针对的对象则不限于失信被执行人，而是扩大到更广泛的失信人范围。随着惩戒对象扩大到失信被执行人之外，司法机关丧失主导地位，转而配合行政机关推动失信联合惩戒，此时的失信联合惩戒在性质上就不是以司法为主导的失信联合惩戒了。

（三）适用范围相对有限

以司法为主导的失信联合惩戒适用对象是失信被执行人和被限制高消费的其他被执行人，适用范围相对较小。无论是2014年的《“构建诚信 惩戒失信”合作备忘录》，还是2016年的《关于对失信被执行人实施联合惩戒的合作备忘录》，都明确将惩戒对象限定于失信被执行人，都仰仗司法机关公布失信被执行人名单。一方面，如果案件没有经过法院审判，没有经过执行阶段，失信人没有被法院列入失信被执行人名单，那么就不可能受到以司法为主导的失信联合惩戒。另一方面，失信被执行人仅仅是失信人群体中很小的部分，被限制在相对较小的范围。进入诉讼程序是司法机关作出失信惩戒的前提，失信人千千万万，但因诉讼案件被法院列为失信被执行人的数量有限。以知识产权领域为例，每天发生数量庞大的知识产权侵权事件，但进入司法程序的知识产权侵权案件数量并不多，在这些为数不多的案件中，也不是每一个侵权人都会成为失信被执行人，那些自觉履行义务或客观上确属无力履行义务的侵权人并不会成为失信被执行人。

这一问题还会继续存在，这意味着，能对社会信用改革起到深远影响的依然只能是立法者，而不是司法者。一部分原因还在于，“他们在审理特定当事人之间日常争讼的过程中，没有能力考虑大规模的社会改革运动”[①]。以司法为主导的失信联合惩戒主要以事后处罚的手段进行，法律以成文法的形式制定行为规范，违反者将受到惩处，法律并不对公民

① [英] 丹尼斯·罗伊德：《法律的理念》，张茂柏译，上海译文出版社，2014，第204页。

和团体的单个行为进行监督，每个人可以自由选择守信或者不守信，法律只是对违反者进行事后的惩罚，它的优点在于避免了政府官员因无知、徇私、情绪不稳带来的擅权或腐败，缺点在于在应对复杂的客观情势时缺乏弹性和灵活性。

二、以司法为主导的失信联合惩戒的主要形式

根据司法力量与不同力量的结合，可以将以司法为主导的失信联合惩戒分为“司法+行政”型和“司法+社会”型两种。

（一）“司法+行政”型

要澄清的一点是，“司法+行政”型的失信联合惩戒在性质上可以分为两类。一类以失信被执行人名单制度为基础，以司法机关为原点推进，属于以司法为主导的失信联合惩戒，如2014年《“构建诚信 惩戒失信”合作备忘录》和2016年《关于对失信被执行人实施联合惩戒的合作备忘录》，两者都是建立在失信被执行人名单基础上，针对失信被执行人展开的失信联合惩戒，惩戒对象是特定的，即司法机关公布的失信被执行人名单以及发出限制高消费令的其他被执行人。另一类并非专门针对失信被执行人，而是以广泛的失信组织或个人为对象，这类“司法+行政”型失信联合惩戒主要依靠行政力量来推动，司法机关在其中所起的作用只是配合和协助，这种类型在性质上还是属于以行政为主导的失信联合惩戒形式。

（二）“司法+社会”型

席拉赫在谈到检察机关和媒体的关系时说，诉讼过程本身就是惩罚，只要司法机关介入了，一切似乎就已经被证明了，司法机关的怀疑等于判决[①]。在惩戒失信问题上，司法机关与其他社会力量的联合还是近年来独特社会现象。2015年，最高人民法院与芝麻信用签署对失信被执行人信用惩戒的合作备忘录，官方授权第三方商业征信机构通过互联网施行失信联合惩戒，逐步实现线上和线下相结合的失信联合惩戒，这和中央网信办展开的专项治理和每年举办的“中国网络诚信大会”[②]在主旨上是一致的，这些景象可以相互呼应。2018年，四川省广安市中级人民法院与中国移动广安分公司签署联合惩戒失信被执行人合作备忘录，双方在曝光失信被执行人名单、通过手机定位查找被执行人位置、发布

① ［德］费迪南·冯·席拉赫：《尊严》，姬健梅译，浙江人民出版社，2018，第83-87页。

② “中国网络诚信大会”始于2018年，截至2022年已举办四届，2018年在北京举办，2019年在西安举办，2020年在曲阜举办，2021年在长沙举办。

悬赏公告、查询被执行人名下手机号码信息、对失信被执行人手机号码设置“失信彩铃”等方面进行合作。2019年，青岛市中级人民法院与青岛市社会信用体系建设工作领导小组办公室、联合信用征信股份有限公司签订了《失信被执行人信用监管合作备忘录》，尝试引入有资质的第三方信用服务机构。可见，司法机关在失信联合惩戒问题上一直在摸索中前进。

事实上，建立在失信被执行人名单基础上的以司法为主导的失信联合惩戒，在本质上等同于司法机关的“主动造法”。在过去，因司法机关本身的特殊性，因社会信用立法的相对缺位，司法领域失信惩戒不具有统一性，这增加了相关人员，甚至是执行法官的不安全感，只能依照惯例处置，过去不曾用过的惩戒手段不能轻易使用，只要维持低标准的秩序即可。何况，中国民间大部分纠纷的处置都被“大事化小、小事化了”的观念引导，只要赔偿得当，纠纷以私下的协调方式解决，要比重启诉讼来得更省力。但现在，司法机关主动介入信用领域，主动融入社会信用体系建设的洪流中。其中原因不乏司法改革的需要，即创造一个新制度来解决执行纠纷，联合诸多机构施行惩戒，将司法机关从执行纷争中抽身出来，同时也为维护司法公信力寻找到一个可靠的依据。

第三节　以社会为主导的失信联合惩戒

政府、司法、社会依次被提及，在失信联合惩戒制度的适用上，行政机关和司法机关分守要津，并同时激发社会主体活力，全国各地纷纷响应出台相应措施，诚信社会建设以“政府主导、社会共治”为原则，这些表明，社会性力量是失信联合惩戒的重要能量来源。失信联合惩戒机制是与全球化和管理结构扁平化分不开的，它涉及一系列错综复杂的社会因素和技术因素，更与社会公众的高参与度联系在一起。重要的是，失信联合惩戒与民主、公众参与等正面价值密切相关，这使其本身成为值得追求和奋斗的目标。

一、以社会为主导的失信联合惩戒的特征

在以社会为主导的联合惩戒情境中，权力机关的能动因素显得较弱，惩戒不是由权力机关组成的惩戒机关作出的，而是由社会客观力量作出的。以社会为主导的失信联合惩戒有其自身的特殊性，即社会不同主体参与失信惩戒，这是社会信用治理的改革方向，诚信社会理想、日益发

达的科学技术以及人民的期待发挥了作用，不同个体团结在一起，组成了一个临时的共同体，并在权力的作用下日渐稳固，权力让这个临时共同体在形式上和思想上形成了初步的统一。从理性上讲，人们能够领会失信联合惩戒运作机制的必要性，在如何利用社会合作方面，要协调多种多样的机构和人物，还要观察到个人不能察觉的各种事实，人们还没有学会如何驾驭社会性力量，虽然有人认为人们已经令人惊骇地学会了如何驾驭自然力量，但是在如何成功利用社会合作方面是落后的①。

（一）自主联合

不同个体的意志联合在一起，只有形成“公意的思想”②，才能体现以社会为主导的失信联合惩戒的合理性。从团体法的视角看，具有同质性的个体可以结成一个共同体，经由共同体来实现同质的利益追求③。自主联合是实现惩戒力量最优组合的主要路径，社会性惩戒力量的联合是一个历史性的存在，也是一个渐进的过程，在提高失信惩戒效率的过程中，自主联合是发挥社会主体能量的稳妥方案。

如果仔细检视失信联合惩戒制度的历史，就会发现，以行政或司法为主导的失信联合惩戒甚至是在以社会为主导的失信联合惩戒机制的基础上自然而然产生的。在广大的社会领域，当提到失信联合惩戒时，人们从市场经济角度出发采取了乐观的态度，许多社会主体针对失信人自愿结成联合惩戒联盟，这些社会主体共同获得惩戒主体地位，为大家的共同利益惩戒失信人，净化市场，使信用状态恢复到市场需要的水平，社会主体利用失信联合惩戒来维护市场信用秩序，从而维护个人财富，这间接反映了科学失信惩戒制度的历史发展趋势，自主联合是社会物质生产力发展的必然结果。

（二）弱强制性

到现在，社会控制手段越来越清晰地分为两极：一极是法律，管理人们的外部行为；另一极是没有被法律吸收的原理，如道德、风俗习惯等，则管理着人们的内心世界，这是法律被禁止进入的个人疆界。

---

① ［英］弗里德里希·奥古斯特·冯·哈耶克：《通往奴役之路》，王明毅、冯兴元等译，中国社会科学出版社，1997，第219页。

② 莫里森教授将“公意”定义为全体公民的单一意志，众多的、多样的人民意志可以被看作单一的意志，每个人都是社会契约的一方，在社会契约中一致同意把他们的行为引向共同利益的实现上来。参见［英］韦恩·莫里森：《法理学——从古希腊到后现代》，李桂林、李清伟、侯建、郑云瑞译，武汉大学出版社，2003，第166页。

③ 叶林：《私法权利的转型——一个团体法视角的观察》，《法学家》2010年第4期，第141页。

礼仪、风俗、习惯、道德还有法律都是社会控制的方式，所有这些方式所扮演的角色，就是要确保社会生活的稳定和秩序，包括信用秩序，违反任何一种都会给违反者带来某种不好的后果。蔑视礼仪风俗招致众人批判，甚至被其他社会成员排斥；违反道德伦理的行为为他人所唾弃，引发舆论批评；违反法律的后果则更为严重，轻则经济制裁，重则剥夺人身自由甚至生命。强制性是这些社会规范的共同特征，只是强制性的程度有所不同，强制被看作这些社会控制手段中共通的因子，对强制性结果的畏惧心理使人们在遵守社会规范方面发挥了巨大作用，这也是法律比起风俗礼仪、习惯、道德更加具有威慑力的主要原因。同理，以行政为主导和以司法为主导的失信联合惩戒比起以社会为主导的失信联合惩戒，强制性是一个特别大的区别。以社会为基础的失信联合惩戒缺乏有力的强制执行的专门机构和人员，没有警察、法庭和监狱等做后盾，主要依靠社会舆论、信用评价、道德、惯例等，客观上收效不理想。

（三）主要借助失信信息的广泛传播

以社会为主导的失信联合惩戒的实际功效有赖于失信信息的传播速度和广度，失信信息传播得越快，传播到越多的地方，越多人知晓，越能发挥威力。于是，一个新的公共机构出现了，国家公共信用信息中心在2017年9月经中央机构编制委员会办公室批准成立，作为国家发展和改革委员会下辖的直属事业单位，国家公共信用信息中心就是失信信息的中转站，一方面负责公共信用信息的归集、共享和公开，另一方面负责跨地区、跨部门失信联合惩戒与守信联合激励信息共享工作，推动公共信用信息依法向社会公开、开放。过去，官方机构和民间机构在信用信息占有上差距很大，一旦公共信用信息平台建立，就可以最大限度地提供信息，我们开始拥有让社会性力量联合起来的基础设施。这时候我们发现，由于这些失信信息的作用，资源会慢慢流向那些信用良好的市场主体，而那些不良信用主体会面临很多阻力。失信联合惩戒的独特之处并不是杜绝失信事件的发生，事实上这些事件确实发生了，其独特之处在于，当失信事件发生时，事件通常都会被媒体曝光，失信行为得到纠正。让失信联合惩戒别具一格的不是诚信社会机制，而是媒体，他们每天都在公开失信信息，只有在拥有了广泛全面的信息传播渠道后，才会有失信联合惩戒的成果，也只有拥有了保护守信人的法律机制，才会拥有成功的信用市场。

（四）人民群众起关键作用

德富林说，社会有权进行道德判断，“只有当社会受到影响，才出现诉诸集体判断的状况”[①]。社会公众，这是一个数量庞大的群体，联合惩戒需要具有惩戒权力的机构参与，也需要广大公众参与。在诚信社会构想提出之前，社会公众和惩戒机构之间没有共同的利益，因为没有共同利益，也就没有和惩戒机构一起惩戒失信人的驱动力，社会公众被看作旁观者和被害人的虚拟化身，但现在，诚信社会建设是惩戒机构和社会公众的共同利益所向，需要将社会公众纳入和惩戒机构并列的惩戒行列。

从一个更为理性的层面看，社会公众角色的转变也是一个不能忽略的问题。少部分人是传统惩戒模式的受益人，社会公众则被设想成传统意义上的受害人或守信人，但在联合惩戒模式下，社会公众被定义为受害人或守信人都是不完全的。联合惩戒对社会公众寄予厚望，无论哪一个领域下的联合惩戒，都要向社会公开失信信息，借助社会舆论的力量，将惩戒的权力赋予社会公众，他们的加入使得惩戒机构提供更优质的服务，社会公众已经从被害人或守信人的角色转变为惩戒人的角色了。传统惩戒模式一直在力图平衡失信人、守信人以及社会公众之间的关系，但现在，这种关系已经发生了变化。联合惩戒将社会公众提到和国家相对的惩戒权力拥有者的地位，社会公众不应只关心个人得失，还应该关心更多的和信用有关的问题。社会公众这一含义上的转变和诚信社会建设的发展趋势是一致的，其中最有意义的趋向之一是将社会公众看成惩戒权力的持有者，而不是微不足道的旁观者。

二、以社会为主导的失信联合惩戒形式

以社会为主导的失信联合惩戒联盟是与正式结构并立的一种非正式的合作结构，没有既定的合作规范，规则是不固定的，参与机构可以塑造惩戒规则，就像西蒙和史密斯伯格（1961年）指出的“公务哲学”和职业行为守则是对组织的非正式控制，前提是正式控制尚不存在。虽然没有正式的结构，但是这类非正式合作结构有一种教育功能，可以很快塑造相关人员的观点，建立某个领域内的思想指南，以社会为主导的失信联合惩戒并非以权力为惩戒力量来源，主要依赖社会力量的联合，大体上可以分为三种形式，即道德惩戒、市场惩戒和行业惩戒。

（一）道德惩戒

道德惩戒是不同社会主体彼此联合形成的无形惩戒，它在本质上是一种精神惩戒，通过对失信人给予负面评价而使失信人产生精神压力。

---

①［英］帕特里克·德富林：《道德的法律强制》，马腾译，中国法制出版社，2016，第10页。

首先，失信最初被看作一个道德问题。在历史早期，为什么国家没有在信用问题上采取更为强硬的立场？也许有一条理由可以作为解释，即失信在传统上多被视为与言而无信、信口开河一样的“小恶”，是附着于人们身上的深刻烙印，它带有大众性、普遍性，按照“法不责众”的常识，它不被认为是需要强力治理的范围，而更多地应由道德来约束。在这一点上，将闯红灯、地铁逃票列入个人征信这一举动在法律上尚有左右迁就之处，但在普通老百姓眼里却属小题大做，和传统伦理不合。

其次，道德惩戒的有效性是基于人们对道德的追求。看重道德品质，这在社会各阶层当中都是共通的，人们不允许自己轻易在道德上犯错，有意识地要摆脱那些道德上的污点或灰色地带。失信有令人生厌的特征，粗俗或逐利的铜臭味使那些被冠以“老赖”污名的父亲或母亲通常也得不到子女的尊重，子女不屑于父辈的行径，极力想摆脱这样的污名，有意让自己从失信人的角色中解放出来，让整个家庭从那样的污名中解脱出来，他们会自觉地避免失信行为的发生，成为诚实守信的下一代，这表达出一种隐秘的愿望：和失信人划清界限，成为守信人的一员。失信惩戒借由“老赖”这样的称号昭示出其社会地位，它意味着所有人要适应另一种文化[①]，让自己挣脱失信所带来的额外利益的诱惑，成为一个被认为更高尚的守信人。

再次，道德问题因网络效应被放大。即使是负有高度责任感、职业道德的人，都有可能犯错误，有的错误还会让人十分难堪，而且，在互联网时代，社会生活更加复杂，人的很多错误比过去更容易遭到曝光，“有心人士”的幸灾乐祸与媒体的刻意挖掘，都会让错误被放大百倍。

面对失信现象的不可根除性，谁都可能成为现实中的失信人。从社会道德那里，谁也不敢公开承认失信是符合道德的，但从个人现实那里，人们又无法确保永不失信，于是采取一种双重策略来处理，将失信分为两类：一类是失信之后愿意补救的，设置赔偿金或违约金，为失信付出代价，将自己的信用以一定的价格转卖出去；另一类是不愿意补救的，失信之后不肯乖乖掏出赔偿金或违约金，这是不道德且危险的，也是国家和法律严厉打击的对象。这样的细节无法不让人感觉到道德和法律在

---

① 文化知识是共享的知识，文化的定义被认为是复杂、动态且不固定的，赵志裕、康萤仪所著《文化社会心理学》提出文化有两层意义：一层是文化是一个集体现象，它包括一系列共享的意义，这些意义为一个人群理解社会实在、调整自己在集体生活中的活动以及适应外部环境提供了共同的参考框架；另一层是每一个个体都获得了一部分共享知识，但没有一个成员能掌握所有的共享知识。参见［美］赵志裕、［美］康萤仪：《文化社会心理学》，刘爽译，中国人民大学出版社，2011，第18页。

对失信这一问题上都有两面性：一方面，允许失信；另一方面，失信人被置于道德和法律保护之外，很少有失信人因受到联合惩戒去法院诉讼申辩自己的冤屈，这在部分是因为失信本身带有不道德的注脚。

（二）市场惩戒

对任何惩戒模式的主张都必须进行全面的评估。在我国，期望以行政模式来解决问题是一种固定思维，致力于依靠国家权力去改善失信人的行为是传统单一惩戒模式下的主张。事实上，并不存在一个纯粹的单一惩戒模式，它只是对惩戒人和被惩戒人之间关系的一种基本看法。惩戒机构单枪匹马足以制服失信人是单一惩戒模式的理论依据，方案也是多种多样的，如铁路部门可以限制购票资格，银行等金融机构可以限制未来的信贷资格，市场监管部门可以加强监管并决定结束企业的“生命”，这些措施对被惩戒人来说都很致命，几乎一击即中。在失信人和惩戒机构之间的这场对峙中，惩戒机构建筑起来的藩篱至为关键。因此，在失信人日益肆行无忌的同时，惩戒机构构筑起来的藩篱也在不断地加高加固，失信人因失信受到的惩罚越来越重。即便如此，也没能阻挡失信人“前进”的脚步，于是在权力机构之外叠加市场的力量来改革传统的惩戒模式成为一种尝试，其背后的理论依据是：市场经济体制下，每一个个体都无法脱离市场独自存活，如果能运用市场竞争机制，在失信人和守信人之间或者不同程度失信人之间进行资源分配，那么信用问题这个原本产生于市场的内部性问题还是回到内部解决，而不是主要采取行政干预等外部性手段。

社会信用体系建设涉及社会经济生活的方方面面，商品经济的每一个环节，包括生产、交换、分配和消费，均是社会信用关系发展的根基，社会信用体系的演进也是与社会生产力发展水平和经济市场化程度一一对应的，市场的作用不容小觑。目前，市场惩戒措施主要有三项：第一，建立市场主体信用记录，如红黑名单，向市场公开严重失信信息，法人、非法人组织的统一社会信用代码制度正在完善当中，以统一社会信用代码为标识，形成完整的市场主体信用记录，通过“信用中国”网站、国家企业信用信息公示系统或相关部门官方网站等渠道向社会公开；第二，限制资格，最严厉的是市场禁入措施，还有限制出境、购买不动产、乘坐飞机、乘坐高等级列车和席次、旅游度假、入住星级以上宾馆及其他高消费行为等限制措施；第三，提高市场门槛，按照风险定价原则，引导商业银行、保险公司、证券期货经营机构等金融机构对严重失信主体提高贷款利率和财产保险费率，或者直接限制严重失信人获得贷款、保险、保荐、承销等服务的权利。

基于信用来自市场的特性，惩戒的手段越接近市场，就越可能获得更好的结果。在实践中，绝大多数国家采取的是市场模式，将信用问题交给市场本身，信用自身存在价值，可以通过市场进行有效分配，而正式的法律手段或行政手段并不一定是最好的工具。正因为这样的原因，传统的惩戒模式有时表现为一种无效率的工具，那些正式的法律或行政手段常常表现出效率低下的特征。相反，在之前的假想下，那些以市场为基础的惩戒机制，如限制失信人担任法定代表人、购买车辆、创办实业等手段更为有效，这些措施与其说是一种惩戒措施，不如说是一种激励措施，以市场为基础的激励机制比传统控制式的惩戒模式更具适应性。

（三）行业惩戒

行业惩戒不是一个新事物，金融行业协会也有相当长的历史，银行等金融机构联合起来对失信借贷人进行限制，失信联合惩戒正是从金融领域逐步延展至社会其他行业领域的。

行业信用建设是社会信用体系建设的重要组成部分，推进行业信用建设，建立行业信用记录，促进行业内部个人和组织自律，对于形成有效的社会约束机制意义重大。“一处失信，处处受制”的提法第一次出现在网络上还是在2003年，上海市人才服务中心发布《上海市人才诚信体系建设实施意见（征求意见稿）》，拟在2005年初步建成一个覆盖全市、辐射长三角的人才诚信体系，包括建立个人、单位诚信信息库、诚信评估机构、人事人才惩戒和社会制约机制，这在本质上就是人才服务行业对失信人的惩戒，即行业惩戒。同在2003年，国内10家电信企业和金融机构共同组建北京地区社会信用联盟，联合抵制客户的恶意欠费。2004年，国务院《关于推进资本市场改革开放和稳定发展的若干意见》[①]就提出要“制定资本市场诚信准则，维护诚信秩序，对严重违法违规、严重失信的机构和个人坚决实施市场禁入措施”，市场禁入措施是典型的行业惩戒。2007年3月，国务院《关于社会信用体系建设的若干意见》就提出，要“借鉴国际经验，进一步完善信贷、纳税、合同履约、产品质量的信用记录”，也要发挥商会、协会的相关作用，促进行业守信自律和行业信用建设。谋先则事昌，近年来，行业惩戒浸明浸昌、日增月盛。例如：2012年，盛大文学与百度、搜狗、奇虎360、腾讯搜搜等4家搜索引擎公司共同签署《维护著作权人合法权益联合备忘录》；2017年，深圳

① 该意见在2004年明确提出“加强法制和诚信建设，提高资本市场监管水平”，经济领域诚信建设早于其他社会领域。

市注册税务师协会、深圳市律师协会、深圳市注册会计师协会、深圳市代理记账行业协会等4家协会共同签署《深圳市涉税专业服务行业失信主体联合监管合作备忘录》；2018年，包括阿里巴巴在内的22家企业联合成立浙江省电商失信惩戒联盟，企业联合自治客观上达到了行业惩戒的效果；2020年，携程、去哪儿网、美团、马蜂窝、同程艺龙等5家互联网旅游服务企业联合签署《互联网旅游服务行业自律公约》，建立平台经营者之间的信息共享平台，将屡次损害消费者权益、造成恶劣影响且拒不改正的平台内经营者纳入动态黑名单，实施失信联合惩戒。

行业惩戒基于行业自治权而作出，行业自治权被认为有检举权力和权利的双重属性[①]。行业惩戒的依据主要有两种：一是法律，二是行业惯例。首先，有些行业惩戒规范已经上升为成文法或政策。比如2003年国家知识产权局发布的《专利代理惩戒规则（试行）》和2014年民政部等发布的《关于推进行业协会商会诚信自律建设工作的意见》，国家知识产权局和地方知识产权局分别设立专利代理惩戒委员会，对专利代理机构和专利代理人的不当执业行为进行惩戒，以此加强执业监督，规范专利代理行业的执业行为，维护行业的正常秩序。但有的行业还未形成成熟的行业惩戒规则，生出许多令人啼笑皆非的事件，如“黑中介”以“结婚”为手段过户京牌指标，离谱到2年内竟然结离婚28次[②]。其次，那些还没有将惩戒规范纳入成文法的行业，行业惯例即为作出惩戒的依据，行业协会和商会即为执行惯例的机构。行业协会和商会的作用在我国还没有充分发挥出来，有的行业协会发展相对成熟，已经形成比较完善的行业管理机制，如律师协会，由全国律师代表大会通过的协会章程在维护律师权益、业务指导和行为惩戒方面具有详细的指南。相对而言，纺织行业在我国虽然是一个古老的行业，纺织行业协会也有悠久的历史，斡旋纠纷也是行业协会的功能，但是因为纺织企业对纺织行业协会的依附性不强，更缺乏强制力量，协会对不诚信企业的惩戒多停留在通报、公示层面。行业协会或商会等组织的力量过于薄弱，作用相对有限。在我国早期，行业协会和商会大多在政府主导下创立，对政府严重依赖，主要起的是政府和企业之间的桥梁作用，上传下达、沟通和服务是行业协会和商会的主要任务，行业内部还没有形成一股可以有效钳制失信成员的力量，行业惩戒难以展现威力也在意料之中。

---

① 黎军、高俊杰、周卫：《行业自治研究》，中国社会科学出版社，2018，第25页。

②《被车牌捆住的婚姻：37岁女子两年结离婚28次，为他人过户净赚300万》，https://new.qq.com/rain/a/20201110A0D8TQ00，访问日期：2022年4月11日。

第四节　三大类型失信联合惩戒之间的关系

要解决复杂的信用问题，理性是第一法门，除了不能诉诸野蛮和令人类不适的方法之外，道德伦理、习惯、权力、法律等都可以在控制失信上发挥作用，或者混合起来发挥作用，这才是一个有价值的增进效率的方式。

一、目的的同向性

三大类型失信联合惩戒在惩戒目的上是同向的，都以保障社会信用秩序和实现社会正义为目的。一方面，失信联合惩戒是社会信用体系建设的重要组成部分，行政机关、司法机关或者其他社会组织、个人都肩负着保障社会信用秩序的职责。按照凯尔森的说法，行政和法律并无实质的差别，两者都以同一姿态追逐着公共政策，强制对方以便达成希望的境况[①]，也正因如此，行政机关、司法机关和其他社会组织之间才有联合的基础和可能。另一方面，失信联合惩戒在本质上是保障守信人利益、实现社会正义的机制。人民心中早已形成一种确信，诚实信用是正义的，失信是非正义的，失信行为要受惩罚，守信行为要受保护，这种确信就是法律惩戒失信行为的合法渊源，其他人民都要以这个标准来检验自身的行为，抵制失信行为，推崇守信行为。国家鼓励模仿他人的守信行为，法国刑法学家塔尔德将犯罪解释为模仿的产物[②]，同样地，对失信行为的放任也会鼓励那些原本无意于失信的人走上模仿的道路。

二、惩戒力量的相互借重

无论是行政机关还是司法机关，单凭一己之力都难以维持大局，行政力量、司法力量和社会其他力量联合才能形成一张覆盖全境的严密大网。同时，不同的信用问题有不同的角度及其特殊性，需要有不同的解决方案，并不是所有的信用问题都适宜行政或司法权力介入，行政或司法权力介入也未必是最佳方案，如婚姻家庭领域的信用问题。

---

① ［美］埃德加·博登海默：《博登海默法理学》，潘汉典译，法律出版社，2015，第76页。

② 法国刑法学家塔尔德提出模仿规律，认为人类的社会活动是一贯发明、模仿、冲突和适应的循环过程，犯罪和其他社会活动一样，受已有犯罪案例影响才产生，犯罪可以通过学习产生。

联合本身就是多方面力量的联合，一方面，借重社会性力量是以行政为主导和以司法为主导的失信联合惩戒的共同特征，无论是以行政为主导的失信联合惩戒，还是以司法为主导的失信联合惩戒，都会借重社会性力量，借助人民群众的力量，“行政+社会”或“司法+社会”都是一种常见的失信联合惩戒形式。社会性力量本身具有巨大的潜力，失信联合惩戒依靠失信信息的广泛传播，给失信人带来环境压力、精神压力和机会的丧失，因此，行政机关将公开失信信息作为一种常见的失信惩戒形式。另一方面，行政力量、司法力量和社会力量的联合实质上是权力、法律和道德的联合。譬如在现代社会，诚实信用原则是一项得到普遍认同的基本原则，违反诚实信用原则是公认的不道德行为，道德是万分珍贵的信条，为了避免其衰落，很多道德信条以法条的形式进入法律的框架之内，这已经不是个别现象了。没有单纯依靠道德治理的国家，也没有单纯依靠法律治理的国家，道德和法律相辅相成，联袂而行。二者的关系一直是微妙的，从道德准则演变为法条的过程上看，我们就不能用一个一般或者抽象的公式来衡量社会控制手段之间的关系，道德和法律从最初的混同，经过分离，现在仍然紧密联系着，道德、习俗和法律之间的关系本身也在持续演变，因此，社会控制手段，包括失信惩戒手段的变易也在情理之中。

三、以行政为主导的失信联合惩戒占显要地位

三大类型失信联合惩戒给人们的感受各不相同，从适用范围上看，以行政为主导的失信联合惩戒占据体量优势，由于惩戒机构数量庞大且惩戒权力覆盖范围广，以行政为主导的失信联合惩戒对失信联合惩戒的存在空间有很大影响，直接影响社会公众对失信联合惩戒的感受，其光芒甚至掩盖了其他失信联合惩戒类型的存在，以致很多学者一度将失信联合惩戒直接等同于行政处罚或者类行政性强制措施。

各国面临复杂的经济格局，在处理信用事务中为提高效率，加强行政管制是必要而且无法避免的。如果私人的权利范围过大，就会对社会信用秩序造成破坏，为避免这种无政府状态，对个体权利的限制就成为维持社会秩序的必由之路，而方法不外乎两种：一是加强行政管制，扩大公共权力；二是进行信用立法。这两个方法并不是对立的，按照法治的要求，行政权力应该被限制在一个合理的限度之内，必须有一个清晰明确的界限，这个界限由法律划出。而关于界限应当划在哪里，博登海默给出过答案，即“权力授予行政官吏或部门应以行使范围广泛之裁量

权为有效地达成某种重要的社会目的所绝对必需者为限”[①]。之所以做这样的限定，已经在行政法确立之初有了比较一致的意见，即公共权力不加节制有导致腐败的可能。如果行政机构能够做到在处理同样事件时采用同样的方法，那法律的存在就没有什么意义了，因为法律要做的事情就是同样的事情同等处置，而行政机构往往做不到这一点，行政裁量权被滥用是可以预见的事实，这样的情形在历史上不在少数。

当我们考察失信联合惩戒的典型形式——以行政为主导的失信联合惩戒时，理论和实际的关系变得十分清晰。在社会信用体系建设背景下，遏制失信、保障信用秩序是一项筹划已久的国家方针大计，是为了实现诚信社会和民族复兴理想而采取的措施，任何社会领域内的失信联合惩戒只不过是遵循这个方针大计设计出来的方案。这正好说明，失信联合惩戒制度并不是社会经济发展的必然产物，它是人工设计的结果，而不是社会物质技术发展不可避免的产物。当然，我们也能说是现代工业文明的复杂性使信用领域产生了许多新问题，与合同密切联系的信用问题并没有通过合同或市场竞争得到妥善解决，除了政府干预，我们目前没有更好的应对手段。

①［美］埃德加·博登海默：《博登海默法理学》，潘汉典译，法律出版社，2015，第82页。

第四章　失信联合惩戒的理论基础

我们今天从失信联合惩戒制度获得的好处并不能证明该制度的正当性，即我们这样做是对的。因为联合惩戒的功效，每天都有新的失信联合惩戒备忘录诞生或在诞生的路上，如果失信联合惩戒是没有实效的，那么它也不会存在。这样的论证通常没有太大说服力，人们对失信联合惩戒的质疑从来都不是针对其效能，而是法律事先没有对失信联合惩戒的产生过程进行任何构想，不能为失信联合惩戒提供主导思想。

一方面，解释失信联合惩戒，可能的方法有两种：一是政治性的，失信联合惩戒出自诚信社会建设，按照政治领域的理论加以解释；二是将失信联合惩戒视为从法学领域产生出来的，由法律因素构成的组织模式。按照法学理论对政治领域的东西进行解释，或者按照政治理论对法学领域的东西进行解释，都可能得不到一个完全的解释。作为一个明智的选择，我们要研究一个制度是如何从政治领域和法学领域这种混合交叉领域产生出来的，它也可能从自然状态产生出来，很多制度都是以这种方式产生出来的，比如契约。

另一方面，失信联合惩戒的产生主要受到以下观点的影响：传统惩戒机制无法有效约束严重失信人，对不同程度的失信应予以不同的惩戒，社会合作是更有效率的方式，等等。上述理由甚至可以成为常识或常理，但从法理角度都未必站得住脚。费孝通先生早就提示："一个研究文化的人是没有理由把自己的工作放在文化之外，用另一种标准来对待的。"[①] 同理，一个研习法律的人要从法理上为失信联合惩戒找到恰当的解释。由于现行法律没有对失信联合惩戒作出明确规定，这使得关于失信联合惩戒的辩论呈现开放性，既可以是基于常识的理性论证，也可以是法律辩论。在一定程度上，失信联合惩戒还具有不确定性，最后的结果未必符合法治理想。它可能永远都不符合法治理想，包括律师、当事人在内的很多人都认为，失信联合惩戒的这种不确定性令人困惑，在学术上也是让人很难接受的，因此，要发展失信联合惩戒理论，并且将关于它的争论和疑虑降到最低。

① 费孝通：《怎样做社会研究》，上海人民出版社，2013，第15页。

第一节 合作理论——联合的渊源

世俗国家与人类的协作天性相关，协作天性是形成国家的充分原因[①]。将国家和社会的起源归因于成员缔结的契约的理论在之前几个世纪一度风光无二，社会契约论的表述各异，社会契约在德国被称为“联合契约”[②]，这种联合的表现形式很多，既有不同个人的联合，也有个人和统治机构达成的联合。联合几乎是很多思想家的理想，这一想法并没有什么新奇之处，哈耶克在《通往奴役之路》中就提到过一种将各个国家合并为一个单一集权国家的想法[③]。协作或合作天性也是形成失信联合惩戒制度的充分原因，联合提供了惩戒的新资源，我们关于失信联合惩戒的各种观点都建立在“联合是正确的”这一坚定信念上，我们的失信联合惩戒，在方法上是从社会实践中合作发展出来的。联合或协作在政治领域有着悠久的历史，想想我国战国时期六国合纵抗秦，再想想200多年前北美洲13个殖民地如何放弃自治，共同协作击败英国，建立起一个新美利坚合众国，就知道联合或协作对于民族国家的形成功不可没，这些实例不胜枚举。合作是有益的机制，促使人类去探索联合或协作机制，否则单个惩戒机关为什么要放弃一定程度的自主性，愿意坐在一起协调创建联合惩戒行动呢？

一、合作是人类的本能

联合是一种原始的思想，在进化生物学上，马丁·诺瓦克2006年发表在《科学》杂志上的那篇《合作进化的五个规则》中写道：“也许，进化的最神奇之处，就是它在竞争世界里产生合作的能力。因此，我们可以将‘自然合作’视为‘突变’和‘自然选择’之外的第三个基本原理。”[④]克鲁泡特金在《互助论》中提到蒙昧人之间的互助，“氏族组织的持久，其本身就表明：把原始人类说成是个人的漫无次序的聚合，说他们只听从个人情欲的支配，借他们个人的力量和狡诈来反对其他同种人

---

① ［爱尔兰］约翰·莫里斯·凯利：《西方法律思想简史》，王笑红译，法律出版社，2010，第108页。

② ［爱尔兰］约翰·莫里斯·凯利：《西方法律思想简史》，王笑红译，法律出版社，2010，第178页。

③ ［英］弗里德里希·奥古斯特·冯·哈耶克：《通往奴役之路》，王明毅、冯兴元等译，中国社会科学出版社，1997，第245页。

④ ［美］尤查·本科勒：《合作的财富》，简学译，浙江人民出版社，2018，第36页。

的看法是多么错误的。毫无约束的个人主义是现代的产物，它绝不是原始人类的特点”。[①]鲍尔斯和金迪斯教授在《合作的物种——人类的互惠性及其演化》中提到，“合作的倾向和惩罚背叛者的意愿共同构成了我们用‘强互惠’这一术语所指称的事物，也正是这两者的组合构成了我们物种所展现的大范围合作的关键”[②]，同时提到惩罚的两项特点[③]，“惩罚者的成本在惩罚者变得普遍时会大大减少。这是因为当惩罚者变得普遍时，惩罚的威胁足以制止搭便车行为”[④]。和单个成员之间的合作不同，权力机构之间的联合惩戒仍然存在成本问题，相比独立承担惩戒成本，与其他惩戒机关分担惩戒成本可以给制度带来优势，这个制度可以适度抵消惩戒的个别成本。这个问题放到社会领域，萨拉蒙提出，“当今的公共问题解决已经变成‘团队运动’，溢出了政府的边界而波及其他社会主体——公共的和私人的、营利的和非营利性的，其‘参与必须是哄诱的和引导的，而不是命令的和控制的’”[⑤]。萨拉蒙关于实用主义的观点发人深省，该观点把缔约、合伙、网络以及各种跨部门合作的方法视为政府工具箱中的不同工具，政府面临新的挑战，进入新的政策领域需要提供服务，但缺乏应对方案，最后他们发现，在其他部门那里可以得到资源。L.V.贝塔朗菲提出的“系统论”[⑥]强调系统的整体观念，用亚里士多德“整体大于部分之和”的名句来说明系统的整体性。现代组织智商理论更是指出组织在处理信息、有效决策与实施方面具有一种综合能力，组织能够不断提高智商，有调动其他智慧的能力，尤其是聚焦于那些能够实现组织使命的智慧[⑦]。学者已经观察到从个人主义走向合作主义的历

---

①［俄］克鲁泡特金：《互助论》，李平沤译，商务印书馆，2017，第89页。

②［美］塞缪尔·鲍尔斯、［美］赫伯特·金迪斯：《合作的物种——人类的互惠性及其演化》，张弘译，浙江大学出版社，2015，第202页。

③ 两位教授提到惩罚的两项特点：一是惩罚是协调产生的，惩罚是否会发生，取决于愿意加入联盟的成员数量，惩戒者的数量稀少，就无法从数量优势中受益；二是惩罚有一种规模报酬递增的特点，当惩罚者数量增加时，惩罚某个特定对象的成本会下降。惩罚群体会经历三个阶段：第一阶段是信号阶段，即表明惩罚的意图；第二阶段是合作阶段，选择合作者；第三阶段是惩罚阶段，惩罚的期望成本取决于跟惩罚对象遭遇的可能后果。

④［美］塞缪尔·鲍尔斯、［美］赫伯特·金迪斯：《合作的物种——人类的互惠性及其演化》，张弘译，浙江大学出版社，2015，第203页。

⑤［美］约翰·弗雷尔、［美］詹姆斯·埃德温·凯、［美］埃里克·波伊尔：《跨部门合作治理》，甄杰译，化学工业出版社，2018，第158页。

⑥ 系统的整体观念是系统论的核心，贝塔朗菲提出，任何系统都是一个有机整体，它并不是各个部分的机械组合或者简单相加，系统的整体功能是各个要素在孤立状态下所不具备的。

⑦ 组织智商有七个关键维度，包括战略愿景、共同使命、渴望变革、组织意愿、协调一致、知识配置和绩效压力。

史趋向，试图将人们从虚构的陌生人世界中救赎出来，通过制度设计更主动积极地促进社会个体之间的合作，从而实现社会个体的尊严、自治与发展[①]。在经济全球化时代，要说以上理论对政府决策没有一丝影响，那不符合事实。

信用问题的复杂性促使公共部门之间的合作。当前，信用管制方面的许多问题都跨越了政府机构的管理权限，并常常涉及其他部门，例如违法建设问题，涉及城市建设、不动产交易等，需要多部门来解决。战略合作已经被定性为“一个有意安排的、集合性的途径，通过建立共享知识、设计创新性解决方案、缔结相应的变化来处理公共问题”[②]。在联合惩戒环境里，缺乏惩戒权力的参与者，必须依靠共享的权力发挥作用，这是一种权力的合作，而不是权力的控制，并且让人坚信权力合作比单独使用权力更富成效。阿克塞尔罗德教授在论及合作的复杂性时提出，参与方越多，互动越困难，涉及参与方及其互动，他们之间的互动模式可能是合作、敷衍、懈怠、应付或者竞争，但“当足够数量的其他人先行动了，个体也就有行动的意愿。在特定的情况下，一小部分人愿意首先行动的微小变化，会像滚雪球般壮大”[③]，这种描述可以帮助我们解释为什么失信联合惩戒刚开始发展缓慢，但后来在2014—2018年集中性爆发。

二、合作是时代发展的产物

E.H.卡尔说，“思想的国有化到处都是与工业的国有化并驾齐驱的，这是值得玩味的”[④]，想想国有化思维是如何产生的，就知道合作思维的产生并非偶然。失信联合惩戒带来了一种普遍的态度上的变化，这种变化从政府开始，竭力塑造失信人，并慢慢调整每个人的日常生活，监督每个人的日常行为和活动，过去那些看起来无足轻重的行为都面临调整和改进，失信惩戒是一种应对社会公民各种复杂行为的策略，这种新出现的东西将失信惩戒的起点压低了，对失信的不包容性更强了，各种信

① 熊丙万：《私法的基础——从个人主义走向合作主义》，中国法制出版社，2018，第18-19页。

② [美] 约翰·弗雷尔、[美] 詹姆斯·埃德温·凯、[美] 埃里克·波伊尔：《跨部门合作治理》，甄杰译，化学工业出版社，2018，第33页。

③ [美] 罗伯特·阿克塞尔罗德：《合作的复杂性》，梁捷、高笑梅译，上海人民出版社，2017，第44页。

④ [英] 弗里德里希·奥古斯特·冯·哈耶克：《通往奴役之路》，王明毅、冯兴元等译，中国社会科学出版社，1997，第169页。

用控制也变得更加彻底。如果将这个过程与政府改革的话语体系进行比较，就会发现明显的一致性，信用社会建设与道德入法、社会主义核心价值观入法入规、党内法规建设等具有重大意义的一致性，这些事项的出现看似偶然，却无比紧密地联系在一起。

首先，合作是应对时代挑战的产物。合作是决定失信联合惩戒联盟成败的一个关键因素，合作是有条件的，也是相对的，合作的目的是提高惩戒的强度和功效。至于为什么要合作，原因并不复杂，就像托马斯·弗里德曼说的那样，这个世界已经不是单一社会、单一生态系统和单一市场[①]，信用的社会治理面临挑战，这些挑战只能依靠建立灵活的组织机构来应对，而传统官僚制结构力有未逮。每一个独立的惩戒机构都有资源不足的问题，也时时在提供服务时遇到挫折，面对失信这样棘手的问题，跨部门合作被视为解决问题的创新性方法。如果失信联合惩戒被精心设计和正确管理，这也是改善社会信用制度的机会，共享、灵活性等都是传统官僚制不能容忍的价值，为了维持和延续跨部门合作的价值，必须对传统官僚制进行变革，以合作的方式进行思考和行动。对跨部门协作的利用和引导，未来将成为政府的主要职责之一。

其次，合作是科技发展的结果。本科勒教授说："互联网已经将社会的、非市场化的行为由工业经济的边缘带入全球化、网络化信息经济的核心地带。"[②]互联网带来的这场革命，使全社会经历剧变，无论是一个国家或经济体，还是个体，都会表现出新的灵活性，以博大的胸怀来接受人们对信用的各种解读以及组织方式，这种方式要求我们对过去的机制进行反思，采取新措施，以适应现实环境的变化。毫无疑问，互联网本身推动了失信联合惩戒发展的步伐，"网络技术的发展、物流的进步、金融信息化、文化的开放与融合为组织合作竞争创造了更好的条件"[③]，以互联网为技术条件的社会合作创造了新的制度形式和行为模式，合作的主要特征是政府给予其他公共管理者以自由裁量权，通过认可的组织形成横向关系上的合作形式。由于技术不同，合作的方法也不同，至少由于互联网的存在，普通公民才能够作为社会性力量参与到失信联合惩戒机制中来，但整体上，合作旨在促进各方沟通和对话，形成相互依赖，公共权力被稀释到合作组织中，一起参与的机构共担合作的责任，参与

① ［美］托马斯·弗里德曼：《世界是平的》，何帆、肖莹莹、郝正非译，湖南科学技术出版社，2008，第44页。

② ［美］尤查·本科勒：《合作的财富》，简学译，浙江人民出版社，2018，第20页。

③ 马作宽：《组织合作与竞争》，中国经济出版社，2009，第2页。

各方相互之间可视为合作关系。失信联合惩戒的重点是合作，不仅是公共机构之间的合作，还有公共机构与私人机构之间的合作，每一个参与方的优势都可以用来解决信用问题。

合作被称为有效管理经济与社会的第三种模式[①]，多部门协作是多元化治理的一部分，这是一种公共服务提供方式的根本性变革，以更富有成效的治理来提供公共服务，这类治理更多依赖不同实体的协作，这些实体肩负不同的使命和职责，不太注重通过立法或政策授予的正式权力。协作治理模式作为传统公共治理模式的延伸，面临种种挑战，对失信联合惩戒机制理论基础的探讨旨在缓解失信联合惩戒制度的法治维度与灵活性、适应性之间的紧张关系，学界倾向于找到一种方法，在成功阐释失信联合惩戒的同时又能维持协作的天然灵活性和宽泛性。

三、合作产生高效率

联合带来了效率，而效率带来了失信事件的减少，这是失信联合惩戒机制存在价值的有力证明。当人们理解合作理论之后，很多关于失信联合惩戒的事情都不再难以理解，失信联合惩戒机制在本质上是一项战略联盟，是一种互补者之间的合作，美国管理学家罗杰·内格尔和DEC公司总裁简·霍普兰德最早提出战略联盟这个概念[②]，战略联盟是现代经济竞争的产物，这种联盟中间有一个“盟主”，一般来说，惩戒权力越大、竞争力越强的机构，合作范围会越广，联合惩戒的空间越大。弗里德曼在《世界是平的》一书中提到合作完成全球化，全球化使整个世界平坦化，人们可以进行全球合作。大卫·萨维奇则说：“我们面临着一系列系统性的挑战，这些挑战远超现在政府及社会的解决能力范围，诸如气候变化、生态系统破坏、水资源短缺、青壮年大规模失业、天生贫穷与不平等问题。这需要不同的组织、部门，乃至国家之间，达成以前所未有的大规模和制作才能解决。正因为如此，在过去的10年中，无数的地方、区域，乃至全球性合作纷纷涌现。然而，大部分合作举步维艰、困难重重，其原因或部分原因是缺乏组织内部及组织间的集体领导。”[③]事实上，许多国家都在寻找高效率的创新性解决方案，我们曾经主要依

---

① ［美］尤查·本科勒：《合作的财富》，简学译，浙江人民出版社，2018，第20页。

② 战略联盟指为了达到共同的战略目标，两个以上（包括两个）的企业或跨国公司采取相互合作、共担风险、共享利益的联合行动，战略联盟有很多种分类，如“对称联盟”“非对称联盟”“互补联盟”等。

③ ［加］大卫·萨维奇：《合作式思维：如何有效掌控、激活群体智慧》，信任译，中国友谊出版公司，2017，第2页。

赖传统的组织架构，但这已经无法应对日益复杂的挑战和环境，从企业到政府，合作已经被视为一种基础性的解决方案。《跨部门合作治理》一书直言，“当我们进入21世纪时，出现了挑战传统政府结构的三种新的形式：合伙、网络和多种独立参与者”[①]，“政府机构的资源不足，以及日益增长的对政府在应对当前新兴挑战方面的要求，意味着政府绩效的持续无效，这也反过来加强了对政府信任的不足”[②]。政府面临复杂且艰难的治理环境，社会、市场和政治期望又在快速变化，于是，跨部门合作成为解决之道，“全球化迫使公共管理者跳出传统行政区划的范围向外看，试图理解和解决其所面临的问题”[③]。

从法制史的脉络来看，当代所有立法似乎都是设想以个人或单个组织为单位的。庞德说，上一世纪之难以设想的集团或联合，就像古代之难以设想单独的个人一样[④]。即我们惯于把集团或联合认为是个人的集合体，而在法律上，联合被认为是一个虚构的个人。埃利希提到，大量法律秩序是基于旧有的联合体的内在秩序，“每个联合体都相当独立地创立自身的秩序，并且每个联合体均不受其他联合体中为了处理相同的关系而存在的规则的约束”[⑤]。埃利希关于联合体内在秩序的观念，对比社会连带主义法学创始人狄骥所观察到的社会连带关系，即人永远只能和同类一起生存，连带关系是人类社会的基本事实。赫费提出：“共同体是第一种个人联合体，或者是含有合作和冲突诸因素的关系结构。”[⑥]孔德的实证主义哲学提到，每个人都在追求自己目的的同时不知不觉地合作着，这种合作是社会产生的根源，加上涂尔干关于社会分工不同形成不同社会连带关系的学说，这些都在为团体的法学规则指出方向，而这种秩序又必须与意大利的组合国家观念加以比较，在组合国家观念中，法律单位并非个人而是职业集团[⑦]。从联合角度提出的理论，多是一种关于都市

---

① ［美］约翰·弗雷尔、［美］詹姆斯·埃德温·凯、［美］埃里克·波伊尔：《跨部门合作治理》，甄杰译，化学工业出版社，2018，第12页。

② ［美］约翰·弗雷尔、［美］詹姆斯·埃德温·凯、［美］埃里克·波伊尔：《跨部门合作治理》，甄杰译，化学工业出版社，2018，第9页。

③ ［美］约翰·弗雷尔、［美］詹姆斯·埃德温·凯、［美］埃里克·波伊尔：《跨部门合作治理》，甄杰译，化学工业出版社，2018，第9页。

④ ［美］罗斯科·庞德：《通过法律的社会控制》，沈宗灵译，商务印书馆，2011，第7页。

⑤ ［奥］尤根·埃利希：《法律社会学基本原理（一）》，叶名怡、袁震译，中国社会科学出版社，2009，第59页。

⑥ ［德］奥特弗利德·赫费：《政治的正义性》，庞学铨、李张林译，上海译文出版社，2014，第39页。

⑦ ［美］罗斯科·庞德：《通过法律的社会控制》，沈宗灵译，商务印书馆，2011，第8页。

和工业社会的理论，传统法理学描绘出的精确的以个体为中心的社会图画，几乎必然导向对机构联合这一模式的普遍批判，我们还不习惯调整不同组织的关系和安排它们的行为，现行法律体系正处于一种艰难的情境下，这种艰难从另一个方面反映了人们对法律赋权的质疑，法律垂直将权力赋予不同的机构，却很少横向允许其联合，联合一直没有合法地运行。特别是在应对那种自由竞争式的失信事件方面，法律远远没有达到社会的期望，不能提供令人满意的调整。单一惩戒这种模式在20世纪还占有支配地位，它和农业社会或者半工业社会是相匹配的，对于新的信用问题，法律还没有理出头绪，既然没有精确的制度或思想来指导，实施失信惩戒就变成全凭政府意愿或偏向的事情，这就是庞德所说的“强力统治试图担当法律统治的工作”[①]。

综上，现代国家吸取了合作的思想，几乎不费什么气力，就把合作思想置换到了现代国家的框架之中，诚信社会构建融入了更宏大的联合观念，政府或个人不能独立完成的活动，在联合这种新式机制下予以展开，并没有在信用领域对惩戒制度做大的变动就成功震慑了失信人，政府、公民、网络都成了架构的一部分。尽管没有很多文献对合作理论予以支持，笔者还是把失信联合惩戒制度当作合作理论的不幸产物，这个理论不是一个被证明完全正确的理论体系，昂格尔就不无忧虑地说，“人们愈是把公平和协作看作法律的渊源和理想，愈是不可能区分国法与道德责任或礼仪的观念，它们存在于不同的产生争执的社会结构中”[②]。失信联合惩戒制度受到抨击，但其背后的合作理论并没有受到过分责难，合作理论是有弹性的，具有内在的不确定性，为了弥补单个力量的短板，必须采用某种形式的合作，这被视为合作理论的精华所在。合作还有一个重要的维度，即我们无法判断合作的最佳程度，它最大的缺陷在于不能识别合作的合法性和非法性。

第二节　功利主义——联合的逻辑

功利主义影响深远，最有功效的制度有时被认为就是最好的制度，这种偏见长期为政府所持有，也为很多制度提供了合理性，这样一来，伪科学或多或少指导着官方行动。不得不承认，一项激进的制度往往

① ［美］罗斯科·庞德：《通过法律的社会控制》，沈宗灵译，商务印书馆，2011，第9页。

② ［美］R.M.昂格尔：《现代社会中的法律》，吴玉章、周汉华译，译林出版社，2008，第180页。

很受欢迎，而且它的受欢迎很大程度上是由于人们对其功效的误解。西季维克论证过，“即当面临道德命令的冲突，或者概念模糊不清时，我们没有别的选择，而只能采取功利主义”[①]。那些热情人士并不知道失信联合惩戒制度的运行过程带有直觉判断，有时是以公众的无知为前提的，一旦公众认识到这个制度并不能实质改善信用秩序，他们的热情就会很快消失。

一、失信联合惩戒的功利主义特征

很多制度本身带有功利主义思想，奥斯丁就认为私有财产制度是功利主义的产物，因此关于它存在很多“有害的偏见”[②]，在失信联合惩戒问题上也是如此。

失信联合惩戒的目标是使侵犯信用秩序的总量达到最小化，即便本身使用的手段可能会侵犯失信人的权利。过去，在合同环境里，只要失信人对守信人作出赔偿，就允许失信。但后来发现，赔偿金还不足以阻止人们越界，因此需要更激烈的手段，还要额外付出更多的代价才足以制止失信行为，譬如惩罚性赔偿，当然，这也可能仍然不足以制止失信行为。那么，惩戒应该设置在什么位置才是恰当的？根据功利主义学者的建议，要把对失信的惩戒设置在某一点上，失信人在惩戒中遭受的损失要高于从失信行为中收获的利益，功利主义者本身并不赞同无限制地提高对失信人的惩罚，即使更重的惩罚会吓阻更多的失信，只要给失信人增加的不幸稍微高于其所避免的受害人和相关人那里减少的不幸，使社会幸福总量最大化，在功利主义者那里，失信联合惩戒也是一个分配和权衡幸福的工作。

让我们假设，失信联合惩戒所要达到的最终状态是把失信的总量降到最低值，这就是功利主义，对社会幸福总量的巨大关切胜过对个人权利的关切，于是有时选择对权利的侵犯视而不见。将促进信用秩序作为社会最大程度的善，而不把权利的不可侵犯作为最大的善，信用秩序的排序在个人权利之前。在很多失信联合惩戒的场合，我们有时需要侵犯失信人的一些权利才能够将失信的总量降到最低，因此，有时为了更大的利益或者为了避免更大的危害而牺牲失信人，让失信人承受更多代价。

---

①［美］约翰·罗尔斯：《正义论》，何怀宏、何包钢、廖申白译，中国法制出版社，1988，第40页。

②［英］韦恩·莫里森：《法理学——从古希腊到后现代》，李桂林、李清伟、侯建、郑云瑞译，武汉大学出版社，2003，第245页。

很多人也主张，为了社会的整体利益，失信人应该承受失信的代价，以使其他人获得更多的利益。同时，让我们思考对待失信的立场，一般而言，功利主义适用于严重失信人，而不适用于一般失信人。一般失信行为和严重失信行为受到不同的对待，因为对待严重失信行为才施行失信联合惩戒，就像诺齐克在谈到人类对待动物的立场时说，“对动物的功利主义和对人的康德主义”一样[①]，我们的立场则是“对严重失信行为的功利主义和对一般失信行为的康德主义”，笔者可以把这样的立场概括为所有失信人都是平等的，但有一些失信人又是不一样的，一般失信行为人不满足功利主义的牺牲标准，但是严重失信人在严格的条件下被牺牲了。

二、功利主义带来的问题

反对的声音一直存在，功利主义是“后果论”[②]的一种，功利主义带来的问题和它本身的贡献一样多。

首先，一切以利益为转移，关于失信人的这种谬见一直让失信惩戒制度裹足不前。这几乎可称为信用领域的“达尔文主义”[③]，追逐利益是人类的自然选择，也是一个自然手段，任何失信人都被看作品格低下的逐利之徒。利益是对失信人最危险的诱惑，在现实中，失信往往是利益权衡的结果，但利益并不决定一切，亚当·斯密在说明人的利己本性的同时，也在《道德情操论》中肯定了道德情操有克制私欲的能力，从而使建立一个共同行为准则的社会成为可能。利益确实在所有失信行为里是一个普遍存在的因子，不同群体、不同地域、不同法律观念的人们都可能以利益作根据来决定失信或守信，于是，国家以利益来平衡失信人和守信人之间的社会关系，因此，下面的逻辑生成就不足为怪了，即对失信人采取的最有效措施就是让失信人丧失更大的利益，从而逼迫行为人退回到守信的轨道上。但是，不能强辩说利益是失信行为的决定性因素，“一切以利益为转移”，失信现象和其他社会现象一样，是由数种纵横交错的因素综合决定的，如果一定要确定一个特殊因素或者占据较大

① 诺齐克提到人类的立场是：人类不可以为了其他人或者动物的利益被牺牲或被利用，动物则可以被牺牲和利用。参见[美] 罗伯特·诺齐克：《无政府、国家和乌托邦》，姚大志译，中国社会科学出版社，2008，第147页。

② “后果论”指一种根据选择的后果来评价其信念的理论。参见[美] 布赖恩·比克斯：《法理学——理论与语境》，邱昭继译，法律出版社，2008，第146页。

③ “达尔文主义”通常用来指称以自然选择为手段解释地球上生命的历史与多样性的生物进化理论。

比重的因素，利益可以算作一个。人们经常在各种各样的情形中以利益为根据，来判断自己的所作所为是否有利，这可以分为三种情形：一是如果继续履行承诺导致更大的损失，失信无疑是及时止损的办法，但在行为人自制和自限的情况下，可能作出相反的选择，比如为了维护商号良好声誉，宁愿亏损也要履行合约。二是如果继续履行或失信导致一样的损失，进退两难，在不考虑道德舆论等因素的情况下，失信仍然可能是一个更优的选择，因为至少可以减少时间和精力上的支出。三是如果继续履行导致的损失小于失信导致的损失，这并不必然引导行为人继续履约，要视乎两者之间的数字差距，在差距甚大的情况下，继续履约固然是一个更优的方案；在差距不大的情况下，此时的时间、精力、道德、习惯甚至情感付出都要参与，共同决定最后的结果。因此，国家以利益平衡失信人和守信人之间关系的逻辑用于某些场合是恰当的，而用于另外的场合则实为不妥。利益、道德、情感等因素在不同人那里的价值排序十分不同，几乎没有一个折中的办法能把这些情形统统考虑进去。

质言之，失信不仅是盈亏上的考虑，在经济学手段对失信问题难以奏效的情况下，法学手段也许更有益处。但正如我们所见，失信联合惩戒采用法学手段招致诸多非议，卷入更普遍的争议当中。一方面，笔者有时怀疑“失信”这个词汇在社会学上的固有概念让人在本质上很难接受对失信行为进行过分的惩戒，过分严厉的惩戒让人难以接受，虽然失信人经常从自己的立场出发，对恶果概率的判断持乐观态度，不择手段地追逐自己的利益，不顾社会和他人利益，但是“现有法的困境在于它没有触及那种现状”[①]。另一方面，市场经济被认为是最优的资源配置机制，个人的市场逐利行为在一定程度上被视为正当，甚至是高效率的表现。

其次，失信联合惩戒被质疑将失信人当作工具。关于我们可以对失信人做什么的问题，法律对于我们可以合法地对人做什么有严格的限制。为什么国家不可以为了更大的社会利益侵犯失信人的权利呢？对失信联合惩戒的边界约束反映了康德主义的理念：个人只能是目的，不能是手段，不能为了达到某种目的而牺牲无辜者。失信联合惩戒有一些边界需要遵守，包括我们能够对他人做什么要施加道德约束之外，退一步说，假如没有边界约束，我们可以用它做任何我们想做的事情，没有任何限

---

①［美］布赖恩·比克斯：《法理学——理论与语境》，邱昭继译，法律出版社，2008，第222页。

制，按照惩戒机构的愿望来使用失信联合惩戒，这种情况是不存在的，边界约束排除了某些方式，表达了人的某些权利神圣不可侵犯[①]。人们有时为了更大的利益或避免更大的危害而愿意牺牲个人利益，那么，为什么不能主张，为了社会整体利益，由失信人承受更多的代价，使社会其他人获得更多好处呢？诺齐克说，并不存在拥有利益的社会实体，存在的只是个体的人，“谈论社会整体利益就把外套掩盖起来了”[②]。在诺齐克看来，不能为了获得更大的社会利益而牺牲失信人，任何人没有权利将这种牺牲强加于他，为了其他人而牺牲某个人，这种做法无法获得正当性，任何人都不能为了他人而被牺牲，除非他自愿，这是诺齐克的一个根本理念。

综上，在失信联合惩戒创生之初，由于缺乏经验和根据，更多地听凭本能或感觉的指导，功利主义大行其道，但失信联合惩戒的功效还不足以说明它的必要性，这会使创立者不得不创造新的理论，从而更符合法治社会的是非观和愿望。

第三节　道德正当性——联合的基础

反对失信联合惩戒的努力部分是徒劳的，因为它有对自己有利的外表。在成千上万的失信案例背后，潜藏着失信联合惩戒机制的深层原则，人们抨击过失信联合惩戒的许多方面，却无人质疑它在道德上的正当性。失信人一直与优秀的诚信传统为敌，失信联合惩戒的产生，是由它自身所包含的内在理性决定的，即它具有道德上的正当性，没有道德不允许的内容。我国法律不是全盘照搬西方，而是结合本土国情，顾及国民在惩戒手段上的心理承受程度，这个道理可以从情理上说明，但凡公布一项立法，以之作为治国原则，要使其行之有效，在民间落地生根，在技术上就必须与现状吻合，才能推行无阻碍，尤其在我们这样一个传统上以道德伦理为治国根基的国家，任何制度的解读和执行都离不开传统道德伦理的支持。

---

① ［美］罗伯特·诺齐克：《无政府、国家和乌托邦》，姚大志译，中国社会科学出版社，2008，第38页。

② ［美］罗伯特·诺齐克：《无政府、国家和乌托邦》，姚大志译，中国社会科学出版社，2008，第40页。

一、失信联合惩戒符合社会公共利益

客观上，参与各方不可避免地在联合惩戒联盟中有不同的利益，联合惩戒的形式不得不调适不同机构的偏好，公共机构考虑公共利益，私人机构考虑利润，很少考虑被惩戒人的利益，公共机构追求的公共利益也间接地使失信联合惩戒具有潜在的合法性。

首先，惩戒失信人且对严重失信人施以更严厉的惩戒符合社会公共利益。失信联合惩戒与公共利益的关系是不能忽略的，司法机关和行政机关的联合以及行政机关彼此的联合，如果不是以社会公共利益为由，还有什么其他可靠的理由呢？社会公共利益当然会影响失信联合惩戒制度的制定，无论是诚信社会建设，还是单个社会领域引入失信联合惩戒，都要高举促进社会公共福祉的大旗。

其次，失信联合惩戒能够获得一定程度的社会认同。社会学上有一个重要的“社会认同原理”[①]，思想家西奥迪尼说，在判断何为正确时，我们会根据别人的意见行事[②]。亨利·塔菲尔、约翰·特纳等人又总结，在一定的环境里，人们会根据一个行为与他人行为的相符程度来判断它的准确性[③]。反过来，我们遵从集体行动可以满足内心需求，觉得自己是集体的一部分。施克莱教授指出，人类有求同的意识形态，相信共同利益的存在，渴望永恒的“共识”[④]。由此，我们倾向于把社会认同看作支持失信联合惩戒机制的一个方面。人类日渐关注集体智慧或群众智慧，卡斯提到，向一个人提问和向一群人提问是不一样的，向一群人提问，可以把所有的回答综合起来，在统计学意义上找到平均值，从而顺其自然地找到问题的正确答案[⑤]。于是，在评估某个制度时，如果多数人认定是优的，那么就可以通过，结果也往往是准确的，虽然中外立法模式迥异，但是采取的投票制都是以多数决为基础的。同理，失信联合惩戒的可接受性在一定程度上也是因为在文化环境层面得到了绝大多数人的认

---

① 社会认同原理指人们通常会参照同类人的行为来决定自己的行为，人类乐于仿照与自己相似人群的行为。

② ［美］罗伯特·西奥迪尼：《影响力》，闾佳译，北京联合出版公司，2019，第144页。

③ 由亨利·塔菲尔、约翰·特纳等人提出的社会认同理论认为，社会认同有三个基本历程，即类化、认同和比较。类化是指人们将自己归入某一社群；认同指个人认为自己拥有该社群成员的普遍特征；比较是评价个人认同的社群相对于其他社群的优劣、地位和声誉的过程。

④ ［美］朱迪丝·N.施克莱：《守法主义——法、道德和政治审判》，彭亚楠译，中国政法大学出版社，2005，第76页。

⑤ ［美］卡斯·桑斯坦：《简化——政府的未来》，陈丽芳译，中信出版社，2015，第68页。

可，而文化环境又包含意识形态、道德伦理、心理、社会影响、教育等因素。

二、失信联合惩戒符合正义原则

辛普森教授提到，实质正义依赖于三个基本观点，即平等、应得和道德或自然的授权[①]，失信联合惩戒以实际行动捍卫了以上基本观点。

首先，失信联合惩戒体现了平等原则。要是没有失信惩戒，社会分配会有所不同，失信人获利，守信人受害，失信人可能攫取更优越的社会地位，甚至守信人和失信人的地位会颠倒过来。惩罚会导致人和人之间出现差别，国家在面对不同的公民并不是一贯中立的，国家禁止犯罪和侵权，限制失信，这些活动的最终结果会导致人们的社会地位出现差别。在平等问题上，社会内部关于什么样的人应被区别对待往往有比较一致的观点，比如未成年人应该被排除在惩戒之外，年龄可以作为一个相关因素，将未成年人排除在惩戒之外并没有太大争议，尽管并没有合理性规则来支持这样的年龄差别与信用相关。现今的失信惩戒制度可以被定义为一场针对18周岁以上成年人的道德测试，它最开始就将不符合年龄条件的人剔除了。

其次，失信联合惩戒是严重失信人应得的惩罚。一个普遍的论证是：因为有人失信，侵害了守信人及其他人的利益，所以要惩罚失信人；如果没有人失信，没有侵害守信人及其他人的利益，也就不会有失信惩戒，也不存在失信联合惩戒了。

虽然人们对于哪些失信行为应该得到惩戒，哪些行为应该得到什么样的惩戒，还是存有分歧的，但是有一点是没有分歧的，即对严重失信人应处以更严厉的惩戒。失信人应受惩戒的一个重要原因是不正当攫取了利益，失信有程度轻重之分，一般失信行为和严重失信行为不同，严重失信行为会收到联合惩戒的罚单。失信联合惩戒源自一个基本的正义原则，即同等情况同等对待。这句话的另一种表达是：不同情况应予不同对待。在传统和惯例上，社会对失信作出的约束十分宽泛和松软，对失信行为的惩治散落在各个法律性文件之中，杂乱无章，早期的立法并没有区分一般失信行为和严重失信行为，仅在处罚力度上有所体现，对失信行为的惩治从来没有一个标准形式，直至社会信用条例的出现。最理想的状态是社会信用条例措辞严谨，能够解释清楚失信联合惩戒的范

---

① ［英］布赖恩·辛普森：《法学的邀请》，范双飞译，北京大学出版社，2015，第40页。

围和如此惩戒的理由，不过多数地方的社会信用条例做不到这一点。当然，社会信用条例的缺点恰恰使其保持了一定的灵活性，没有这个缺点，社会信用条例的灵活性也就随之消失了。在应得这个问题上，人类长期以来都有一个信念，即好人有好报，好人应该被善待，坏人应该得到惩治，应得的正义得以实现。当失信人和守信人同时参加社会活动，失信人因为不诚信或工于心计比守信人获利更多，正义在自然无助的情况下无法伸张，只有求助于规则。规则为实质正义提供保障，比如有不诚信记录者被限制参加公务员考试，将失信人持有的资格排除，这就是对失信人的惩戒。

再次，失信联合惩戒因合乎道德而符合正义标准。从情理上，在惩戒失信人这个问题上，绝大多数人的立场是统一的，对这些公认的正当和公道的做法能够形成比较一致的意见，反之则不能。在道德的授权上，有时也称作自然的授权，“一个公正的法律体系，应该能够分配各种资源和成果，以确保它们只为那些最有权利或最有资格拥有它们的人所持有”①，失信人有瑕疵的品格正是被攻击的所在，他们和守信人相比，更不应持有公务员的身份，因此被剥夺了这种资格。当然，并不是生活中所有的东西都要按照这种方式来进行分配，公务员考试之外的其他考试可能不会设置这样的限制。失信联合惩戒作为一项制度，实际上梳理了千头万绪、杂乱无章的失信事件，使之条理化和系统化。社会信用条例以信用理论为中心，概括出失信信息的范围，尽管这些范围引起巨大争议，但大部分还是可以得到人们的认可。

第四节　效率——联合的功效

当前失信惩戒机制的表现是联合惩戒水平提高和单一惩戒低效两个因素共同作用的结果。为什么失信惩戒最终走向联合形式？从狭隘的功利主义观点看，失信联合惩戒具有技术上的卓越性，但这种技术卓越性和整体制度设计上的可欲性之间会产生混淆，失信联合惩戒制度到底值不值得去追求，单凭技术卓越性这一点还是没有说服力。至少我们可以想象，有比失信联合惩戒更具功效的机制存在，将来有一天有一种更有效率、更优越的惩戒机制出现，效率还不足以成为失信联合惩戒被合理采纳的理由。

---

①［英］布赖恩·辛普森：《法学的邀请》，范双飞译，北京大学出版社，2015，第46页。

从学界的立场看，法律经济学可以作出补充解释。法律经济学是“二战”后发展起来的法学和经济学的交叉学科，它关注如何使法律制度的设置更符合经济效率，以经济的逻辑来思考和解决问题，避免因追求片面公平而忽视效率，对失信行为的惩戒如何能够达到有效状态就是法律经济学要解决的问题。传统法学研究强调公平、平等和正义，这些语词往往是模糊的，但是经济学用“经济效率”取代之前含糊不清的“公平”“正义”等词汇，促进了研究的精确化，这也使得法律效果和社会效果成为信用问题分析中的重要标准。传统失信惩戒机制主要是一种“事后追究”，针对的是已经发生的失信事件和案例；而失信联合惩戒主要是一种“事前防御”，它注重分析失信惩戒制度以及相关因素的变化对失信人预期行为的影响和刺激，正如波斯纳所言，“对法律经济学家而言，过去只是一种‘沉没了的’成本，他们将法律看成是一种影响未来行为的激励系统”[①]。

一、失信联合惩戒的出现，部分是传统惩戒机制低效率造成的

单一惩戒机制的低效率无须介绍和辩护，它呈现高度分割状态，合同法、侵权行为法、行政处罚法、刑法各安其位，司法机关和行政机关各司其职，但是随之而来的是越来越难以施行有效控制的局面。联合惩戒开放一个空间，消除机构之间的壁垒，吸引更多机构加入，通过联合惩戒的管理技术，以较少成本缔造一个没有缝隙的惩戒联盟，只要联合惩戒法律性文件被合法通过，中心机构被充分授权，他们就不再囿于原有权限的限制，能够有效进行管理，“政治约束力”[②]由此产生。传统单一惩戒机制的最大问题在于惩戒权力分散，将惩戒权力分解成若干小块，分别赋予不同的机构，比如法院负责作出有罪判决，行政机关负责行政处罚，世界上没有哪一个国家允许权力机构拥有过大的自主权。而诚信社会建设允许这些机构联合起来推行失信惩戒制度改革，创设自主权，可以通过联合惩戒获得某些原来权限之外的权力。对联合惩戒模式最形象的看法是，它设立多元化的惩戒机构以及惩戒措施，将其当作商品和服务来提供，而不是像单一惩戒模式那样，每一个组织只提供一种商品

---

① ［美］理查德·A.波斯纳：《法律的经济分析（上）》，蒋兆康译，中国大百科全书出版社，1997，第5页。

② 边沁将快乐和痛苦的来源分为四种，即自然的、政治的、道德的和宗教的，只要属于其中每一种来源的快乐和痛苦能够产生束缚任何法律或行为规则的力量，它们就可称为约束力。参见［英］边沁：《道德与立法原理导论》，时殷弘译，商务印书馆，2017，第82-83页。

或服务，从而提高了效率。

二、效率是失信联合惩戒被采纳的重要原因之一

效率是经济学最有影响力的词汇之一，而经济学是对法学研究影响深远的社会学科之一，在信用问题上可能影响更大，经济学家科斯和法律经济学家波斯纳都是在法学院课堂不能不提及的人物，从经济学的角度讲，信用法制的重要性已经发展出相当多的理论方法和实证方法。

首先，从单一惩戒到联合惩戒，失信惩戒的理念从有限报复式（有限威慑式）走向强报复式（强威慑式）。信用法制对社会经济的影响毋庸置疑，一旦法律对严重失信行为进行惩戒，就会对失信事件数量的减少起到立竿见影的作用。换个角度讲，因失信受害的守信人更少，商业交易活动更有保障，也节省了社会成本。在经济学家眼中，失信惩戒就是一种声誉作用机制，或者更接近一种定价机制，对不同信用等级的人予以不同的对待，这可以帮助我们理解失信联合惩戒是如何运作的，以及其如何发挥更大作用。

其次，效率低的机制势必会被效率高的机制取代。从实践来看，失信联合惩戒联盟被建立起来后，联盟把自身建设成一个庞大的网络，将众多机构组合起来解决信用问题。可以比较确定地说，失信联合惩戒的规模与参与机构的性质、数量，在很大程度上塑造了21世纪的失信惩戒机制。在20世纪，对失信的惩戒主要是司法机关和行政机关的职责，当时还没有专门的社会信用立法。随着信用经济的崛起，原有信用秩序遭受严重破坏，出现崩溃的局面，惩戒面较小的惩戒机制势必被惩戒面更大、更高度集中的惩戒机制取代。

不同的声音一直存在，长久以来，经济学家的假设都建立在一个假设上，即回报越大，人们热情越高，自利引导人们的行为。但这并不能证明，提高激励，就会提高个体的守信水平；反之，也不能证明，加强惩戒，就能有效抑制失信的恶念。一个醒目的趋势是诚信社会建设的目标试图重新整顿信用秩序，采取更严厉的手段让失信人屈服于国家这个政治目的。作为失信惩戒的另一个版本，失信联合惩戒还在试验过程中，但是已经有机构得出失信联合惩戒的功能性数据，譬如根据笔者调研所得，江苏省某地级市城市建设管理部门的数据显示，到2020年为止，被纳入联合惩戒的案例2081起，其中有92起主动拆除违建，解除了惩戒，失信联合惩戒实施一年多来，因畏惧联合惩戒而主动自拆违建的违法建

设主体逾5000人[①]。这一数字的增长以及并不意外的效果引发了一场反向运动，即人们并没有因为它的高效率而肯定它，反而不断质疑它的合法性和正当性。

综上所述，新产生的制度往往被认为是更有效的，但是其效率却不是以成本来衡量的。效率很大程度上要通过威慑作用来实现，失信联合惩戒所起的威慑作用，是希望失信人重新回到履行的轨道，一旦对失信人真正执行失信联合惩戒，意味着失信人不愿意继续履行，守信人利益得不到保障，守信人要放弃那些利益，惩戒的目的其实并没有达到，最有效的失信联合惩戒其实是不惩戒，失信人慑于失信联合惩戒而自觉履行。一般而言，只要失信人因联合惩戒付出的代价比获得的利益更大，即使是大一点点，失信人也会考虑自觉履行。失信联合惩戒制度的逻辑在于，只要惩戒造成的利益损失足够大，失信行为就可能被遏制，在缺少其他社会机制来确定这一点时，威慑概率、利益、失信成本等考虑限定了失信联合惩戒的范围，迄今为止还没有发现一种原则能够包含所有的考虑，所以还不能形成一种包含所有细节的失信联合惩戒方案。

对于失信联合惩戒，民族心理、个人感觉、估算等都不足为信，我们需要的是数据（或者证据），而我们往往对其结果过于乐观。与传统惩戒机制相比，失信联合惩戒作为一项新机制，更缺乏各方公认的理论基础，可以肯定的是，更为庞大和作风强硬的失信联合惩戒会在更大程度上成为公众猜忌的对象，尽管它对传统惩戒制度并没有产生破坏性影响。也许我们真的以为，我们击退了失信人，只是因为创造了一个由多个机构所组成的惩戒联盟，他们只在惩戒的具体细节上不同，是一个从未有过的专门机制，这是一条其他国家没有走过的新路。

① 该数据为笔者2020年12月在江苏省某地级市城管局的调研所得。

第五章　失信联合惩戒的制度环境

笔者一度苦思的问题是，为什么对专门性失信联合惩戒机制的需求出现在21世纪？而且是作为专门制度首先出现在中国，这可能取决于独特的社会环境。西方发达国家多在完善的信用监管制度下，借助互联网来确保失信信息的有效共享，市场机制保障联合惩戒的自然展开，这很大程度上依赖于一部分先决条件，包括完善的信用法律法规、发达的网络和成熟的市场经济机制。但刻意设计出来的失信联合惩戒制度要求各个惩戒机构之间密切合作，连成一体，并且失信联合惩戒机制的构建需要一个强有力的主导性力量，而对于社会信用体系建设，很多西方发达国家政府远远不及中国政府有那么大的驱动作用，失信联合惩戒制度可能是理性的，但彼时的西方历史环境却不适宜，这种环境在中国已经具备了。

联合是这个世纪最微妙的特征之一，它是安定的法治环境、复杂的市民关系以及与信用精神相关的行为准则合力作用的结果。弗里德曼在《世界是平的》一书中提到，世界变平的过程是在十个主要政治事件、创新活动以及企业的合力下完成的，它们也是促成全球化的重要力量[①]。如果探求促成失信联合惩戒的力量，那将会是一个有意义但又困难的主题，谨慎的政府都知道没有任何一种力量能够独立承担起诚信社会建设的重任，理性促使政府寻找一切可以联合的力量，有一点是幸运的，那就是政府和民间都确信失信联合惩戒是合乎道德的、有利的，也接受这种即将建立的新秩序。实质上，在失信联合惩戒制度的生长和发展上，有数不清的力量在起作用，就像威格摩尔在谈到法律制度的影响因素时说的那样，“法律观念的研究是受到许多力量影响的，它们有大有小，互相冲突或协和进行，有些在此处，有些在彼处，在法律不同的部分，在不同的国度和不同的时代”[②]。将促成失信联合惩戒的力量单独归于任何单一因素都是片面的，虽然明显，政府可能有控制失信联合惩戒向哪个方向

---

①［美］托马斯·弗里德曼：《世界是平的》，何帆、肖莹莹、郝正非译，湖南科学技术出版社，2008，第42–115页。

②［美］埃德加·博登海默：《博登海默法理学》，潘汉典译，法律出版社，2015，第165页。

发展的力量，政治力量也常常被认为是最显明的力量，但是假如说在失信联合惩戒制度发展史上，政治力量是真正起决定性的控制力量，那也是不正确的。总的来说，为了明白当今这种变化，我们不能再把机构之间的联合或分立看作理所当然的事情。

第一节　经济环境

国家长期没有过分干涉信用领域，但在现代，兴趣高涨，经济或许是一个最强有力的刺激因素。事实上，历史上重大的信用危机通常是伴随周期性生产过剩危机产生的[①]。信用问题触动了国家的经济神经，这是各个国家决心解决信用问题的根本原因。经济全球化需要发展信用经济，并有了对信用进行监管的内需，经济发展的要求显然是国家构建信用体系的来源，密集的信用监管措施通常发生在战争、贸易摩擦、政治争端时期，譬如美国在二战后从20世纪60年代末到80年代的近20年间以《公平信用报告法》为中心建立起包括16部基本信用法律在内的社会信用法律体系。

一、信用经济的崛起

至少在经济领域，经济发展和信用在很大程度上是相互依存的。首先，在国际上，经济全球化已经成为事实，哈耶克的老师米塞斯教授早就说过："经济史是经济社会超越单一家庭的原始限制，进而逐步扩展，包含国家，甚至世界的故事。"[②]信用媒介、信用工具以及信用政策都是全球化时代不可或缺的因素，历史上的重大经济危机本质上都是信用危机，信用银行无限制扩大信用的结果是：信用无法进一步扩大之时，灾难就要发生。为了防止银行过度发行信用媒介，引起物价上涨，最后引发经济危机，有必要对银行的这一行为进行限制。而银行要做的就是限制贷款，并谨慎发放贷款，对众多的借贷人进行识别，对不良借贷人予以打击，打击的方式多种多样，失信惩戒只是其中之一。其次，在国内，改革开放的号角已经吹响，现代工商业发展要求庞大的资本供应，这种

---

① 信用危机是指信用过度扩张，引发通货膨胀和经济动荡，进而影响信用体系的信誉，导致其各环节发生崩溃的现象。它既有因银行自身过度增加信用和信用管理不善，个别银行发生支付困难而导致整个金融体系发生危机的情况，也有因经济危机而导致信用危机的情况。当经济危机发生时，大量商品积压，大批企业因资金周转不灵难以偿还债务，导致信用崩溃。

② ［奥］路德维希·冯·米塞斯：《货币与信用理论》，孔丹凤译，上海人民出版社，2018，第6页。

供应须由稳健的信贷市场来组织，建设性利用信贷是随着人们开辟现代工商业市场发展起来的。一方面，12家全国性股份制商业银行几乎都是在20世纪八九十年代筹建起来的，招商银行、中信银行、兴业银行和广发银行都成立于20世纪80年代，民生银行、光大银行、浦发银行和华夏银行则都成立于20世纪90年代，同时期，上海成立了全国第一家地方性信用评估机构。另一方面，我国两大证券交易所——上海证券交易所和深圳证券交易所，均成立于20世纪90年代，由这些事件兴旺起来的信用经济，进一步刺激了政府利用信用推动经济的雄心，正是在这种情况下，对信用的大规模利用、现代信用市场和失信惩戒机制都得到迅速发展。

在实务界，信用因素是不确定的，信用经济的崛起向人们提出警告：在现代，资源会迅速地迁移到信用环境较好的地方，营商环境是企业落户考虑的要素之一。可以肯定，用不了多少年，最有竞争力的企业都将集中到信用资源供给最丰富的地域，不管这种动力来自官方还是民间，网络设施将以难以想象的速度在推广，直到把地球上所有和信用有关的地方都联结起来为止。不久以前，很多交易都是建立在市场口碑基础上的，很少有人去咨询专业的征信机构，但现在，企业都知道从交易对象里挑选最适合的，剔除那些信用值低的对象，如果两种相同的商品出自不同的商家，信用值更高的企业则是更优的选择，各个企业都对没有诚信的企业存有戒心。至少，熟悉的企业一般依靠市场口碑，不熟悉的企业则依靠信用记录。

总体上，社会经济制度的变迁，往往导致法律制度的变迁，这是法律发展史上的一个规律。马克思和恩格斯的唯物史观提到，经济基础决定上层建筑，社会现象的产生、演变和消亡从根本上是由经济现象造就的。一个社会采取什么样的控制措施最终取决于经济因素，这个理论同样适用于社会信用领域，如在近现代法治观念下，法律不再承认拘禁债务人是一种受法律保护的合法行为，因为拘禁债务人丝毫无助于债权的实现，是非常不经济的做法。制度和经济之间的密切关系已经广为人知，可是，并不能武断地认为失信联合惩戒制度是社会经济发展的产物，很多制度都是基于非经济因素的考虑形成的，比如农民工讨薪一度是一个突出的社会难题，对不守诚信的包工头进行惩罚更多的是基于社会稳定的考虑，还与国家对农民工这种弱势群体的扶助有关；现代社会禁止行人乱穿马路的交通规则本质上也接近技术规范，与经济因素关联不大。

二、经济领域信用问题日益突出

在市场经济的作用尚不明显的过去，失信人这个群体还不是可怕且看得见的敌人，他们分散各处，我们无法将失信人从人群中有效辨别出来，他们的破坏作用也还没有那么大。但在经济全球化的今天，市场经济要求一切过程精简且有效，建立一个可预测、可信的现代化体系，当失信人横行，增加的社会运行成本是惊人的，市场为失信所苦，付出的成本居高不下，这些都给国家、组织和个人造成痛苦，最终激励着社会去进行改革。

首先，信用制度固有的性质之一就是可能助长投机、欺诈、冒险和私吞活动，这些不诚信行为几乎和信用制度相伴而生，而为了规制这些不诚信行为，失信惩戒机制成为必需。失信惩戒机制的出现表明，在信用问题和与之相适应的失信惩戒形式的一定发展阶段上，一种新的惩戒机制自然而然地从社会物质经济条件基础上发展并形成起来。概言之，没有信用活动，就没有信用经济；没有信用经济，失信惩戒制度，包括失信联合惩戒制度，就不可能发展起来。对信用经济保持警惕也是马克思的观点，马克思在分析资本主义信用制度时说，它"把资本主义生产的动力——用剥削别人劳动的方法来发财致富——发展成为最纯粹最巨大的赌博欺诈制度，并且使剥削社会财富的少数人的人数越来越减少"[①]。

其次，个人私欲的勃发已经成为赤裸裸的现实，由于失信，法律需要制定惩戒失信的措施。现代商品经济的繁荣体现在人与人或机构之间借贷的资金支持，信贷的发达，要求对同等事情作同等处置，不带有私人感情，这些条件在封建农业社会是不具备的。但很明显，现代国家的注意力集中于经济，而不是农业，经济发达的省份、带来社会生产力的企业家和个人成为社会瞩目的焦点，新闻联播里插播的每一条新闻都和经济无法完全脱钩，这种趋势强烈要求信用关系制度化，片面商业化，没有社会信用体系的稳定性，没有信用法规的支持仍不免失败。如果没有制度，信用就起不到作用；有了制度但还是没有信用，只能说明制度本身的合理性存疑，随即政府的统御能力受到质疑。中国过去放弃发展信用方面的法律，可能不是没有意识到信用法的重要性和有效性，而是在中国的历史上从来就没有形成过信用立法的经验，当时人们最关心的

① ［德］马克思：《资本论（第3卷）》，人民出版社，1975，第499页。

是技术上的难题以及政府的难处。

再次，经济领域信用问题突出是大势所趋。传统单一惩戒机制的优势在于对暴力性侵犯采取严厉的措施，但21世纪以来，犯罪的暴烈程度减弱，财产性犯罪的数量远远超过暴力犯罪的数量，正如福柯所言，犯罪的内部组织发生了变化，他们进行更鬼鬼祟祟的活动，更少使用武力，尽量不冒流血的危险。而且，非法活动本身似乎放松了对人身和财产的直接占有和侵犯，转向了其他目标，从暴力犯罪转向诈骗犯罪，非法活动中的变化是与惩罚活动的扩展和改进相互联系的[①]。

经济力量对失信联合惩戒制度的影响要作二重性分析：一方面，信用经济离不开失信惩戒机制；另一方面，失信惩戒机制不能妨碍信用经济。失信联合惩戒的要义在于要用一个良好的机制来分配因信用而生的资源，失信人要和守信人竞争，一般失信人要和严重失信人进行竞争，为争取市场资源展开竞争，而惩戒机构根据信用等级作出资源分配，对个体信用实施监督，并利用信用信息来预定资源走向和惩罚那些危害行业、不守信用的失信人。

第二节　政治环境

有学者说，在很多情况下，制度需求的产生往往不是因为内部冲突，而是严重的外部冲击所致，诸如货币危机、经济衰退、恶性通货膨胀、革命或战争。大木雅夫的观点更彻底，“即使经济结构、社会习惯、传统信条、正义观等均已发生变化，为了使法律发生变化，还必须先加大政治压力，只有当政治压力达到必需的强度时，法律才会开始发生变化”[②]。文明的发展与政治息息相关，联合变得更强势、更有组织性和纪律性也与政治有关。联合的产生与很多因素相关，而权力是其中最重要的一个，政治自动将联合惩戒作为官方行动设计的一部分予以正当化。没有权力支持的联合，制度会在很短的时期内受到磨蚀，为了使制度维持不坠，联合必须同权力保持联系。诚信社会建设目标甫一提出，许多人都在谈论社会新秩序，想象社会将会朝着什么方向前进，什么力量会让传统惩戒机构不再以自我为中心，愿意为了失信联合惩戒放弃一部分自治权力，这至少和分层制相反，分层制着重相对独立地展开社会控制，

---

①［法］米歇尔·福柯：《规训与惩罚》，刘北成、杨远婴译，生活·读书·新知三联书店，2012，第85-86页。

②［日］大木雅夫：《比较法》，范愉译，法律出版社，2006，第4页。

这也间接提出了社会管理机构的转型问题。

一、国际政治力量

国际信用市场越来越休戚与共，信用波动越来越具有国际性，因为大商业中心之间的来往不断增加，这种国际性趋势不断加强[①]。在全球化经济浪潮中，对标国际市场是大势所趋，全球化竞争对信用市场的开发，导致了对“以信用为中心”的关注，人们希望从市场或政府那里获得优质的信用服务，希望在购买商品或进行市场交易时，可以找到信誉更佳的个体，这些期望累积已久，沿袭传统官僚文化的政府公共服务相比从前更加令人难以忍受。人们对政府的功能性需求迫切，但政府的功能却日渐弱化，政府也在努力寻找解决方案，希望有新的组织形式来解决这些问题。失信联合惩戒机制涉及整个体制层面的重建，但旧体制一旦建立起来，被改组或重新创建的代价就十分高昂，因为路径依赖，人们被迫留在原来的旧路径上，这使得改革难以顺利推行，因此需要某些危机来创造制度改革的社会条件，尤其是政治条件。这种危机可能是内部的，比如经济危机或政变，也可能是外部的，比如战争或国际上的压力，至少当前中美贸易摩擦对知识产权领域失信联合惩戒制度改革起到了不可忽略的作用。在很多情况下，制度需求不是因为内部原因，而是因为连续且有力的外部冲击，如果2001年我国加入WTO时的制度改革是一种被动选择，那么2020年起实施《优化营商环境条例》就是一种主动选择，旨在建立一种法治化的营商环境，坚持市场化、法治化、国际化原则，确立公平、开放、透明的市场规则。

过去，国家和政府希望维持现状，而守信人希望改变现状，但内因尚不是推动诚信社会建设的主要动因，虽然这有些荒谬，但是外因在促成社会信用体系建设和失信联合惩戒制度这些事情上起的作用的确不容忽视。国际上敦促政府采取行动的呼声越来越高，对政府的动机有多种猜测，认为政府是失信人的“帮凶”，政府也希望早日平息事态，失信人的行为已经触及国家声誉，政府担心卷入国际纷争，开始就信用问题变得审慎起来。

二、国内政治力量

综观世界各国制度改革的成功范例，往往是因为社会内部对该制度

① ［英］马歇尔：《货币、信用与商业》，叶元龙、郭家麟译，商务印书馆，2011，第265页。

的强烈内需，才造就了制度改革的正确时机。对制度改革的需求有内部需求和外部需求之分，外部需求通常有两种：一是外部相关机构附加在计划、项目上的条件，如中国加入WTO；二是外部权威在控制或直接行使政治权力，如战后日本的重建。对于中国而言，失信联合惩戒机制的产生时机恰恰是社会内部和外部对其产生了共同需求。倘若没有实质性的内需，社会信用体系难以建立；倘若没有外需，社会信用体系建设不会推进得如此迅速。

（一）国家介入信用关系的原因

勒庞说："拉丁民族的群体，不管他们多么革命或多么保守，为了实现自己的要求，无一例外地求助于国家的干预。"[①]我们这个民族同样如此。

首先，失信已经严重到危及社会公共秩序或国家整体发展的地步，通俗来讲，已经到了不能不管的地步。"莆田系""温州模式"这些代名词足以说明这个群体的特点，对于信用问题，失信人和守信人双方已经无力自己解决，无奈乞援于政府。在这种情况下，政府可以有几种办法来应对：一是政府以居间调解人的身份介入，自然村内部发生的信用纠纷通过村基层组织的调解仍然无效，随后会进一步向上延展，乡镇政府也有应邀介入的可能。尤其是信用纠纷演变成涉诉上访事件，被定性为维稳事项，乡镇政府更是责无旁贷，会积极介入，争取把信用纠纷化解于无形，结果可能是惩戒失信人并安抚守信人，也可能仅仅以某种方式安抚守信人，根本没有惩戒失信人。二是政府以掌权者的身份介入，从各种规章制度之中搜寻可靠的依据，对失信人进行施压，如果不守诚信，会被剥夺某项资格或荣誉，进而导致其他利益上的损失，慑于政府权力，失信人作出让步，重新履约，或者即便不履约也要拿出一个妥善的补偿方案。无论以上哪一种办法，政府的惯常立场是消除纷争，至于手段则是不确定的，目的纯正无私，手段只要有效就是有用的，政府的实用主义在这个问题上体现得淋漓尽致。

其次，建立信用秩序的需要。每一次失信事件都可能不同，当事人也十分不同，因此应对的方案不一而足，应对不同的当事人需要拿出不同的解决方案，这使得在相同或近似失信事件上的处理仍然有相当的差别，至于能否对所有失信事件做到公平合理，无疑更是一个大的疑问。政府要应对形形色色的当事人，应对形形色色的失信事件，主持处置的

① [法] 古斯塔夫·勒庞：《乌合之众》，冯克利译，广西师范大学出版社，2015，第208-209页。

官员也不同，前后给出的道理理由不能一致，从而使公众觉得政府章法全无，缺乏诚意，反倒成了没有诚信的政府。在处置社会信用事件时，政府公信力有可能陷入“塔西佗陷阱”，一旦政府公信力丧失，政府和人民关系紧张错位，以权力介入信用关系的目标是不能实现的。在一个国家内部，不同的人群为某一事项进行斗争，在这种情况下，法律常常是人们自己为了终止纷争或实现和平秩序而达成的一种妥协，既然失信事件在失信人和守信人双方与政府之间都无法解决，明智的政府为了获得人民的合作，就要给国家确立一个标准的法律秩序，在这个秩序里，法庭的作用开始变得显著，同样的情形作同样的处置，保障守信人的权益，惩罚失信人，确保最低限度的社会信用。

（二）诚信社会建设目标

21世纪以来的中国，政府正进行一场静悄悄的革命，这场革命是对国际政治经济、技术、经济竞争、公民需求等社会各个领域发生巨大变迁的反应，也是由原有社会形态向守信社会转变的反应。按照学者的提法，诚信社会建设是我国“目标治国”[①]方略的一部分，目标治理体制已经贯穿政府管理的核心，依靠自上而下的目标规划、任务布置、考核、监督与问责，推动诚信社会的生成，一切围绕诚信社会目标运转。要知道，奖惩制度本身是作为诚信社会建设的重点存在的，不理解诚信社会建设目标的内在逻辑，就无法理解目标之下具体制度的要义。

虽然本书并没有打算将诚信社会建设奉为神灵，但是当代讨论最多的是诚信社会，而对如何实现诚信社会讲得太少，诚信社会是更高的政治目标，其次才有为了促进社会信用治理而产生的手段，保障诚信社会得以实现的一种实用装置，它本身没有一贯正确的框架。联合惩戒行为，尤其以行政为主导的失信联合惩戒是有目的的、受目标驱动的，受到诚信社会建设的中心愿景或目标导向的指引。诚信社会代表着公共利益或普遍利益，抑或共同目标，无须思考，我们就知道，在这个目标之下，一直没有充分明确的行动，失信惩戒制度的出现，直至失信联合惩戒，联合分散的惩戒机构，结成没有缝隙的大网，使失信人无处逃遁。这样的过程与诚信社会建设的立场完全一致。

《社会信用体系建设规划纲要（2014—2020年）》明确提出，要完善以奖惩制度为重点的社会信用体系运行机制，守信激励和失信惩戒机制是社会信用体系运行的核心，直接作用于各个社会主体的信用行

① 马亮：《目标治国》，社会科学文献出版社，2018，第17页。

为。更具体来说，失信惩戒制度包括加强行政监管性约束和惩戒、推动形成市场性约束和惩戒、推动形成行业性约束和惩戒以及推动形成社会性约束和惩戒等措施。2016年《国务院关于建立完善守信联合激励和失信联合惩戒制度 加快推进社会诚信建设的指导意见》提出四大基本原则[①]，“褒扬诚信，惩戒失信”位居四大基本原则之首。加快诚信社会建设，构建以信用为核心的新型市场监管体制，以信用为核心的新型市场监管机制，就是以失信惩戒和守信激励为中心展开的。一部分原因是社会经济受到失信的侵扰越来越严重，另一部分原因是社会公众对失信的抗拒感也越来越强烈。多数时候，人民倾向于赞同利用政治力量去实现改革，尽管失信联合惩戒看起来不严谨，也不完善，类似于一种政治化的协商。诚信社会建设是一种外部政治目标，而失信联合惩戒的概念经常出现在政府内部，要实现部门联合惩戒失信人的制度初衷，又不扰乱长期建立起来的制度安排、部门职能以及权力结构，利用各种有利条件引导联合惩戒的走向，困难几乎是可以想见的。

当然，诚信社会建设是一个重要因素，但这并不是事情的全部。对于有些行政机关和官员，再没有像现代这样信奉诚信的阶段，惩戒机构的联合让失信惩戒获得了最强有力的形式，惩戒机构在施行联合惩戒时包含着一种既定目标，只不过这个目标是政府在推动，人们寄希望于政府，对其他人始终都不信任，政府热衷于社会这个系统的整体进步，热衷于社会秩序的井然有序，当然将各种形式的守信当作美德，用信用这个有效用的标准来作为衡量人的行为的标尺。

综上所述，失信联合惩戒制度尚不成熟和完备，却是目前世界上从未有过的惩戒机制的最高形态，政府把国家、社会和个人的理想调和起来，惩戒机制和政治、司法、社会之间的结合在政府的布局中完成了，在我国信用制度发展的详尽历史中，失信联合惩戒制度占据显要位置，新时代成长起来的这一代人的信用观念，大多要通过失信联合惩戒机制来确立，它在这方面起的作用比其他制度要多得多，失信联合惩戒机制使当代社会向诚信社会的发展成为可能。

---

① 该意见提出的四大基本原则为：褒扬诚信，惩戒失信；部门联动，社会协同；依法依规，保护权益；突出重点，统筹推进。

第三节　技术环境

任何行业都受到不断增加的标准化手段以及日益发展的信息技术的影响，一个身处偏僻乡野的人通过网络几乎可以立即接触到本国的金融中心或政务中心。在21世纪，政府变得更有组织、更有预见和自信，这些都和信息技术革命攸关，与失信联合惩戒普遍应用构成因果关系的是信息技术以一种前所未有的速度崛起。如果不了解互联网技术，我们难以真正理解失信联合惩戒制度的崛起，进一步说，如果不联系互联网，我们难以从技术角度理解失信联合惩戒制度。技术是一种客观存在，弗里德曼在其名著《世界是平的》中提到碾平世界的十大动力，而windows系统的建立和柏林墙的倒塌居十大动力之首。著名经济学家马歇尔教授提到，工业国（尤其是债权国）对其他国家的信用紊乱很敏感，精明的商人会在灾难来临之前未雨绸缪，交通工具的改进将许多国家的商业连成一体，各种通信往来使人们能够得到相关的情报，“海底电报一方面扩大了商业信用波动的范围，另一方面也大大减轻了这种波动的强度”[①]。世界知识产权组织1977年对技术给出的定义至今都被认为是国际上最完整和最全面的[②]。技术具有复杂性、依赖性、多样性和普及性的特点，它是改变或控制人类环境的手段和活动，技术的发展极大地促进了人类物质文明的进步。

一、技术是实现信息共享的前提

通过网络建立起来的信用信息数据库数量不断增加，由于新技术不断出现，网络的相对作用减少，但它的绝对作用大于历史上的任何时刻，假如没有网络，大规模信息共享基本是无稽之谈。信用和技术深深绑定是实现诚信社会建设的必由之路，借助信息技术，信用信息壁垒才得以逐步打破，信用才被赋予更丰富的内涵和多元的价值，现代技术在发现信用信息、维护信用信息以及助力信用体系建设等问题上成为不可忽视

① ［英］马歇尔：《货币、信用与商业》，叶元龙、郭家麟译，商务印书馆，2011，第252页。

② 世界知识产权组织在1977年《供发展中国家使用的许可证贸易手册》中，将技术定义为“技术是制造一种产品的系统知识，所采用的一种工艺或提供的一项服务，不论这种知识是否反映在一项发明、一项外形设计、一项实用新型或者一种植物新品种，或者反映在技术情报或技能中，或者反映在专家为设计、安装、开办或维修一个工厂或为管理一个工商业企业或其活动而提供的服务或协助等方面”。

的力量。

首先，信息技术应用于信用系统建设。虽然笔者不是一个科技宿命论者，但是科技可以创造思想和动机，人类发明了互联网，就会利用它做一切可能的事情，可能把问题分解或综合，从而使问题解决更有效率，技术上的连接已经实现，现在的关键是实现机构和机构之间的连接。网络是促进协作的工具，有学者将网络分为四种类型①，网络以不同的形式履行多种职能。于是，2017年国家公共信用信息中心成立，32个地方公共信用信息中心也相继建立起来，其主要职责之一就是“负责公共信用信息归集共享公开和跨地区跨部门守信联合激励与失信联合惩戒信息共享工作”。联合惩戒的平台出现了，或者说这个平台是一个供应链的核心，它是一个“技术性装置”，接收到失信信号的机构将失信信息搜集起来，向平台发出信号，平台收到信号后，给供应链补充新的信息，惩戒机构根据信号惩戒失信人，然后再把惩戒信息反馈给平台，这个过程不断循环，于是，在北京作出失信行为，可能在广东受到真正的失信惩戒。作为企业或个人，我们欢迎这个平台，它可以为我们传递各种信息，而且有时不需要付费，它运用新技术跟踪信用信息，这使得技术支撑成为获取信用信息的最关键因素。这个平台借助网络和计算机，以全新的方式使用和处理信用信息，失信联合惩戒机制加上以网络为基础的工作流程才会创造一个合作形式的新平台，才意味着联合惩戒开始成型。这种具有独特属性的平台的出现，是一项具有重大意义的突破，失信惩戒要么是由平台直接造就的，要么在平台的支持下得以强化，随着越来越多的机构和个人使用平台，失信联合惩戒变得更加普遍。

其次，人类在应对失信的技术上取得了令人惊叹的进步。银行系统从指纹识别技术升级到人脸识别技术，中国人民银行征信中心在2020年上线了二代征信系统②，路口的电子屏幕上会抓拍乱穿马路的行人的面孔，骚扰电话号码被标记，被法院列为“老赖”的失信人出行受阻，每个人都是这种巨大转变的见证人，无法置身事外。由于网络等新兴媒体

① 网络类型分为信息网络、发展网络、延伸网络和行动网络。参见［美］约翰·弗雷尔、［美］詹姆斯·埃德温·凯、［美］埃里克·波伊尔：《跨部门合作治理》，甄杰译，化学工业出版社，2018，第85页。

② “中国人民银行征信中心上线二代征信系统”被列为2020年社会信用建设十大事件之一，相比一代征信系统，二代征信系统在信息采集、产品加工、技术架构和安全防护等方面进行了优化改进，丰富了人和企业的信用信息，信息更新效率更高，反映信用状况更全面及时。

技术的存在，世界上有共时性机制[①]，当一个信息尚未确定真伪，就可能通过网络散播到世界各个角落。在我们这样一个比较缺乏信用基础设施的国家，需要一个专门的技术中介机构来负责信用信息的流转。2020年，国家公共信用信息中心发布《城市信用状况监测预警指标（2020年版）》，国家公共信用信息中心不仅是一个信息汇聚中心，还发布技术标准，失信联合惩戒遇到的困难最后是依靠现代信息技术才得以合理调整和解决的。

再次，联合变得更有组织性且与技术密切相关。在办公自动化时代，对公职人员的能力要求不只停留在文字材料写作以及准确记录等事项上，还要求熟练掌握新技术手段和有效率的工作流程，政府从信息技术革命中获得了新的动力，新技术取得的巨大成就使政府意识到借助技术力量捍卫信用秩序的必要，于是迅速借用了技术，开发新的办公软件，作为有意识作为的结果，政府机构之间以及政府与社会公众之间的信用系统逐步完善起来。

二、技术的制约作用

在过去，政府发现失信信息的手段是借助人力，而不是技术，可能存在执法力量不足的情况，无从应对层出不穷的失信事件。失信人更像打地鼠游戏里的地鼠，此起彼伏，然而，不是所有的地鼠都能被击中，因失信被打击的概率通常十无其一，很多人就从这张粗疏的大网中穿过，成功逃脱，就不免有人为着私益冒险，这是以权力为基础的失信惩戒机制的结构缺陷。最初，信用领域既缺乏有效的技术襄助，情形又错综复杂，失信随时随地都有发生，当中情形不一，无从标准化，这体现了在信用问题上，国家主观上希望有一个严格的标准参照行事，但技术上却有困难，以致在信用规制问题上，执行越松懈，效率越低。

首先，技术限制了信息共享的形式。一方面，在信息公开条例出台之前，失信信息数据被封锁在权力机关的档案库中，司法判决书和行政处罚决定书也仅在权力机关和当事人、律师等小范围内流通，这种状况和美国《信息自由法》出台之前的景象是相似的[②]。另一方面，互联网尚

① 共时性指两种或多种本来毫无因果联系的事件同时发生，而它们之间似乎隐含着某种联系的现象。

②《信息自由法》于1966年通过，被认为是美国《行政程序法》的修正案，要求基本的政府文件及时公开。参见［美］迈克尔·舒德森：《知情权的兴起——美国政治与透明文化（1945—1975）》，郑一卉译，北京大学出版社，2018，第25页。

未完全普及，全国范围内还没有统一且畅通的信息数据网络作为支撑，不具备信息共享的物质技术条件。但以上两个限制性条件在21世纪变得完全不是问题，这从另一个侧面说明，失信联合惩戒是社会综合发展的产物，它之所以诞生在当代而不是之前是有其客观原因的。

其次，技术发展推动制度变革。最先进的政治制度和经济制度往往诞生于发达的技术创新型国家，而技术相对落后的国家往往缺乏社会变革的动力。国家和社会的进步是社会政治、经济、文化制度变革的结果，科技进步可以促进社会变革，这些观念得到普遍认同。失信联合惩戒制度诞生于这个时代，而不是上个时代，它也不会随意诞生于一个时代，制度是时代的产物，失信联合惩戒制度是由当今这个时代所创造的，在某一个特定时刻才有了这个制度，它并不是偶然地降落在这个时代。进一步说，人类并没有真正自由选择制度的能力，历史学家在切入社会变革的深处时，往往留意到技术革新的因素，假如在封建礼教鼎盛时期的古代中国可以煞有介事地炮制信用法规，失信联合惩戒也无从着手，从纯粹理性上讲，技术性和信息互通是该制度发挥作用的前提，失信联合惩戒在本质上与旧社会和技术落后国家是矛盾的，这甚至不需要思辨式的推理。有时候，失信联合惩戒制度和一个国家的本质不相干，它可以在发达的资本主义国家存在，无法在落后的资本主义国家畅行，却又可以在社会主义国家风生水起。各个文明的最终发展都受技术性力量的支配，凡是与技术性力量不合的制度，几乎都逃不过荒废的命运。当然，这个过程是渐进的。因此可以看到，采用人脸识别技术的都市银行几乎废弃了指纹识别系统，并在操作规程上相应变革，而在相似的技术背景下，指纹识别仍然盛行于少数乡镇银行。

但是，深刻影响信用社会改革的因素，不能到技术中去寻找。我们知道，专门意义上的失信联合惩戒制度并没有诞生在技术发达的西方国家，也没有诞生在那些和中国技术条件相似的国家。从某种意义上讲，是技术作用于人的头脑，引发社会变革，才间接催生了失信联合惩戒制度，技术本身没有产生失信联合惩戒制度的能力。技术的反作用客观存在，它强大的建设性一如它的破坏性，它将可记录的信用信息永久保存了下来，无论是名誉的还是羞耻的，在本书稿尚未成形的这一年，钢琴家李某某和知名带货主播各自因为不名誉行为将自己的污名永久留在了互联网上，成为失信名单上有记录可查的人，不可避免地造成“社会性死亡”。这样的事件不断反复，“合作主义的锋芒所向，就是要在思想上和组织上取消国家和社会的界限，因而，也要取消公共生活和私人生活的界限”[①]。仅仅这样的事实就足以让我们反思：技术发展的轨迹和失信联合惩戒的初衷有深刻差异，技术革新背景下的失信联合惩戒制度并不一定使人变得更加守信，使人们生活更有安全感，技术力量催生了失信联合惩戒制度，并阔步向前，不留余地，将其演绎到极致，这种令人吃惊的反噬能力让人始料未及。

第四节　文化环境

勒庞提到，种族是人们行动的最强大的决定因素[②]。当种族内部力量（道德、伦理、惯例、风俗等）无法抑制这种普遍、多样的信用纷争之时，才产生需要外部力量来保障信用秩序的必要，这种外部力量主要分为两种，一是权力，二是法律，失信联合惩戒仰仗的是内部力量和外部力量的联合，它们都在促成失信联合惩戒这个问题上占据一席之地。只要我们稍加思索，就能清醒地看到，任何制度的发展在相当程度上受到本民族文化因素的影响，至少运转这些制度的精英们的态度和观念对制度的最终成功有着巨大的影响，而观念一旦扎根，就会成为励精图治的源泉，多种制度、艺术形式都是由此发展出来的。于是，政府决心将诚信社会理想变成现实，立法者决心通过立法解决千年未决的信用问题，其他人群也醉心于如何通过不同渠道实现诚信社会的构想。本书的任务在一定程度上就是探寻失信联合惩戒在其制度表面变化背后有什么在支撑，并在不断变化的制度形式中找出由普遍观念和民族心理特性决定的成分，这接近一种检验，如果做不到这一点，人们会误以为政府有意或随意在改变失信惩戒制度。

一、民族诚信观

历史或文化认同不是政府可以塑造出来的，所以民族建设和国家建设是不同的概念。诚信观是社会文化的一部分，文化是由那些被认为是好的和值得传给下一代的知识构成的，文化之于社会如同记忆之于个人[③]。包括民族诚信观在内的共同体意识是任何外部力量无法达成的，本

① ［美］R.M.昂格尔：《现代社会中的法律》，吴玉章、周汉华译，译林出版社，2008，第169页。

② ［法］古斯塔夫·勒庞：《乌合之众》，冯克利译，广西师范大学出版社，2015，第219页。

③ ［美］赵志裕、［美］康萤仪：《文化社会心理学》，刘爽译，中国人民大学出版社，2011，第22页。

民族的诚信观决定他们对待失信人的态度，也决定他们在失信联合惩戒问题上可以接受的范围和限度。社会公众的理念在很多方面与政府背道而驰，但在失信联合惩戒问题上并无太大的分歧，有学者说当代是舆论型政治时期，在诚信社会建设问题上却没有遇到意识形态的强烈对抗，没有认同上的危机，无论是政府官员还是寻常百姓，都认可诚信社会建设的必要性和意义，只是对采取什么样的策略和模式怀有异议，这恰恰说明对失信人施以联合惩戒基本符合本民族的诚信观和是非观。

> 一切与民族的普遍信念和情感相悖的东西，都没有持久力，逆流不久便又回到了主河道。与种族的任何普遍信念或情感全无关系，从而不可能具有稳定性的意见，只能听任机遇的摆布，或者——假如其说法还有可取之处——会根据周围的环境而发生变化。它们只能是在暗示和传染的作用下形成的一种暂时现象。它们匆匆成熟，又匆匆消失，就像海边沙滩上被风吹成的沙丘①。
>
> ——引自[法]古斯塔夫·勒庞《乌合之众》

（一）传统诚信观和现代诚信观

一个民族或者一个社会的诚信度依赖于林林总总的方面。今天，那些还为横穿马路或公然占座的失信人辩护的人，正好站在国家反失信立场的对立面上，这恰恰能说明我们这个时代的特征，传统信用观和现代信用观正处于正面交锋的胶着状态，过去很多习以为常的行为在当代不再被包容，被纳入失信行为的范畴。不同民族的诚信观略有差别，不同国家的文学作品都客观描写过失信人的真实心理，这都是来自生活的真实叙事。在我国，当一个人无法证明自己的信用时，可以采取赌咒或发誓的形式，让自己得到他人的信任，为什么几代人会屈从于如此没有效力的举动，对举起手发誓的人毫无抵抗力呢？这在法律面前是毫无意义之举，却有极深的隐秘含义，那是起誓人和上天之间的一种盟约，失信就要接受上天的惩罚。表达守信的方式听命于所处时代的道德趋势，在现代，如果有人还试图通过这种方式来获得信用，则要视对方的智识和认知了，在一个不讲究誓言的人那里，这一招可能丝毫不起作用。

博登海默说："在人性的深处坚定地环绕着对于法律生长发生重大影响的力量，这些远在一切之上的力量，就是心性、习惯、和平欲望和秩

---

①［法］古斯塔夫·勒庞：《乌合之众》，冯克利译，广西师范大学出版社，2015，第209页。

序欲望。”[1]不幸的是，在信用领域，守信和失信都已经成为一种习惯，深刻地存在于我们这个民族，几千年的传统礼教在人们心里刻下要诚实守信的诫命，但现实中总有诸多引诱，使人不免走向诚信的对立面，失信在人们心里也是习以为常的事，这正如一个事物的阴阳两面，有阳光下的一面，也有阴影下的那一面，两者坚定地共存着，这种情形使任何一个人在签订契约的同时就要联想到失信的可能，并对其作出可预测的防范，因此，一个契约的规范样本里，关于违约的款项通常是其本身的应有之义。

21世纪普通公众秉持的信用观，本质上还是20世纪的信用观，人们对失信并没有不确定感，处理失信还算简单，失信是不受欢迎的行为，但还基本停留在道德领域，于是达成一种不言自明的默契，人们在私下对失信人评头论足，窃窃私语，但并不公开谈论信用问题。国家权威在处理涉及信用的问题时并没有采取粗暴的禁令或刑罚，诚信的道德信条还没有到要运用法律推动的地步，于是采取折中的办法，既然没有办法完全禁止失信，也无法将其从世界上铲除，至少不能任其大行其道，以免危及整体的信用秩序。在地铁还没有进入中国二线城市之前，人们对西方国家将地铁逃票行为纳入信用惩戒的做法抱有新鲜感，转眼间，公交车逃票行为已经被地方社会信用条例列为失信行为。时代转变得太快，有关信用的知识经常出现在媒体上、商场里，街头小吃店门板上还贴着信用知识竞赛的通告，在笔者正为书稿踌躇不安之际，江苏省信用知识竞赛正在如火如荼地进行，信用办这个诞生历史并不长的特定机构正将信用这个概念推送到民间，而不是让它停留在政府办公室的文案上，政府官员亲自走上街头去宣传信用知识绝对还是一种新的公共现象，这让人十分感叹，但构成了诚信时代的真诚画面，这种画面有必要突出强调。

（二）民族诚信观的作用

有别于自然法学派认为的法律是人类理性的产物，历史法学派把许多法律现象溯源于民族性格，认为法律是民族的特有精神产品，是经过漫长历史演进的产物。英国的伯克就反对频繁改动法律秩序，指出历史、习惯和宗教是社会行动的真正指导[2]。萨维尼也说：“法律像一个民族的语言、风俗和生活方式一样，首先是由一个民族特有的性格，它的‘民

① ［美］埃德加·博登海默：《博登海默法理学》，潘汉典译，法律出版社，2015，第175页。

② ［美］埃德加·博登海默：《博登海默法理学》，潘汉典译，法律出版社，2015，第196页。

族精神’所决定的。”[①]这种性格和精神历经几千年，鲜有起伏变化，前后一贯，具有稳定性，如果不是民族性在起作用，很少有事项能像失信惩戒那样获得人民普遍的认同。

对失信人应该给予惩罚是一条公认的惯例，很多学者都花费了大量笔墨来论证这个惯例的合理性，因此没有人提出反对意见，社会对失信联合惩戒表示了欢迎，最终在没有人抗议的情况下，失信联合惩戒诞生了。还有一种可能是，信用生活是相当复杂的，还没有来得及听取不同意见，也没有人对失信联合惩戒提出全面且准确的阐释。在我国，绝大多数人在反对失信、惩戒失信这个问题上是统一的，这种广泛的统一甚至显著地反映在许多文学著作中，四大名著中前后穿插多个关于信用的故事，比如《三国演义》中曹操割发代首，《西游记》中唐僧失信于老鼋，结果被丢进通天河。那些公认的正当和公道的做法能够形成比较一致的意见，这根源于失信与传统道德伦理的离散，人民对日渐普遍的失信现象有深刻的忧虑。应当说，很少有一个事项像失信惩戒那样能获得人民普遍的认同，诚实信用是民族的良心，这当然也可以成为法律的起源，这不得不说是民族性在起作用。

即便民族诚信观是不可忽略的，笔者还是有义务提醒，诚信观也具有不可靠的一面。首先，民族诚信观对人类行为的约束作用究竟有多大很难说清，一个在信用环境里诚实守信的人处于不那么严格的法律环境下，非常有可能放飞自我，放弃一贯的诚信品格，这固然是法律制度差异所致，但对于失信人而言，这无疑是一种堕落和倒退。而一个在不那么严格信用环境里成长起来的人处于好的信用环境下，会让自己迅速适应诚实守信的生活环境，这不仅是外在的保护措施，更是一种内在需求，不因反常的行为为当地人侧目，不被当作外地人的需求促使外籍人士将自身行为、信用习惯与当地文化联结起来[②]，那种入乡随俗的感觉使得一个经商的上海人在还没有抵达山东地界之前就开始担忧饮酒问题，就像到重庆之前会考虑如何克服辛辣饮食问题一样。其次，从民族惯常信用传统来看，父债子还的观念仍是存在的，尽管在法律上父与子是不同的个体，失信联合惩戒在适用范围上的无理扩张风险令人忧虑。

① ［美］埃德加·博登海默：《博登海默法理学》，潘汉典译，法律出版社，2015，第197页。

② 马歇尔教授认为，风俗习惯本身差不多一定是精密和细心地观察不同行为过程中的利害得失的产物。参见［英］马歇尔：《经济学原理》，朱志泰、陈良璧译，商务印书馆，2019，第36页。

二、民族道德观

失信固然是一种不体面的行为，但是法律上的失信和道德上的失信不能画等号，这两者的差异无须赘言。国家有权力禁止失信，但法律上的禁止并不是认定失信就是不道德的，按照当今的看法，只有失信之后不予补救、不正面承担后果的人才是不道德的。因此，失信惩戒绝不等于直接的道德禁令，更不是对个体信用品格的一种实际测验，失信也有受尊敬的和不受尊敬的区分，对于不能避免的失信情形，失信人事后采取补救或者对守信人进行适当赔偿，算是一条道德规范，那些事后既不补救也不赔偿的失信人被看作没有诚信的小人，更容易被守信人告进法院。

诚信问题原本就在道德领域之内，《公民道德建设实施纲要》将诚信列为基本道德规范[①]之一，社会信用法的存在说明国家正在采取家长式的立场，“运用法律强制执行道德与运用法律强迫某人为自身道德良善的行事”[②]，信用的使用问题能不能由法律来加以限定呢？能不能颁布一条法令禁止人们滥用自己的信用呢？信用和其他商品之间有一定的共性，就像我们不能制定任何法律来禁止人们将自己的商品赠送或卖给其他人一样，我们也无法通过立法来禁止人们透支信用胡作非为。在约翰·洛克生活的时代，伪誓流行给人们的生命财产带来威胁，但伪誓罪在当时已经起不到什么作用了，所以洛克呼吁，“忠诚信实，特别是在一切对天宣誓时的忠诚信实，乃是社会的一个重要维系力量。所以明智的法官要尽可能在人们心中培养它，使人们认识这样做是一种神圣和严肃的天职”[③]，洛克就不相信法律在信用问题上有所作为，就像他认为要想有效地用法律来降低利率是徒劳无益的，其不合理等于希望能对房屋和船只的租价作固定的规定[④]。

（一）道德的指引作用

德富林法官反复论证法律道德主义，为道德的立法化辩护，“如果社

---

① 参见2001年《公民道德建设实施纲要》，基本道德规范包括爱国守法、明礼诚信、团结友善、勤俭自强、敬业奉献。

② ［英］帕特里克·德富林：《道德的法律强制》，马腾译，中国法制出版社，2016，第178页。

③ ［英］约翰·洛克：《论降低利息和提高货币价值的后果》，徐式谷译，商务印书馆，2011，第3页。

④ ［英］约翰·洛克：《论降低利息和提高货币价值的后果》，徐式谷译，商务印书馆，2011，第3页。

会强迫一个人为自身道德良善行事，社会就是在强制执行道德律”[①]，虽然因为他没有准确区分法与道德被哈特激烈地批判过，但是不能否认法律和道德之间的紧密关系是真实的。施克莱的意见也是中肯的，“首要的因素，是绝对需要有一个道德正直的标准，既被承认也被官方支持”[②]，失信联合惩戒制度正是提出了这一标准，惩戒机构在执行联合惩戒时，自然地将道德因素考虑在内，在守信人和失信人之间，我们无疑会偏向前者，这是潜在的道德伦理观念在起作用，也让人对法律面前人人平等这一说法的信任大打折扣。辛普森教授曾经提到“道德恐慌”[③]这个词，公众对行凶抢劫或失信的恐惧影响了法律，以致出现“为回应非理性的公众舆论而量刑过重的情况”[④]，人们认为这样可以解决一些紧迫的社会问题。但如果慎重核实，所有过重的惩罚都没有实际的理论支持，却不影响人们对它的热烈欢迎。有时，法律的部分功能是在表达公众的忧虑或愤懑，庞德则说法律律令有两面，一面是命令，另一面是伦理[⑤]。但学界是坚定的，认为法律不应受舆论左右，有独立风骨。辛普森教授说，许多自然法推论都建立在“万物都有自己的目的”这一思想基础之上[⑥]，脱离神学环境来使用自然法语言不是现代人的做派，但自然法的很多观念仍然可以用来作辩论。信用规范应该在事实上受到道德观念、伦理或者社会价值观的巨大影响，它不过是更复杂的道德准则，辛普森教授将刑法描述为“罪恶之人理应为其罪恶受到惩罚”，将合同法描述为“人们应该遵守诺言并履行协议”这一道德标准的法律表述[⑦]，那么社会信用法可以描述为“失信之人理应为其失信行为负责并接受惩罚”。当然，虽然道德与法律的关系匪浅，但是仍有人认为“现代法被实在化，成为功能性和技术性的体系，这种体系已经排除了任何道德慎思之需”[⑧]。

失信联合惩戒试图将失信人导向守法，施克莱教授指出守法主义

① ［英］帕特里克·德富林：《道德的法律强制》，马腾译，中国法制出版社，2016，第182页。

② ［美］朱迪丝·N.施克莱：《守法主义——法、道德和政治审判》，彭亚楠译，中国政法大学出版社，2005，第79页。

③ ［英］布赖恩·辛普森：《法学的邀请》，范双飞译，北京大学出版社，2015，第175页。

④ ［英］布赖恩·辛普森：《法学的邀请》，范双飞译，北京大学出版社，2015，第175页。

⑤ ［美］罗斯科·庞德：《法理学》，邓正来译，中国政法大学出版社，2007，第8页。

⑥ ［英］布赖恩·辛普森：《法学的邀请》，范双飞译，北京大学出版社，2015，第172页。

⑦ ［英］布赖恩·辛普森：《法学的邀请》，范双飞译，北京大学出版社，2015，第174页。

⑧ ［美］马修·德夫林：《哈贝马斯、现代性与法》，高鸿钧译，清华大学出版社，2008，第31页。

“把是否遵循规则当作判断道德行为的标准”[①]，这也是一种伦理态度。失信惩戒源远流长，失信人受到抵制的真正原因之一是人们对失信人的厌恶和反感，就像霸座行为往往引起多数人的反感一样，那些被纳入失信联合惩戒的不道德行为，或者带有历史性禁忌，或者行为本身带有排斥感和厌恶感。于是，为了获得可接受的惩戒方式，当前的惩戒手段是从一种看不见的过程中并以道德上认可的方式生成的，而失信人的权利完全不受到侵犯的可能性很低，毕竟，失信人已经占据了道德上的不利地位。

（二）道德的边界约束作用

合法之法需要道德标准[②]，守信在当代被视为一种美德，“美德和道德一样，即使没有表现在人类行为中，却在事实上存活于人类的良知中”[③]。失信联合惩戒面临的道德约束表明，如果一个失信人声明，他承认自己有错，也同意接受惩罚，但不接受对自己过分的惩罚，只接受合法合理的惩罚，这不也是一个人的权利吗？他难道没有理由要求某一个机构来监督这种惩戒过程吗？失信联合惩戒是一个工具，对于如何使用这个工具，有没有边界约束呢？道德约束是有的，道德不允许惩戒措施伤及无辜、株连家人、剥夺基本生活条件等，有一些程序需要加以遵守，也存在一些更有效率的方式，但对于我们可以用这个工具来做什么则没有任何限制，即失信联合惩戒可能用在任何地方。

人们经常会在两种方案中无法抉择：一是惩戒失信人，但侵犯其权利；二是不侵犯失信人的权利，惩戒无功效。相比而言，前者无疑更具有吸引力。当然，还有一种折中的立场，即在对失信人的权利进行最低限度的限制的同时，又能足够威慑失信人，这是在这两种立场之间的一种妥协。在笔者看来，惩戒措施要考虑几个因素：一是失信人的哪些权利不应该因失信被剥夺，比如在知识产权领域，只要不涉及犯罪，一般认为失信人的人身自由权不应该被侵犯。二是惩戒措施的实施是否为道德伦理或公序良俗所允许，比如将“不常回家看看”的子女纳入信用惩戒对象。正确的立场应该符合权利、道德伦理、公序良俗等考虑因素的矢量之和，对每一种因素都必须审慎考虑。失信联合惩戒措施的正当性

---

①［英］帕特里克·德富林：《道德的法律强制》，马腾译，中国法制出版社，2016，第1页。

②［美］马修·德夫林：《哈贝马斯、现代性与法》，高鸿钧译，清华大学出版社，2008，第106页。

③［德］拉德布鲁赫：《法学导论》，米健译，商务印书馆，2017，第15页。

部分体现为仅仅是对失信人权利的最低限制，如果惩戒是无上限的，那么失信行为就不是失信行为，而可以与犯罪行为比肩了。

首先，在现实中，有的联合惩戒措施不被接受是因为违反了失信人应该被如何对待的道德边界。当国家因知识产权侵权人侵犯他人权利而惩罚他，侵犯他的财产利益的时候，我们不认为侵犯了他的权利，但用限制其子女报考公务员等其他事情来影响他的时候，或者想办法越界来报复失信人的时候，则侵犯了失信人的权利，违反了道德约束，这种惩罚本身也是不道德的，这也是康德主义所表达的意思，个人是目的，而不是手段。

其次，我们可以为了社会整体利益而牺牲失信人的利益吗？就像我们曾经为了社会安宁秩序而牺牲违法行为人一样，我们的道德观允许我们为了诚信社会建设而牺牲失信人吗？私法上不允许为了守信人的利益而过分牺牲失信人的利益，填平式赔偿模式持续几百年之久，到现在仍然屹立不倒，虽然法律不允许我们为了守信人过分牺牲失信人，但是可以为了更高级的存在——诚信社会牺牲失信人的利益吗？或者说，正在建设诚信社会的政府能否为了国家的利益而牺牲失信人呢？这个问题可能更让行政法学者感兴趣，这样的问题比失信联合惩戒本身更为咄咄逼人，它迫使我们思考一系列重大问题：第一，施加于失信人身上的约束边界，是一种道德边界还是一种更复杂的等级制的边界？第二，基于失信行为的什么特性，在失信人被如何对待的问题上才存在着约束。正是某些特性的存在，使失信人在被如何对待这个问题上受到了约束，人们潜意识里不允许过分限制失信人的权利，失信人的特性与其受到的约束攸关，对失信人施加的约束超过某一阈限，就会引起社会公众，包括学者的反应，对失信联合惩戒的刺激作出反应，认为超过必要限度，这成为一种理由，限制我们对失信人采取过激的措施。

综上可见，即便在诚信社会建设背景下，我们的出发点也是非政治的且是道德的。法治为失信联合惩戒设定了边界，人们彼此之间可以做的事情，政府可以做的事情，或者人们通过政府可以做的事情，都被设置了边界，失信联合惩戒制度法治化不能忽略道德的存在。哈耶克也说："可以强制实行的道德禁令是国家基本强制权力所拥有的全部合法性根源。"①失信联合惩戒从一开始就被设定了边界，国家对失信人可以采取的措施，可以做的和不可以做的，都被设定了边界，这个边界有两个：

① ［英］弗里德里希·奥古斯特·冯·哈耶克：《通往奴役之路》，王明毅、冯兴元等译，中国社会科学出版社，1997，第6页。

一是宪法和法律，国家为治理失信采取的行动本身在道德上是许可的，从国家的角度，在多数情况下，惩罚或限制失信人的权利或利益是合法且合道德的，但惩戒措施侵犯失信人的基本权利，那么惩戒措施本质上是非法的；二是道德，这是无形的边界，道德在某种程度上是不明确的，不同人之间的道德评判不一致，分歧由此而生。质言之，在关于可以对失信人做什么这一点上，道德的边界约束决定了人们之间可以如何行事。

三、民族心理

当部分个体为了诚信社会理想聚集成一个群体，仅仅从联合的事实就可以看到这个群体表现出与过往不同的心理特征。作为制度的失信联合惩戒制度只是民族心理或性格的外在表现形式，反映着民族的需求。管理心理学也提到，人的行为是心理系统的产物[①]，在关于失信联合惩戒制度的研究中，必须从各种角度和层次去揭示信用活动的规律性，包括从心理学角度得出一个相对全面的结论，从而科学地指导未来诚信社会建设实践。

（一）对失信的厌恶心理

像不能忍受专擅的暴政一样，人们也无法长期忍受一种不确定的状态，授予一部法典来限制人们恣意背约，是人们的共同心愿。在日常生活中，任何人都可以轻而易举地罗列出社会生活中的失信事例，但绝大多数人表达出的是遗憾和无奈。失信的不可宽恕是不需要解释的，即便是年纪尚小的孩子，在出尔反尔之前，也知道失信是不受人欢迎的行为，而且对其中的是非曲直心知肚明。

对于厌恶的行为施以严厉的惩罚是惯常的逻辑，以法律的名义去抑制失信，比以道德、习惯、权力或者其他名义去抑制失信更具有理性成分，这是后来得出的结论。在《十二铜表法》里，法律中关于债权人和债务人之间关系的严峻状态可以清晰地被看到，但是为了债务的实现，法律维护了债务人，法律试图缓解债权人和债务人之间的敌对状态，并且在两者之间建立均衡的状态，实现权利的均等分布，这为日后公法和私法的分立描绘出了初步的轮廓。但在现代，反对各种形式的失信，反对为了个人利益而罔顾他人利益的自利行为，这些思想使惩戒机构

① 管理心理系统把个体心理、组织心理、群体心理、领导心理等都视为整体的要素，彼此相互联系且互为条件。在管理过程中，这些要素都经过社会心理系统的加工，不是单个人或某种孤立群体的个别心理与行为，所以对外表现出来的都是社会行为、群体行为和组织行为，它们都是借助人们的交往或人际关系进行加工和影响的结果，即均为社会心理系统的产物。

结成一条共同战线，这种思想最初是诚信社会的精神被社会公众迅速地接受，并与国家的经济发展完全融合。政府和社会各界聚在一起，在厌恶失信人的氛围下，以联合组织为武器，与失信人的“战争”才得以开始。

（二）心理自制

人的心理具有自制的力量，奥地利的埃利希认为，在人性的深处就坚定地生长着重大的力量，这些力量使人履行自己的义务，这个过程不是有意识地仔细考虑过的，而是无意识地沿袭环境的感情与思想的结果。

首先，心理自制一部分来自对权力的敬畏。在实践中，以权力为基础的失信联合惩戒地位显赫，它可以充实我们对失信联合惩戒制度发展的智识，它给出的诸多事例说明，现有法律中关于契约的规范都不是失信人敬畏的劲敌，相比其他，失信人对权力的畏惧尤甚。于是，在我国，在立法之外，另一套失信惩戒的逻辑被精心制造出来，它沿着国家权力的路径，从传统伦理道德或民族性格里面找到失信惩戒的根据和支撑，已然成为和立法平行的路径。而它的危险之处也是众所周知的，以行政为主导的失信联合惩戒有无限制扩张的风险，可能变成政府手中的政治工具。

其次，心理自制一部分是习惯所致。“最重要的规范要经过提示才会发生作用。它们以命令或禁令的方式告诉人，它们被指示给他们知道，而没有说明它们所根据的理由，而他们服从它们没有须臾的思索”[①]。在失信的具体情境上，并不是每一次失信行为都经过利益的斟酌、利弊的权衡，如果去追踪失信人的心理动态，它可能是多样化的，有时是故意，有时是过失，有时是毫无理由的下意识行为。很多闯红灯行为就属于最后一种，与其说是失信人有意的违法违规行为，不如说是失信人长期缺乏交通规则训导形成的无意识习惯，这种习惯指示他们只看路况便宜行事，而不关注红绿灯的存在。但如果过分夸大习惯的重要性，那就不对了，因为一个长期生活在乡村没有遵守交通规则习惯的人，在进入城市时也会审时度势，跟随其他人群静候绿灯，而不会一味地恣意妄为。这时他的行为往往有其动机，他恐怕不那样可能招致其他人的侧目和轻视，或者在陌生的环境里被施以意想不到的惩罚，这种惩罚最大可能来自交警——在他们心里，惯常以为城市在交通管理上更为严苛。从这个实例

① ［美］埃德加·博登海默：《博登海默法理学》，潘汉典译，法律出版社，2015，第178页。

来看，习惯对失信行为的影响是存在的，但这个因子并不能说明为什么同一个人被置身于另外的环境就可能抑制自己的习惯而变得守信起来。由此，在对失信现象的理解上，过分强调任何一种因子都不足以解释这种现象本身的复杂性和多样性。凡是一种延续不断、具有普遍性的社会现象，背后都有若干力量在平行地作用着。而且，失信惩戒可以改变人类行为习惯。2019年《南京市社会信用条例》颁布，辱骂、殴打正在运行中的公共交通工具驾驶人员被列入失信信息，这是法律为乘客作出的一种新的行为规范。在这项规范实施之前，多数乘客就知道辱骂、殴打正在运行中的公共交通工具驾驶人员的危害，对多数人来说，与其说他们现在遵守的是法律，还不如说他们遵守的是过去的认知和习惯。但对失信人而言，这带来了一种新的行为习惯。

再次，对失信的心理抵制是我们这样一个推崇诚信的文明古国的天然秉性，社会公众关于诚信的思想、信念和思维可以算作民族遗传的结果，对于信用制度的一切深刻变化都是民族思想、信念和思维的外在表现，如果失信联合惩戒制度与民族世代延续下来的精神结构相违背，它便不会长久。不同民族的精神结构不同，因此在信用制度上表现出不同的思维和行动，英美国家和亚洲国家的处理方式就有很大不同，不同国家有不同的生长土壤，这决定了失信联合惩戒制度可能适用于某个国家，但不能适用于另一个国家。

综上所述，促成失信联合惩戒的力量可能有很大一部分源自法律体系之外，可能是习惯，可能是道德观念，也可能是科学技术。无论我们是否承认，有一点是明确的，世俗的是非善恶观念、价值观以及行事方式长期影响着各项社会制度，那些杂乱无序的公共舆论，有时愚蠢且缺少理性，但也影响着社会制度的形成。失信联合惩戒乍看起来似乎是社会变革的结果，是由政治力量、社会转型或物质生活变迁共同决定的，但在这些事件的背后，可以看到民族思想的深刻变化。构成这一变化有两个因素：一个是传统信用精神的毁灭，失信行为根植于信用精神之中，在巨大的物质引诱面前，传统信用精神通常起不到作用，或根本不起作用，有可能让个体遵从信用的力量趋于微弱或者不存在了。当然，人类从来没有陷入信用上的无政府状态，只是没有力量迫使人类完全守信而已。另一个是现代工业和技术条件创造了一种新的信用环境。这个信用环境关注个体信用的内容，评价个体信用的方式不再是人们之间的窃窃私语，而是白纸黑字的信用记录。传统的信用精神支离破碎，但依然有强大的生命力，新生的信用观念尚在酝酿之中，目前处于一种中间过渡状态，针对这个有些混乱的过渡时期，失信联合惩戒应运而生，其介入之后，这个时代会演变成什么模样尚不明朗，未来社会根据什么信用精神加以构建和组织，都无法忽略联合的力量，它不是一种新的力量，而是在众多的个体力量之上，成功一跃而起，将若干个力量结合在一起。当个体力量独木难支之时，联合成为唯一选择，而且声势不断壮大，如果这个时代真的要发生一场剧变，那就是我们将要进入一个联合的时代。

第六章　失信联合惩戒制度的现实考察及存在的问题

诚信社会的构建，这绝对称得上是一次改革，和以往任何一次改革一样，我们趋向于在旧规则之外重建新规则，将其作为改革的可取方法，我们对改革最常见的反应也是制定一套新程序或规范，以防止旧体系的问题再度发生。但是，关于失信联合惩戒的新问题不可避免地又会产生，针对它又要制定出更多的规则，每种规则都会产生意想不到的后果，这些后果需要依靠其他规则予以协调和解决，因此，有时候，失信联合惩戒不是解决失信问题的方法，它们本身就是需要厘清的问题。

在当代，失信联合惩戒规则处于碎片化状态，很大程度上受制于地方。本书意象上的失信联合惩戒制度仍然是多个地方联合惩戒规则组成的拼图，尚没有形成具有影响力的制度复合体，更没有富有效率的专门机构。从单一惩戒时代向联合惩戒时代过渡，速度很快，影响很大，范围很广，带来的问题也很多。从一种模式向另一种模式过渡的过程通常是无序的，社会在趋向联合的过程中给国家带来的挑战和障碍都是复杂的，原有的制度、手段或方法可能不再够用，但制度改革的障碍还不止于认知层面，对于如何创建具有合法性基础的本土制度，我们仍然缺乏达到法治彼岸的手段。

第一节　失信联合惩戒规范的结构

制度的功效取决于结构，失信联合惩戒的成功或失败都可能是本身结构所致。按照罗伊德勋爵关于物理规则和规范规则的界分[①]，当前关于失信联合惩戒的规范还属于物理规范，尚未升级为规范规则。诺斯将制度分为正式制度、非正式制度和相应的执行机制，失信联合惩戒已经从过去的非正式制度逐渐转变为正式制度，被有意识地创造出来，形成成

① 物理规则根据实践经验来表明合用与否，规范规则规定人类行为标准，它们之间一直缺乏明显界限。参见［英］丹尼斯·罗伊德：《法律的理念》，张茂柏译，上海译文出版社，2014，第70页。

文的规则。但是，当前失信联合惩戒规范尚属于一种制度规范[①]，即在管理信用过程中确定下来的方法、流程、标准等，要上升为法律规范还需要一个过程，法律规范相比制度规范要更明确、具体和规范化，它是最完善的制度规范，具有相对完整的逻辑结构。

首先，失信联合惩戒规范的逻辑结构尚不清晰。在未来，失信联合惩戒制度要作为法律制度的一部分，就不能超越特定的类型结构。一般来说，作为法律规范的失信联合惩戒规范应具备法律规范的三要素，即假定、处理和制裁[②]，或者至少具备行为模式和法律后果两要素[③]。当前，绝大多数失信联合惩戒规范既规定了适用条件，也表明了否定的法律后果，但是，制裁手段是开放的，法律后果也是不确定的，并不像其他民事或刑事法律条文在形式上结构完整和封闭。

其次，失信联合惩戒规范的类型不确定。很难将失信联合惩戒规范明确划入授权性、义务性或禁止性规范。从理论上讲，它应更接近一种授权性规范，个体应有选择权，有选择守信或失信的自由，一旦选择失信，就要承受相应的后果，而授权性规范的另一种表达是任意性规范，意味着个体具有选择的自由，有权根据自己的意志作出决定。从字面意义上讲，失信联合惩戒规范采取的是一种禁止性规范的表达方式，规定个体不得实施失信行为，否则要承担否定性后果。失信联合惩戒的本意是要减少甚至消灭失信行为，但失信行为，无论是一般失信行为还是严重失信行为，都无法完全被消灭，这种矛盾贯穿失信联合惩戒制度的始终。失信联合惩戒制度需在规范结构上进行自我评估，如果失信联合惩戒制度要真正成为法律规范的一部分，就必须重新考虑和安排它的逻辑结构。很明显，传统单一惩戒规范的结构建立在对失信行为性质的区别上，违法行为、违约行为分别由不同的部门法调整；而失信联合惩戒的规范结构是建立在失信行为的危害后果基础上的，两者的意义是根本不同的。

实践中，失信联合惩戒调整的社会关系既包括失信人与社会之间的关系，也包括失信人与其他社会主体之间的关系，也就是既有公法关系，也有私法关系。一方面，失信联合惩戒规范中既有强制性规范，也有任

---

① 制度规范是组织管理过程中借以约束全体组织成员行为，确定办事方法，规定工作程序的各种规章、条例、守则、规程、程序、标准以及办法等的总称。

② “三要素说”认为，法律规范由假定、处理、制裁三要素组成，在逻辑结构上形成了“如果—则—否则”的公式。

③ “两要素说”认为，法律规范一般由行为模式和法律后果两要素组成，假定部分常常不存在，或者被包含在行为模式当中。

意性规范。强行性规范体现在以行政或司法为主导的失信联合惩戒中，行政机关和司法机关关于失信联合惩戒有不同的规范表达。在行政机关层面，失信联合惩戒规范更多是一种义务性规范，表达的是监管机构与被监管对象之间的逻辑关系；在司法机关层面，失信联合惩戒规范表达的是在诉讼关系中司法机关和被告人之间的逻辑关系。任意性规范则更多体现在以社会为主导的失信联合惩戒中，在法定范围内，社会各主体可以根据合意确定相互权利和义务的具体内容。另一方面，以行政为主导和以司法为主导的失信联合惩戒是以权力为基础形成的联合惩戒类型，调整的是失信人和社会之间的关系，因此，主要以强行性规范为主。而以社会为主导的失信联合惩戒非以权力为基础，调整的是失信人和其他社会主体之间的关系，因此以任意性规范为主。

总体而言，对不同结构的失信联合惩戒规范要有不同的要求，强行性规范着重于惩戒权力的正当性和被惩戒人的救济问题，任意性规范着重于权利或契约的边界问题，两者共同关注的是被惩戒人的权利保护问题，既要惩戒失信人也要维护失信人的合法权益，如何将失信联合惩戒规范限定在一个恰当的范围内，是当前最受关注的问题。

第二节　失信联合惩戒的制度依据

任何制度的正当性都应当追溯至基础规范，失信联合惩戒制度也不例外。当前，在任何一个社会领域，对失信联合惩戒作出的依据可以分为法律依据和政策依据。

首先，以行政为主导的失信联合惩戒要在现行法律法规和政策、方针的双重指引下规范进行。以知识产权领域为例，知识产权领域失信联合惩戒的法律依据包括与知识产权相关的法律法规规章及其他规范性法律文件，如《专利法》《专利法实施细则》《专利代理管理办法》等，还有《专利领域严重失信联合惩戒对象名单管理办法（试行）》等。而政策依据则包括政府指导性文件和一系列的备忘录。以专利领域为例，失信联合惩戒的政策依据有三层：最高层是国务院《社会信用体系建设规划纲要（2014—2020年）》和2016年《国务院关于建立完善守信联合激励和失信联合惩戒制度　加快推进社会诚信建设的指导意见》等政府指导性意见；中间层是2018年年末国家发展和改革委员会、中国人民银行、国家知识产权局等联合发布的《关于对知识产权（专利）领域严重失信主体开展联合惩戒的合作备忘录》以及2019年国家知识产权局发布的《关于印发〈专利领域严重失信联合惩戒对象名单管理办法（试行）〉的通知》；最低层是全国各地方制定的失信联合惩戒方面的规范性文件，如2019年深圳市《关于对知识产权（专利）领域严重失信主体开展联合惩戒的合作备忘录》和广州市《关于对知识产权领域严重失信主体及其有关人员开展联合惩戒的合作备忘录》。概言之，知识产权领域失信联合惩戒的主要依据是知识产权相关法律法规规章以及国务院、国家知识产权局发布的指导性文件，在这个基础性框架之下，全国多个地方又因地制宜拟定了各自的可行规范。但像其他社会领域一样，知识产权领域失信联合惩戒主要是依靠政府力量自上而下推动的，这是不争的事实。

其次，以司法为主导的失信联合惩戒的制度依据主要是民事诉讼法和相关司法解释，而社会信用体系建设则是以司法为主导的失信联合惩戒的政策依据。司法解释主要包括最高人民法院2015年《关于限制被执行人高消费的若干规定》和2017年《关于公布失信被执行人名单信息的若干规定》。前者声明是“为进一步加大执行力度，推动社会信用机制建设，最大限度保护申请执行人和被执行人的合法权益，根据《中华人民共和国民事诉讼法》的有关规定，结合人民法院民事执行工作的实践经验制定本规定”，后者声明是“为促使被执行人自觉履行生效法律文书确定的义务，推进社会信用体系建设，根据《中华人民共和国民事诉讼法》的规定，结合人民法院工作实际，制定本规定”，两个司法解释都从民事诉讼法延伸而来。

再次，特殊的是以社会为主导的失信联合惩戒，这不是一种以权力为基础的惩戒，因为私人主体并无惩戒的权力，因此，虽然国家在政策上鼓励发挥各类社会主体在推进诚信社会建设中的作用，但是以社会为主导的失信联合惩戒的展开要谨守国家法律的边界，不能越过法律的界限，也不能违反信用监管政策。如果失信联合惩戒是建立在合同或契约基础上的，则要以国家法律法规和信用监管政策为依据，不能侵犯失信人应有的权益，否则就要承担相应的法律责任。如2018年阿里巴巴、美团、网易考拉、顺丰等22家电商和物流企业联合成立“浙江省电子商务失信惩戒联盟”，建立常规工作机制，针对电子商务领域的失信行为展开联合惩戒。一旦发布的失信信息失实进而造成失信人的损失，失信人可以基于民事权利提起诉讼，如提起侵害名誉或商誉的诉讼。

第三节　失信联合惩戒的制度实践

辛普森教授将法律文本称为“书面理性”，但这种理性在失信联合惩戒制度实践中体现得并不充分。在一国之内，如何发展形成失信联合惩戒的信念，衍生出失信联合惩戒体制，更深层次地说，如何发展形成共同的联合惩戒文化，这是一个叫人困惑的问题。从现实看，失信联合惩戒并非起源于某种成文法文本，而是在实践行动中直接产生的，失信联合惩戒机制是在实践场域中成形并逐渐发挥其制度实施效力的，实践走在了理论的前面。

一、失信联合惩戒制度出现之前的景况

在任何创新或创造之前，都应该理解现有的东西①。失信是经济自由化极端发展的结果，是信用经济发展的障碍，只能通过制度来解决，由此而生的方案有两个：一是强化原有的惩戒制度，二是创制新的惩戒制度。单一惩戒模式贯穿几个世纪，但在年深月久后便袒露出自己的弊端，正如勒庞所说，“时间在做完它的创造性工作之后，便开始了破坏的过程”，没有比这更透彻的说法了②，但联合惩戒机制是稀缺的，稀缺一向是经济学上的中心议题，在社会学和法学上亦是如此。

（一）从传统失信惩戒机制到现代失信惩戒机制的变迁

在漫长的历史长河中，和失信惩戒相比，失信联合惩戒并没有太长的历史，在失信联合惩戒正式产生之前，失信惩戒已经存在。失信惩戒是从民间习惯、道德、伦理、契约里成长起来的，最开始并没有受到来自国家权力的干预，最原始的失信惩戒本就不是国家命令创造的结果，那时候，国家作为一个实体甚至还没有出现。到现代，作为一种社会治理手段，政府要对假冒伪劣商品等进行打击；作为一种司法治理方式，刑法上对诈骗犯的惩治以及民法上对违约人的处置都有很长的历史，但这种单一惩戒模式和失信联合惩戒并不相同，甚至存在本质差异。

平心而论，实在不该去贬低之前的单一惩戒时代，那样的失信惩戒体系是在至少100年的经验基础上苦心编织而来的，如果这个体系能够

① ［美］托马斯·弗里德曼：《世界是平的》，何帆、肖莹莹、郝正非译，湖南科学技术出版社，2008，第296页。

② ［法］古斯塔夫·勒庞：《乌合之众》，冯克利译，广西师范大学出版社，2015，第276页。

富有成效地钳制住失信人，联合惩戒的存在就没有太大意义了。应当客观地说，单一惩戒拦截了绝大部分失信人，但对部分顽固的失信人是无效的，那些被冠以“老赖”名称的人都是失信人当中最难缠的部分，是“最硬的石头”。尽管单一惩戒在思想上和技术上仍然卓异超群，但已经无法有效控制失信人这个群体，我们凭借直觉就能感觉到，单一惩戒中庸、自制的节奏与失信人血液里流淌的肆无忌惮的东西是疏离的，与这个时代缤纷多样的节奏也不合拍。

（二）多种惩戒模式并立的时代出现

联合惩戒不是惩戒的终局性形式，如果将联合惩戒确立为惩戒机制的最高体现，那很可能意味着它是单一惩戒的融合或继受。事实上，绝不是如此，惩戒制度仍然是一个整体，单一惩戒和联合惩戒在现实层面上仅仅是重叠的两个方面，它们仅仅是惩戒制度的两个面向。

现代失信惩戒机制是一个单一惩戒和联合惩戒并存的机制，这是一个单一惩戒和联合惩戒并存的时代。联合惩戒区别于单一惩戒之处在于，围绕着失信行为和失信人，在某种意义上形成了第二道城墙，单一惩戒对于严重失信行为无能为力，再往下就该联合惩戒出手了，联合惩戒让人感觉到，集体性设计的投入会带来更丰硕的成果，联合惩戒是比单一惩戒更高层次的惩戒。

失信惩戒并非一个简单的概念，相反，它包含许多概念，包括信用、失信以及惩戒等，至少有三个概念可以帮助我们去思考失信惩戒及其在社会治理过程中能起到的作用，这三个曾经相对权威的概念已经随着时代的发展发生变迁，我们在探讨失信联合惩戒时不能忽略这一点。这样的变迁恰恰说明，现代失信惩戒机制的原理是在过去较长一段时间内逐步形成的，它反映的是早期社会中的许多问题，旧的原理被新的原理取代，传统失信惩戒机制被现代失信惩戒机制取代，旧原理面对的问题一点都没有少，现代化原理面对的问题还在增加，失信联合惩戒能解决部分问题，但在改革过程中会出现新的问题，不得不引发后续持续的改革。一个实例就是，2013年人民法院失信被执行人制度建立之后，部分解决了“执行难”问题，但因限制失信人出行和高消费也引发很多质疑之声，这让最高人民法院不得不继续改革，在2017年修正失信被执行人制度，并主动对限制失信人出行的范围进行限缩，允许在特殊情况下解除对失信人的出行限制。

二、失信联合惩戒制度的当代实践

厘清失信联合惩戒制度的历史条件，并对其予以改造，这是本书的任务之一。正如学者所言，被有些人视作当然或偶然的、类似自然构造的东西，事实上是“一组复杂而变化着的环境、实践和习惯共同作用的产物”[①]。

（一）诚信社会建设大背景

在诚信社会建设目标确立之前，政治上的反失信立场还没有进入时代的血液循环之中。信仰的权威永远先于理性的运用[②]，诚信社会建设代表一种坚定的立场，一旦我们采取了这种立场，我们就要按照这种立场去行事，就像思想家西奥迪尼说的，任何人都有言行一致的愿望，一旦作出了一个选择或采取了某种立场，就会有来自内心和周围的压力，这样的压力下，人们会想方设法以行动证明先前的决定是正确的[③]。诚信社会建设这个目标诞生于21世纪初，在此之前，失信联合惩戒其实就已经存在，这表明，诚信社会建设并不是联合惩戒初衷的一部分。

首先，诚信社会建设是失信联合惩戒制度产生的背景，我们不能脱离这个背景来孤立地考察惩戒模式的改革。强调机构联合仅仅代表了一种思想，即有必要把失信联合惩戒机制引入诚信社会建设中去。诚信社会是一种理想，促使更多的行政机构参与到这一理想中去是实现这一理想的一部分。诚信社会建设是时代的产物，建立一个诚信社会是中国共产党领导下的国家意志，发端于国家政治的中心，所有权力机关都忠实遵奉这一口号，但这个口号的提出并不是偶然的。

其次，另一个可以用来解释国家何以重新反思信用问题的理由，是国家原本管理和控制的信用秩序变得越来越难以管控了。法律现实主义者坚持法律应更多地回应社会需要，有学者将法律分为压制型、自治型和回应型三种类型[④]，当前正从自治型法律向回应型法律迈进。国家有效管治社会的能力下降，这起因于几个相互关联的因素：一方面，在总人

---

① ［澳］布拉德·谢尔曼、［英］莱昂内尔·本特利：《现代知识产权法的演进：英国的历程（1760—1911）》，金海军译，北京大学出版社，2006，第7页。

② 卡西尔教授认为，本性的顺序就是信仰在先、理性在后，权威一旦稳定建立起来，道路就开通了，信仰和理性两种力量就互相完善和巩固。参见［德］恩斯特·卡西尔：《国家的神话》，范进、杨君游、柯锦华译，华夏出版社，2015，第114页。

③ ［美］罗伯特·西奥迪尼：《影响力》，闾佳译，北京联合出版公司，2019，第79页。

④ 美国学者P.诺内特、P.塞尔兹尼克所著《转变中的法律与社会：迈向回应型法》提出了法律三类型论。

口中，异质性逐渐明显，国家在矫正失信人行为方面所起的作用弱化，失信人和守信人之间的矛盾扩大，造成社会关系的相对紧张。另一方面，信用问题似乎已经不再是那些可以讨价还价的问题，而是一些更难以调和的问题。过去，债务人不肯还债，法官从中调解，适当减轻债务敦促债务人尽快履行义务，但现在，那些转移财产始终不愿履行义务的当事人，还有那些在疫情中隐瞒病情或行程导致疫情扩散的人，这些人的问题难以通过传统的冲突解决机制来解决，单一惩戒的力量往往微不足道，以致惩戒机构在处理失信人时常常感到心有余而力不足。

再次，几乎可以肯定的是，单一惩戒模式不再是诚信社会建设的优先选项。联合惩戒模式并不一定优越于旧惩戒模式，旧惩戒模式的确存在疏漏，但对其进行改造仍然有可能促使其继续发挥作用，那种认为联合惩戒一定优于单一惩戒的想法未必正确，只是在诚信社会建设的政治氛围下，继续改革不可避免。失信联合惩戒是一种新的惩戒模式，如果不对这种模式进行解释和分析，我们就难以理解在这种模式之下将要实现的诚信社会。

（二）失信联合惩戒规范多栖身备忘录，相关立法缓慢展开

任何在信用方面有意义的研究，都离不开对信用传统以及更为正式的信用法律文本的研究，信用法和信用理论也是不能被割裂开的。

1.备忘录是失信联合惩戒规范的常见载体

在失信联合惩戒的场域里，还有一个特别的部分，即备忘录。备忘录这种形式已经出现并成为一种熟知的模式，它是与失信行为直接相关的惩戒机构之间解决问题时所使用的工具。据学者统计，截至2021年，中央部门签署了50多个联合奖惩合作备忘录，涉及统计、环保、食品药品、税收、交通等多个社会领域[①]。地方签署的联合惩戒备忘录不计其数，中央级联合惩戒备忘录恰恰是地方级联合惩戒备忘录的基础。质言之，在失信联合惩戒方面的法律和行政法规双双缺位的情况下，各地方蓬勃发展的失信联合惩戒机制是通过连接中央级联合奖惩合作备忘录建立起来的。

应该说，备忘录只是一个最初的形式，失信联合惩戒的目标通过备忘录来实现，惩戒机构依据备忘录来处理失信问题。备忘录实质上是在保障一种权力再分配体制，惩戒机构之间如何和平共处，在各自保有原有惩戒权力的同时，要迅速发展出联合惩戒的权力，协助其他惩戒机构

① 彭錞：《失信联合惩戒制度的法治困境及出路——基于对41份中央级失信惩戒备忘录的分析》，《法商研究》2021年第9期，第48页。

处理失信问题。反之，其他惩戒机构也会帮助自己处理问题，联合惩戒对于每一个联名签署的机构都是触手可及的，那些原本不具有惩戒权力的机构因此有了惩戒机构的权威，在之前，有谁会将宣传部、共青团这样的机构和失信惩戒联系在一起呢?

2.相关立法缓慢展开

首先，多地的社会信用条例并立，各有侧重。由不同个人组成的失信人群体被赋予某些共同特征，在这个共同特征的基础上，形成一个失信人群体，针对这个群体的社会信用立法可以分为两类：一类是针对整个失信人群体的社会信用立法，它针对不同职业或不同德智水准的人；另一类是针对特殊领域失信人的社会信用立法，它针对特定职业或相似德智水平的人，如科研失信主体。失信人群体是一个明显的异质性群体，要知道，不同社会领域的失信人有本质差别，思维方式有巨大差异，文化科研领域的失信联合惩戒制度在环保领域不起作用，产品质量领域的惩戒规则也无法沿用到知识产权领域中去，国家试图从不同社会领域的失信人群体中汲取共同特征并制定一部统一的社会信用法，但最后还是以全国各地社会信用条例公开并立的局面收场，上海、河南、山东等地各自立法，分歧是公开且明显的。

其次，失信联合惩戒规则进入多部单行法。2018年新修《物业管理条例》《人民陪审员法》《人力资源市场暂行条例》以及2019年新修《公务员法》《疫苗管理法》都提及失信这一概念，《物业管理条例》[①]《人力资源市场暂行条例》[②]《疫苗管理法》[③]《海关注册登记和备案企业信用管理办法》[④]明确引入了失信联合惩戒制度，《人民陪审员法》[⑤]《公务员法》[⑥]则明确规定以失信信息作为参照，限制失信人行使相关权利。这意味着，自2018年起，失信问题开始成功吸引立法者的注意力，成为一个法律概念。

（三）制度实践的场域具有非均衡性

失信联合惩戒正处于发轫阶段，仅限于社会重点领域和严重失信行为。重点领域包括税收、统计、财政性资金管理使用、招标投标、电子商务及分享经济、环境保护、安全生产、国内贸易流通、保险、运输物

---

① 参见《物业管理条例》第三十二条。

② 参见《人力资源市场暂行条例》第三十七条。

③ 参见《疫苗管理法》第七十一条。

④ 参见《海关注册登记和备案企业信用管理办法》第六条。

⑤ 参见《人民陪审员法》第七条。

⑥ 参见《公务员法》第二十六条。

流、石油天然气、房地产、盐行业、电力、农资、对外经济合作、电子认证服务行业、文化市场、会计、社会保险、知识产权、政府采购、科研、旅游、慈善捐赠、家政服务、公共资源交易、交通运输工程建设、化妆品监督、医药等领域。严重失信行为包括重大税收违法、严重质量违法失信行为、食品药品生产经营严重失信、不执行司法机关生效裁判、严重拖欠农民工工资、涉金融严重失信、海关严重失信、严重违法失信超限超载运输、严重危害正常医疗秩序等。针对以上社会重点领域和严重失信行为，有关部门已经明文发布相应的失信联合惩戒规则，并将规则付诸实施。

失信联合惩戒覆盖主要的社会领域和重点行业，并不意味着失信联合惩戒的制度化程度较高，相反，失信联合惩戒的制度化程度较低，因为其运行还远远没有实现程式化。制度化表现为两个方面，一是观念，二是制度。关于失信联合惩戒的共识尚未达成，关于失信联合惩戒的一系列制度尚未完整建立。当然，我们不能说，那些施行失信联合惩戒的社会领域和那些没有施行失信联合惩戒的社会领域之间没有任何分别，在知识产权领域，专利领域已经有明确的失信联合惩戒规则，但商标和版权领域尚无，有什么理由有这样的分别呢？

为什么实践场域具有非均衡性？一个原因在于，行政机关对联合惩戒的兴奋像感染现象一样，从一个单位“传染”到另一个单位，很多行政官员想要在工作上超过别人，因此大家相互促进，这种促进到底会走到哪个程度，多多少少是偶然所致。无论一个城市的大小如何，政府之下，公安局、城管局、市场监管局、文旅局、环保局等部门一应俱全，如果一个部门率先推行联合惩戒，并且开始起作用，那么其余部门就会同样有所关注，到底哪一个部门优先提出失信联合惩戒方案则带有很大的偶然性。在笔者所在的城市，率先施行联合惩戒的除了法院之外，居然是城管局，这让人深感意外，同样让人意外的是，过去见诸报端的城管部门那种强悍粗暴的工作作风往往见不到了，城管部门采取了更为温和的执法方式，即便可以强拆，也不强拆，转而寻求联合惩戒襄助，毕竟在文明社会，强拆还算一件野蛮粗俗的事，城管部门自己也羞于热衷于此，在更好的办法被发明出来之前，失信联合惩戒已经是最佳方案了。至少联合惩戒不会遭到媒体或当事人的强烈抵制。联合惩戒的产生有合法正当的法定程序，出自官方的规范性文件，在寻常百姓看来带有绝对性质，不容反驳，有永恒的有效性，这和带有罪恶性质的强拆正好相反。城管部门还没有言明的是，在失信联合惩戒的背后，强拆还是不可避免的，强拆是藏在联合惩戒背后的。这样就可以知道，失信联合惩戒是一种非常特别的制度，一个经过联合惩戒都没有被有效转化的失信人还有什么理由去对抗强拆呢？

（四）三大类型失信联合惩戒均处于不断调适过程中

三大类型失信联合惩戒各自按照不同路线平行实践着失信联合惩戒方案，在互相借鉴和支持中不断调适，试图达到符合法治的最佳状态。

1.以行政为主导的失信联合惩戒影响巨大，但面临更多争议

以行政为主导的失信联合惩戒面临行政机关越权行为合法化和行政机关越权行为得到法律公然支持的危机，这种现象正以惊人的速度扩散，这是由其内在属性决定的。如果仔细检视当前失信联合惩戒备忘录，就会在签署单位一栏上发现一长串行政机构的名单，无疑，在政府起主导作用的诚信社会建设过程中，以行政为主导的失信联合惩戒形式使其他任何形式的失信联合惩戒都黯然失色。当前，失信联合惩戒在多个社会领域同步展开，按照《社会信用体系建设规划纲要（2014—2020年）》的总体思路，社会信用体系建设须遵循四大主要原则：政府推动，社会共建；健全法制，规范发展；统筹规划，分步实施；重点突破，强化应用。这四大主要原则深刻影响了失信联合惩戒制度的实践。社会信用体系建设以政府推动、社会共建为原则，政府是推动社会信用体系建设的主导力量，这直接决定了以行政为主导的失信联合惩戒成为当前失信联合惩戒的主要形式。从国家权力的配置来看，惩戒权力主要掌握在政府机构手中，以致有的学者直接将以行政为主导的失信联合惩戒等同于失信联合惩戒，进而将失信联合惩戒的性质认定为行政处罚，如胡建淼教授[①]。与此同时，人们针对失信联合惩戒机制产生的争议，也主要围绕以行政为主导的失信联合惩戒的无限度扩张和滥用而展开，这当中透视着社会公众对行政权力始终保持警惕的心理。

当下，在那些已经参与联合惩戒的行政部门，行政官员相对轻松，往往只需要将失信人纳入联合惩戒名单，失信人遭遇惩戒自然会找上门来，不需要像过去一样主动去找失信人。那些没有参与联合惩戒的行政部门，在出台联合惩戒的法律性文件之后，便可以在录入严重失信人名单之后，等待其他行政部门对失信人进行拦截，从而维持本部门辖下的管理秩序，这在失信联合惩戒的语境下是理所当然之事，但在过去几乎不可想象，没有更高层面的统御力量，任何一个行政机关都没有义务去

① 胡建淼：《行政机关实施“黑名单”是一种行政处罚》，《人民法治》2017年第5期，第83页。

协助其他部门完成其应尽的职责。

施政成本过高且效率低下是人民对政府批评最多的问题，在多个领域的失信联合惩戒实践中，城管部门是因联合惩戒受益最大的部门。之前，城管部门因强拆招致恶评，而且强拆增加政府财政开支，现实中的强拆成本都要由政府埋单，但现在，失信人要想修复信用，就要自行拆除违章建筑，自负成本，这样一来，城管部门无须背负强拆的恶名，又减轻了政府财政负担，一举两得。即便失信人不主动修复信用，最后仍然不能避免强拆的后果，但此时城管部门已经占据道义的上风，相对容易获得社会支持。行政机关有时将联合惩戒当作一项公共政策来执行，一旦联合惩戒失度，陷于片面，发起联合惩戒的直接主管机关扣动联合惩戒的扳机之后，对最终的结局也难以控制，联合惩戒越来越偏离设立的初衷，就可能出现放任自流的格局，失信人像海上的一片木舟，没有目标地随机撞向任何一个方向，几乎被直接关联的所有机构抵挡在外，犹如进入绝境。

作为局外人的设想，以行政为主导的失信联合惩戒的主要问题在于联合惩戒毫无理由地扩展了行政权力，而这种扩张并没有从国家层面立法那里获得一丁点的支持。失信联合惩戒的政策依据是充分的，但法律依据尚不充分。失信联合惩戒的泛滥被看成是行政机关的自行其是，其只关心本部门实际难题的解决，这种权力自我扩张的野心已经无法被掩藏。无论在哪个国家，都强调以正式的国家层面的规章条例作为公共机构内部行动的指南和准则，权威的规章条例意味着权力部门无法有所选择——选择联合或不联合，如果联合或不联合是可以随意选择的，结果必然是出现太多的联合惩戒方案，那些对社会环境反应迟钝的机构、那些相对谨慎的机构会采取不联合或者延迟联合，而那些进取的机构会快速地进入联合惩戒的氛围之中。

2.以司法为主导的失信联合惩戒不断调整，趋向完备

事实上，专门意义上的失信联合惩戒制度的发起者是司法机关。2010年，最高人民法院发布《关于限制被执行人高消费的若干规定》，并在2013年发布《关于公布失信被执行人名单信息的若干规定》，虽然这两个文件的初衷是彻底解决“执行难”问题，但是诚如最高人民法院自己所言，“信用惩戒是失信被执行人名单制度的主要价值所在”[①]。正

① 2013年7月19日，最高人民法院召开新闻发布会，通报《最高人民法院关于公布失信被执行人名单信息的若干规定》的相关情况并公布典型案例，发言人孙军工表示：“对失信被执行人进行信用惩戒是失信被执行人名单制度的主要价值所在。”

是从2010年开始，最高人民法院和其他行政机构、社会组织逐步建立起紧密的合作关系，根据最高人民法院2018年的报告，全国31个省（区、市）党委、政府、政法委均已出台支持人民法院解决执行难、加强失信被执行人信用惩戒的相关文件[①]。而且，最高人民法院也在不断调整和完善失信被执行人名单制度，2015年重新修订了《关于限制被执行人高消费的若干规定》，2017年重新修订了《关于公布失信被执行人名单信息的若干规定》，2019年发布《关于在执行工作中进一步强化善意文明执行理念的意见》，对与失信被执行人名单制度相关的争议进行了澄清和纠正，这意味着以司法为主导的失信联合惩戒网络已经初步编织成形，并在实践检验过程中不断调适，以求完备。

3.以社会为主导的失信联合惩戒渐成风潮

民间对失信联合惩戒的需求一直存在，这是以社会为主导的失信联合惩戒渐成风潮的一个主要原因。我们对失信事件反应迟缓，部分原因是人们对信息的无知、缺乏和不确定。在很多场合，人们或者政府机构不知道失信人是否作出了某些失信行为，缺乏确认此事的程序。在一个完美的诚信社会，拥有完美真实信息的世界是不是会实现还是后话，但至少任何人能合法地声称拥有惩罚失信人的权利。政府深感自己肩负使命，亲手搭起一座对失信人群体的审判台。考虑到失信人群体人数众多，没有必要一一进行审判，决定把是否惩戒的权力交给公众，把失信人一律放入失信人名单内，这样一来，在一个普通人眼中，只凭信用记录就可以证明他（她）不是好人，根据信用记录对他人品格和表现作出评判。

以社会为主导的失信联合惩戒接近一种自卫，格劳秀斯将自卫视为自然权利，假如惩罚失信人是一种自然权利，这种权利由个人让渡给了国家，惩戒机构单方惩戒失信人是在行使权力，正式认可这一行为合法还需进一步论证。但事实说明，在诚信社会到来之前，维持历史方向的力量其实并不是政府，而是遍布世界各个角落的人们。大到联合抵制日货或美货的"社会联盟"，抵制耐克、优衣库等知名品牌，抵制大企业在经济方面的失信行为，小到天涯论坛的私人评语，无不是刺向失信人的利剑，但这种模式是一柄双刃剑，一旦失控，将衍生出意想不到的社会问题。如私人将失信人失信信息上传到网络上，一旦存在捏造、虚构等情节，即便事后失信人被证明清白，仍然可能造成无法挽回的损失，既

---

① 参见2018年10月24日最高人民法院院长周强在第十三届全国人大常委会第六次会议向全国人大常委会报告2016年以来人民法院解决执行难工作情况的报告。

包括物质上的损失，也包括精神上的损失,如捏造或虚构事实,可能对失信人的隐私构成极大侵犯。

当然，以社会为主导的失信联合惩戒的弱强制性众所周知，其弱强制性恰恰是权力和法律介入信用领域的主因。失信联合惩戒机制声称要惩戒严重失信人，但多数严重失信人恰恰是旧惩戒机制无法改造的人，对信用表现欠佳的严重失信人进行联合惩戒，一方面可能敦促严重失信人迷途知返，另一方面可能促使某些严重失信人“破罐子破摔”，最终丧失被改造的机会。在现实世界里，惩戒机构不愿放弃失信人对他们的依附所带来的影响力，如果惩戒链是多元化的，这至少可以确保，即便某一个惩戒手段不管用，还有其他的惩戒手段可以补充。退一步说，即使失信联合惩戒真切可行，也不能说它会带来真正意义上的制度改革，对于有的严重失信人，抱定个人利益至上的态度，无论外部提供的惩戒强度多大，有时都无法补足其利益的流失，失信联合惩戒可能会激励那些不太顽固的失信人，对于过于顽固的失信人却毫无助益。毕竟，远在失信联合惩戒之前，严重失信人就是非常强悍的对手，实际上，起初就是他们的强大破坏力导致隐患生成并威胁到信用秩序，这类人在信用监管体制日趋严厉之后也未有明显改善。这表明，对于任何形式的联合，都不应有过高的预期。

第四节　失信联合惩戒制度存在的问题

失信联合惩戒尚属一个不成熟的机制，带来的问题很多，笔者将这些问题概括为七大方面，但绝不意味着仅仅存在七大问题，只是表明这些问题具有代表性。从法学学科角度看，失信联合惩戒至少造成两重危险：一是惩戒权力泛化，二是对个人自由施加的限制增多。如果说前者是缺乏远见的结果，那么后者则不可避免。大量联合惩戒规则的出现，必然会增加负责施行该制度的官员数量，不断制定出更详细的规范，用最严实的条条框框把过去微不足道的失信行为包裹进来，公民的自由空间被限制在更小的范围内。不得不说，政府有时被一种谬见所蒙蔽，认为钳制失信的最好办法是加重惩戒，因此，每天都有大量法则被制定出来，信用沦丧到这个地步，政府必定要去寻找外在力量，这是一种制度衰落的不祥之兆。

一、合法性问题

联合惩戒权力没有得到合法部署是失信联合惩戒制度面临的最大问题。当前，关于失信联合惩戒的诸多争议确实存在，有学者考察了几十份中央级失信联合惩戒备忘录，从形式合法性、整体正当性和实质合理性层面分析了失信联合惩戒制度的法治困境[①]。有学者指出，“失信联合惩戒合作备忘录改变了《民事诉讼法》规定的执行机制并设定惩戒措施，其他机关对妨害民事执行行为实施惩戒都面临合法性的问题”[②]。也有学者以30份备忘录为研究样本，认为失信联合惩戒在形式合法性领域中存在两个问题，即联合惩戒的形式没有得到法律的承认，以及失信联合惩戒合作备忘录并不具有授权功能[③]。

为什么失信联合惩戒会产生合法性问题？如果没有联合，没有这些机构之间的合作，每个机构的惩戒权力都是合法正当的，为什么联合在一起就产生合法性问题？失信联合惩戒机制中的哪些因素会导致合法性问题的出现呢？联合如何改变惩戒问题本身，以致惩戒变成不适当？失信联合惩戒机制过度追求效率，以至于忽略了合法性问题。合法性问题主要体现在以下两个方面：

（一）联合惩戒权力来源问题

有学者指出，失信联合惩戒机制“因将相对人信用状况作为裁量因素不当嵌入羁束行政、扩大了被链接法规范中‘联合惩戒’条款的原意、创设的惩戒措施违反了法律保留原则和禁止不当联结原则而在合法性上有所不足”[④]。事实上，相当一部分失信联合惩戒是基于备忘录作出的，备忘录能够成为失信联合惩戒的合法性依据吗？这使失信联合惩戒的合法性饱受质疑。如果借由备忘录就可以将不同公共机构组合起来进行社会合作，那么政治领域几乎可以被视为一个自给自足的领域，而法治国家恰恰是按照政治领域之外的法学领域的理论来对政治领域的行为进行解释的产物。在过去，假设有一个以文本形式存在的联合惩戒文件，规

---

① 彭錞：《失信联合惩戒制度的法治困境及出路——基于对41份中央级失信惩戒备忘录的分析》，《法商研究》2021年第9期，第51页。

② 徐继敏：《论失信被执行人联合惩戒的性质、正当性与完善路径》，《河南社会科学》2020年第3期，第2页。

③ 杨晓丹、胡春辉：《失信联合惩戒及其形式合法性问题研究——以30份失信联合惩戒合作备忘录为研究样本》，《湖南工业大学学报》（社会科学版）2020年第4期，第76页。

④ 李烁：《论失信联合惩戒的合法性及其补强——以〈对失信被执行人实施联合惩戒的合作备忘录〉为样本的分析》，《中国法律评论》2021年第1期，第141页。

定一旦作出严重失信行为，就将面临失信联合惩戒，惩戒机构只是援引这个规定，并不需要作出任何解释和给出理由。但现在，我们要求惩戒机构陈述理由，不光给出惩戒的依据，还要给出联合的依据，失信联合惩戒的复杂程度就会大幅增加，关于什么样的失信行为在联合惩戒之外，惩戒机构的权限是什么，惩戒措施有没有超出惩戒机构的权限，这些惩戒措施成为新的起点，由此衍生出不可尽数的判断和争论，比如泛道德化和合宪性争论。

权力来源问题分为两个方面：第一，要说明惩戒权力的合法性。惩戒机构的确通过合作作出了一些事情，但是他们是分别进行惩戒的，每个惩戒机构都是相对独立的，每种惩戒措施都能辨认出其出处和来源，每种惩戒权力都有独立的证明，最起码，我们无法回避的是，失信联合惩戒的每一项措施和内容都是可以独立证明的。第二，要说明联合的合法性。不同于私营个体，公共机构前进或后退的每一步都受到严格的限制。比如在合同领域，甲拥有一物A，乙拥有一物B，通过缔结契约，他们可以约定使用对方的物品，甲可以使用A和B，乙亦如此，这种设计一般是允许的，前提是甲对A、乙对B有绝对的控制权，比如所有权。但这种设计转用在政治领域，行政机构是否可以通过行政协议（备忘录只是一种）来进行合作则另当别论，私权和公权的设置遵循截然不同的原理，法律允许私人通过契约的方式增加或削减权利，却不允许权力部门在没有法律授权的情况下通过契约的方式限制公民的权利、增加公民的义务、扩张自己的权力或者减少自己的义务承担，以上几种情形都是需要经过严格的法律程序才能确立的事项。基于此，失信联合惩戒本身存在两重缺陷：一重缺陷来自设计过程，另一重缺陷来自规则本身。它带有虚假的前提，即如果单个成员机构的惩戒权力是合法且有明确授权的，那么组合起来的联合惩戒措施也是合法且有明确授权的，这种潜在解释不是一种正确的解释。

显然，当前失信联合惩戒联盟的权力仅仅是单个机构权力的总和。联盟的每一项权力都能够分解成单个机构的权力，这些权力是单个机构在过去单独行动中所拥有的，但是许多参与机构本身并无惩戒的权力，如妇联或共青团、宣传部等。如果联合惩戒权力是单个机构转让给联盟的，那么其本身就没有任何新的权力产生出来，如果一个机构原本拥有一项权力，加入失信联合惩戒联盟之后，这项权力就可以过渡或转让给其他机构，让其他机构顺利获得这样的惩戒权力，如全国妇联参与《关于对严重危害正常医疗秩序的失信行为责任人实施联合惩戒合作备忘录》，就可以获得惩戒失信人的权力，这样一来，只要有一个机构拥有惩戒权力，联合起来之后，作为整体的联盟就具有惩戒资格，这样的逻辑简直匪夷所思。在一般情况下，任何单个机构都可能出于自身利益的考虑参加失信联合惩戒，因为一个机构可以从失信联合惩戒联盟中获得之前没有的东西，如惩戒权力，都可以从失信惩戒联盟中得到，毕竟参与其中是符合其利益的。问题在于：什么样的机构可以参与，又基于什么理由可以对某个机构参与失信联合惩戒加以禁止？在自然状态下，任何一个机构都可以加入失信联合惩戒联盟吗？当一群机构达成一个全体一致的契约，遵守一定规则，并以此对失信人的自由作出限制，他们有什么权力要求社会公众或失信人默认相同的规则呢？尽管在本质上，失信联合惩戒规则是互利且使多数人受益的。

于是，对失信联合惩戒要作两重性分析：一方面，它可以产生更强大的惩戒机构和力量；另一方面，它也可以扩大惩戒的范围。在失信联合惩戒的实际组织中，关于失信联合惩戒的一切缺点都会暴露出来，而这些缺点的中心，是国家机构产生的惩戒权力分配。这些缺点在当今的反映是惩戒机构消极于信用治理，怠于惩戒机制改革，忽略失信人的权利，追逐惩戒高效率。如果失信联合惩戒不在合法前提下以实现社会公平正义为目标，最终还是成不了大气候。

失信联合惩戒机制无法与合法性问题分开。可以看到的是，自2019年起，国家开始全面完善失信联合惩戒制度，2020年国家发展和改革委员会、中国人民银行发布《关于进一步规范公共信用信息纳入范围、失信惩戒和信用修复构建诚信建设长效机制的指导意见（征求意见稿）》，向社会公开征求意见，失信联合惩戒机制的优劣在很大程度上还是取决于它从最终针对对象那里获得的反馈。作为一种社会制度，失信联合惩戒的合法性最终来自法治。

（二）合宪性问题

贾茵指出，失信联合惩戒在形式合宪性和实质合宪性上都存在问题。一方面，失信联合惩戒缺乏上位法依据，在《行政处罚法》《行政许可法》等法律没有变化的前提下，随意大规模增减许可条件、改变惩戒方式，违背了授权明确性原则，从法理学形式上不满足合宪性要求；另一方面，失信联合惩戒机制以诚信社会建设之名对公民基本权利进行限制，可能带来实质上的违宪性问题。比如，地方执行中信用信息公开，即

“示众”，可能涉及对公民人格尊严的侵害[①]。还有学者指出，联合惩戒对失信人的“二次约束”短期来看限制了失信人的人身自由权，如对失信人采取限制出境、限制出入某些场所或在这些场所的消费等措施，此类惩戒措施虽然没有完全剥夺失信人的人身自由，但是限制了失信人消费行为的地域范围、消费数额与消费选择[②]。

人类正在努力缔造一个民主和平等的法治世界，而守信人和失信人之间的鸿沟正在侵蚀着法治的基础之一——平等。在现代社会，仅仅基于人的身份，每个人都应被保障包括基本权利在内的最低权利，这一点应该得到重视。宪法上将基本权利分为很多种，有政治方面的，有经济方面的，也有精神方面的。那些极端的人权理论认为，无论何时何地，这些基本权利都不能被侵犯。一个公正的法律体系应确保每个人享有这些基本权利，否则这个法律体系就是不公正的。同理，一个让失信人受益、守信人受损的制度也是不公平的。人们热衷于宪法中基本权利的言辞表达，却很少关注现实中建立有效的规则来保障基本权利的实现。在世界范围内，每个国家都有保障基本权利的宪法，但真正起作用的寥若晨星，法律也有它本身的困难，就像辛普森教授所言，“诸如工作权这样就算具有世界上最强的法律意志的法律制度也很难保障的权利，也被作为自然权利大肆宣扬。也许，对于权利华丽而虚构的言语描述，早已超出了现实”[③]。

一种传统的正义观认为，失信人的权利并非不被承认，而是他们的权利被压倒了，从而避免信用失序的灾难。只要存在失信行为，失信人因失信被惩戒是应得的，守信人和国家有资格惩罚他们，但惩罚也要有一个必要的尺度，否则惩罚就是不正义的。每一种惩罚都包含着宪法权利条款的历史阴影，因为宪法条款的限制，将很多有分量的惩戒手段排除了，宪法的限制条款使惩罚给失信人造成的底线环境不至于变得太坏。一旦惩戒措施与宪法限制条款相冲突，就会冒犯宪法，那么就要对惩戒机构可以做什么进行严格限制，这样，惩戒机构就不能随意制定惩戒方案。惩戒措施的合宪性问题的核心在于对惩戒权力的限制，而不在于对失信人权利的维护，或者说，维护失信人权利的最终目的是限制惩戒机构的权力。因此，联合惩戒措施必须把限制条款包括进去，而且必须包

① 贾茵：《失信联合惩戒制度的法理分析与合宪性建议》，《行政法学研究》2020年第3期，第95-108页。

② 孙日华：《信用联合惩戒的检视与制度优化》，《河北法学》2020年第3期，第126页。

③［英］布赖恩·辛普森：《法学的邀请》，范双飞译，北京大学出版社，2015，第49页。

括一种更复杂的正义原则。这些限制条款在惩罚活动中发挥着重要作用，如果不是受到宪法的影响，人们并不认为违反宪法比违反其他法律更为重要。

如果我们把宪法权利和联合惩戒措施放在一起看，它们是互相矛盾的，要想在不侵犯失信人任何权利的同时持续建设诚信社会，这似乎是不可能的。比如，2018年浙江温州某考生考上某知名大学，学校来电说可能无法录取，原因是该生父亲欠银行贷款不还，已经被纳入失信被执行人名单，学校和某些行政机关的行为已经侵犯该生的受教育权[①]。为什么联合惩戒会产生合宪性问题？如果根本没有联合惩戒，单一惩戒就不存在合宪性问题吗？刑法上剥夺人的生命和人身自由，民法上剥夺个人财产和权利，同样会引起合宪性问题。那么，基于什么事实，才会导致合宪性问题的出现呢？联合惩戒的每一项惩戒措施背后都有确定的法律依据，根据成文法才能作出相应惩戒，如果出现合宪性问题，则意味着惩戒背后的法律依据是不可靠的，这些施行了多年的成文法为什么在联合惩戒环境里就突然变得违宪了呢？在非联合的惩戒环境中，每一个失信人因失信得到应有的惩罚，失信人的最终状态一目了然，联合惩戒这种合作模式恰似“引入了一股浑水”[②]，从而失信人应得什么、惩戒机构没有资格剥夺什么变得不清不楚和不确定了。笔者想说的是，在联合惩戒还没有问世之前，如果一个擅长生产假冒伪劣产品的奸商被工商局处罚后被限制进入市场，难道不是正义的吗？如此还会产生合宪性问题吗？在笔者的思维里，这恰好是哈耶克提到的资格理论可以解释的内容。假如平等权、就业权都是每个人都被合法赋予的，有些人舞弊、欺骗、伪造或者以不正当手段在社会中竞争，这些状态都是法律所不允许的，失信人以不法的形式形成了今天的持有，那么，法律要做的是矫正这些不正义，这种矫正原则利用了失信人之前的历史信息，失信人对其持有是没有资格的，这种资格要予以矫正。相反，守信人对其持有是有资格的，守信人的持有是正义的，应该予以维护。一言以蔽之，失信人自身的失信行为影响了日后的生存环境和选择环境，守信人可以在自由平等的环境里采取行动，失信人要在不同程度且让人不快的环境里进行选择。在诚信社会情境中，每一种资格都是和别人有关联的资格，每一种权利也

①《“老赖”之子上学遇阻的是与非》，http://opinion.people.com.cn/n1/2018/0712/c119388-30143750.html，访问日期：2024年1月1日。

②［英］弗里德里希·奥古斯特·冯·哈耶克：《通往奴役之路》，王明毅、冯兴元等译，中国社会科学出版社，1997，第321页。

是和别人有关联的权利（只要其他人承认这种资格和权利），但是这种资格和权利也可能因错误行为受惩罚而丧失。比如，公务员招考中对年龄和性别有一定要求，35岁通常是一个关键点，那么，那些超过35岁的公民因为不能报考会去投诉自己被侵犯了平等权吗？事实上，在我国，绝大多数考试都不排斥失信人，一个失信人被限制公务员报考资格通常是因为他过去所做的事情，笔者在这里进行的思考和辩护，不是为政府限制失信人报考资格进行辩护，而是对过分简单的指责理由提出警示。

在平等权的问题上，棘手的问题有两个：第一，对失信人的这种差别对待的正当理由是什么？第二，失信人和守信人之间的差异为什么和就业相关？失信人应该和守信人处于等高地位，还是应该被区别对待？在哪些地方予以区别对待？大多数涉及合宪性的争议都是关于此类问题的。《中华人民共和国证券法》规定，“发行人及其控股股东、实际控制人最近三年不存在贪污、贿赂、侵占财产、挪用财产或者破坏社会主义市场经济秩序的刑事犯罪”①，将有财产性犯罪记录的人员排除出去，对于不同人之间的差异，应该实行差别对待，这在当代一般不会招致太大的反对。问题是，什么样的差异才是重要的？那些有“贪污、贿赂、侵占财产、挪用财产或者破坏社会主义市场经济秩序的刑事犯罪”记录的人被区别对待的原因是证券法对从业人员经济品格的要求，就像公务员考试对候选人的诚信品格有要求一样。

具体讲，失信联合惩戒侵犯失信人的平等权和就业权吗？我们应该这样来理解平等权：第一，不平等是“偏离自然平等状态的例外情况”②。如果一个矿山的工作岗位要求一名男性，这在自然状态上就是平等的，因为女性一般不能胜任。同理，在失信人和守信人共同参与的一场考试中，失信人的持有资格不及守信人，这也是符合自然状态的。反过来说，如果失信人和守信人共同参加考试，甚至最后失信人被录用，这两种情形才是不平等的状态，而区分失信人和守信人才是平等的自然状态。第二，没有任何一种权利，包括平等权或就业权，能体现在各个方面，甚至凌驾于法律之上。在联合惩戒出现之前，证券法就已经限制那些品格不佳或有劣迹的公民担任高管职务，法律赋予每个公民平等权和就业权，但不是在每一次就业中，法律也并没有限制在公务员招考之外的考试的权利，如果法律对失信人在公务员考试中的限制等于侵犯其平等权和就业权，那么之前的相关立法都有违宪的嫌疑了。正如宪法保

① 参见《证券法》第十二条第四款。

② ［英］布赖恩·辛普森：《法学的邀请》，范双飞译，北京大学出版社，2015，第23页。

障每个公民的人格尊严，却在婚外情纠纷中不会过分保护那些侵扰他人婚姻的第三者的尊严一样。一言以蔽之，失信人是偏离正常状态的例外情况，是可以被限制的对象。

抽象来讲，如果联合惩戒对失信人的权利侵犯大于或等于特定值，那么这种惩戒就是侵犯了失信人的权利，但是，这个特定值是多少呢？只要触碰到宪法上的权利就是侵犯了失信人的权利吗？如果主张侵犯失信人的人身自由是不允许的，那么刑法上的诈骗罪是不是就不能采取限制人身自由的强制措施呢？如果限制失信人获得利好的资格就是侵犯了平等权，那么是不是将失信人和守信人混同，不予区分更能体现公平正义呢？要知道，在有的场合，不区分失信人和守信人的结果可能是：失信人比守信人更容易获得利好事项，这种结果估计更是社会公众所不乐见的。失信联合惩戒对失信人的权利提出了一定的挑战，各种不同的失信现象使这个问题更加复杂化了，联合惩戒采取的措施，无论对失信人权利的伤害概率多低，也侵犯了失信人的权利吗？设想失信联合惩戒能够以原则性的方式来画出一条界线，以确定不会给失信人造成不可接受的伤害，但这是非常困难的。也就是说，几乎所有的惩戒措施都涉及对失信人权利的限制，程度或大或小。一定程度上，禁止侵害失信人的权利就等于允许失信。

综上可知，关于失信联合惩戒的多数讨论都放在合法性或合宪性标题下面，大量资料和文献都在讨论失信联合惩戒的合法性或合宪性问题，失信联合惩戒的制度性需求是存在的，合法性或合宪性问题限制了这种需求的满足。制度供应方不是不受约束的，合法性或合宪性不仅影响失信联合惩戒的发展，还会影响诚信社会建设的进程，失信联合惩戒的合法性和非法性都是我们关注的重点，因为我们不能把出自官方的一切制度的合法性视作理所当然。诚信社会建设问题重重，它释放了被压抑许久的社会需求和政府需求，而这些又与目下的法制相左。

二、产生方式问题——关于备忘录的争议

备忘录在失信联合惩戒机制的形成过程中占据十分重要的地位，要对其进行详细说明。根据“信用中国”数据，截至2019年3月底，各部门共签署51个联合奖惩合作备忘录。其中，联合惩戒备忘录43个，联合激励备忘录5个，既包括联合惩戒又包括联合激励的备忘录3个[①]。由此

①《3月份新增失信联合惩戒对象公示及公告情况说明》，https://www.gov.cn/fuwu/2019-04/02/content_5378909.htm，访问日期：2024年1月5日。

可见，备忘录是失信联合惩戒的主要载体。

首先，从性质上看，备忘录是一种合同类型，协作程度并不高，是一种关系型契约。这种契约的产生不是基于一套明确详细的规格、标准或规定，产生的过程错综复杂，备忘录的产生是建立在参与机构信任和协作的基础上的，备忘录条款只是各方协作的框架，并且是一种各方持续的互动，不是一次性协作。一旦政府对失信联合惩戒有明确的感知，在还难以描绘失信联合惩戒的程序和过程的时候，就临时性采用备忘录。联合的另一个重要的原因是需要利用其他机构的力量，牵头机构通常在选择参与机构而不是备忘录的运作和执行方面花时间，但显然，备忘录不是自我执行的，它需要被监督和监控。

其次，非正式性。正式制度和非正式制度之间有时是相互独立的，当前失信联合惩戒机制的泛化并不是立基于一个正式制度，一个可以普遍适用的规则，而只能算是一个公共政策，可以因地制宜，可以根据不同的备忘录而改变，可以随着时间地点而变通处置，而正式制度不能，至少不能随意改变。

再次，从产生过程看，备忘录的参与机构多为公共机构。公共机构肩负公共使命，其产生过程是很重要的因素，公平正义、正当程序、合法性以及社会参与等都是与结果同等重要的因素。尤其要注意，政治正义性与合法性是两个不同的概念，政治正义性并没有使自己合法化，但合乎道德可以获得正义性[①]。公共部门相比私人部门受到更多的约束，面临着政策、法律甚至预算的限制，在一定程度上，当新的挑战出现，传统管理方式选择不够充分的时候，政府则要从内部或外部发现或创造更为有效的方式，失信人数量的增加、信用问题的复杂性等都在推动政府按照人们的偏好去提供管理服务。

失信联合惩戒能否通过成员同意机制来实现呢？联想日本热衷的“TKJ法”[②]，共识的重要性不言而喻，因为缺少成文的失信联合惩戒方面的法律法规，联合惩戒的界限容易模糊，不透明的政府行为使联合惩戒或多或少地带有几分神秘色彩，让人不免生疑：建立联合惩戒备忘录这种官方行为是不是并不受法律法规的约束？法治理论在当代已经较过

①［德］奥特弗利德·赫费：《政治的正义性》，庞学铨、李张林译，上海译文出版社，2014，第38页。

②“TKJ法”在日本很受欢迎，它是一种通过共识来形成决策的方法，以此确保群体承诺的建立和团队凝聚力。相比而言，美国很少运用“TKJ法”，相比群体共识，美国文化更注重个人。参见［美］赵志裕、［美］康萤仪：《文化社会心理学》，刘爽译，中国人民大学出版社，2011，第256页。

去更为明晰，除非立法许可，任何惩戒都不能以协议和合作的方式产生，备忘录成为失信联合惩戒机制备受攻讦的一个关键点。事实上，备忘录几乎取得仅次于制定法的准法地位，失信联合惩戒的缺陷之一就在于：未经授权，使用强力，通过备忘录来宣布失信联合惩戒，即使看起来具有道德合法性。

必须承认，在缺少国际化的比较经验、理论上没有精辟见解的情况下，很难对失信联合惩戒的形式有完美的把握。学界和实务界都缺乏对失信联合惩戒的基本解释，在这种“空白地带”进行试验，即便犯错，也是需要创新精神的，现实世界中的很多制度最开始也并不一定是以一种正确的方式产生的。备忘录没有效力，却有实效，有效力和有实效是有差别的[①]，只不过，正如埃利希所言，“对现代法律生活的一瞥将会表明，它主要不是被制定法而是被事务文件所支配”[②]。

第一，备忘录不足以产生惩戒权力。如果失信联合惩戒的产生仅以备忘录为媒介，这种契约或协议性的东西还不足以解释它存在的正当性。失信联合惩戒形成了一个保护性团体，这个团体与单个的惩戒机构有什么不同呢？要知道，为了建立法院这样的惩戒机构，现代国家从宪法、立法法、法院组织法开始，从实体到程序，再到人员的产生，都有一整套严格的规则，并且形成了体系。而失信联合惩戒是一个相互强化的过程，它有时比单独的惩戒机构（如法院）更具威慑力和强制力，对失信人能够产生更强烈的影响。正如前文所述，任何基于公权力的惩戒都不是以这种方式产生的，联合惩戒模式并非像行政机关认为的那样，可以通过机构或政府的努力而产生，相反，它是通过一个程序或程式产生并得以维持的。最初，失信联合惩戒的产生过程中没有法律全程作用的痕迹，每个惩戒机构都在力图促进本职工作，当他们联合在一起这样做时，无形中促进了诚信社会建设。

第二，备忘录在诚信社会建设中发挥着关键作用。其中心作用十分明显，如果说法院在失信人当中的权威主要是通过失信被执行人名单建立起来的，那么政府在失信人当中的权威则是按照不同社会领域签署不同的备忘录建立起来的，这不可避免地使得政府的社会治理工作产生了

① 莫里森教授在《法理学》一书中谈到效力与实效的关系，没有实效就没有效力，但没有效力可以有实效。参见［英］韦恩·莫里森：《法理学——从古希腊到后现代》，李桂林、李清伟、侯建、郑云瑞译，武汉大学出版社，2003，第360页。

② ［奥］尤根·埃利希：《法律社会学基本原理（三）》，叶名怡、袁震译，中国社会科学出版社，2009，第1081页。

不连贯性。失信联合惩戒不是全覆盖式的，由于缺乏一个全国统一的普遍性标准，直接导致了混乱无序的格局。

第三，备忘录在形式上不能代替成文法。备忘录不是成文法，它在性质上是“公意”[①]的产物，虽然熊彼得说，“现代政治共同体中，‘公意’纯属假冒欺骗”[②]，但是它的确是出于社会公共利益，按照“公意”原则作决策。备忘录和成文法一样，起草者不仅希望它提供普遍性原则，还希望下达精确的指令，但备忘录难以详尽地描述所有细节。同时，在备忘录中，法律依据和政策依据的相对重要性已经发生了变化，由于上位法的缺位，失信联合惩戒备忘录覆盖了越来越多的社会领域，推动了失信联合惩戒制度的发展，今天大部分的失信联合惩戒都是以备忘录作为出发点，即使那些本质上属于以司法为主导的失信联合惩戒也是采取备忘录的形式，如最高人民法院与芝麻信用之间的联合惩戒备忘录。这使得备忘录这种特别形式逐渐发展起来，成为政府利用的主要工具。备忘录除了使失信联合惩戒规范变得更加简单明了之外，也被视为降低成文法地位的一种手段，即不需要立法就可以生成失信联合惩戒的规范性文件。立法机关是最有责任推动失信联合惩戒立法的单位，但在我国本土，这项工作至今没有什么进展，诚信社会运动似乎采取了一种奇特的形式——备忘录，尽管备忘录不具有立法背景，但它们已然成为诚信社会建设的重要组成部分。迄今为止，诚信社会建设获得前所未有的共识，但这并未阻挡许多人对备忘录本身的质疑。

在当今社会，成文法固然是非常重要的，但学界忧心的是，备忘录的兴起不仅减弱了成文法的重要性，而且增加了行政规范性文件的影响力。然而，事实证明，这样的观点还是多虑了，备忘录本身的争议不仅为律师、法官所发现，也为备忘录制定机关自己所发现，2019年以来，失信联合惩戒备忘录的数量骤减。在笔者调研过程中，政府内部也在声明，只要存在国家层面的联合惩戒备忘录，地方政府原则上就不再另行拟定备忘录，这意味着任何一份备忘录的起草都必须经过周密慎重的计划。

---

① “公意”指在不诉诸群体决策和决策集团的情况下，当事人通过合作形成的那种意志。参见[意] 布鲁诺·莱奥尼：《自由与法律》，秋风译，吉林人民出版社，2004，第138页。

② [意] 布鲁诺·莱奥尼：《自由与法律》，秋风译，吉林人民出版社，2004，第137页。

三、失信人权利保护问题

现实的情形是，失信联合惩戒多基于备忘录作出，但备忘录不足以被视为有权设定公民权利义务的法规范。如果仔细审阅现有的失信联合惩戒备忘录，如《关于对失信被执行人实施联合惩戒的合作备忘录》，就会发现，该备忘录主要是对惩戒对象、惩戒单位、惩戒措施的描述，对被惩戒人应有的救济渠道和方式只字未提。其他备忘录同样如此，尽管有时一并附加惩戒的法律依据，但对被惩戒人应享有的救济渠道和方式很少提及。这几乎成为多部失信联合惩戒备忘录的一个共同点。

如果我们不能认识到改造惩戒机制是为了保障公民权利以对抗公权的不法侵害，我们就还没有掌握这个机制的意义。就意识形态而言，制度正当性问题与公民权利问题属于同一范畴，对失信联合惩戒制度最严重的质疑之一就是针对失信人权利的侵犯。从现有关涉失信联合惩戒的规范性文件来看，几乎通篇都没有提及失信人的权利，对惩戒机构规定的权力很多，对失信人规定的权利很少。川岛武宜分析过日本人的法意识，西方人认为维护自己的权利是正当的，但在日本，人们认为“这是自我中心主义的、扰乱和平、不当地索求政治权力的救济行为，常受到非难”[①]。关于失信联合惩戒制度的第一个质疑就是针对惩戒的滥用。很早以来，就有人建议加大惩戒力度，通过严厉打击失信人来保障社会信用秩序，失信人将是诚信社会建设的牺牲者的观点不是一个陈旧的看法。

于是，每次这些问题都会被提上日程：我们应该在多大程度上保护失信人？我们应该在多大程度上防止失信的发生？一些失信事件的确难以避免，特别是在经济形势不断变化的情况下。在某些条件下，人们认为对失信人利益的剥夺和对权利的剥夺并不是一回事，后者更容易激起反抗。削弱失信人的权益是失信联合惩戒的主旋律，很多机构通过限制监管对象的权益施以失信惩戒，并力图加入联合惩戒联盟，实现联合惩戒的目的。毫无疑问，失信人的权益将大幅缩减，联合惩戒的意识已经影响了很多机构，参与联合惩戒的机构数量越来越多，直至形成了一个自发性保护体，或者可以称为“联合惩戒共同体”。联合惩戒固然是一种旨在减少失信事件的机制，发起者都有联合惩戒的共识，但因为可能对失信人权利构成冒犯，失信联合惩戒遭到无情抨击，抨击者不仅来自失信人群体，也来自学界和实务界。要知道，有时候，学者们一直是制度

---

① ［日］川岛武宜：《现代化与法》，申政武、渠涛、李旺、王志安译，中国政法大学出版社，2004，第147页。

实践前进的障碍，法律科学经常落后于实际进程，“当法律科学一有实际影响时，它就起阻碍作用”①。

如果失信惩戒措施侵犯失信人的权利，能不能选择一种对权利没有伤害的措施作为惩戒呢？在失信联合惩戒诞生之前的世界，无论是刑法上的诈骗罪还是民法上关于欺诈的惩戒，哪一项不是对失信人权利的侵犯呢？可以说，对失信人的惩戒，必然伴随对失信人权利的限制，这是一个权利侵犯肯定会发生的场合，设想一项惩戒措施，既能够威慑失信人，又可以不侵犯失信人的权利，惩戒措施不越过权利的界限，这是非常困难的，还没有任何理论能准确划分出一条精确的界限来界定惩戒可以达到的阈限。

四、缺乏统一标准问题

最开始，没有人知道失信联合惩戒制度应该是什么模样，2016年《国务院关于建立完善守信联合激励和失信联合惩戒制度　加快推进社会诚信建设的指导意见》提出“鼓励有关地区和部门先行先试”，我国幅员辽阔，各个地方情况不同，既然没有现成的方案可以借鉴，每个地方只有根据自己的实际需要摸索出自己的联合惩戒方案，这是后来失信联合惩戒机制多样的一个原因。比如在广东省一省之内，《广州市安全生产领域相关失信责任主体实施联合惩戒制度》和《深圳市安全生产领域失信行为开展联合惩戒实施细则》作出了不同的规定，失信联合惩戒机制在全国各地的状态可见一斑。

联合惩戒机制已经变成一种“时尚”工具，政府部门普遍假设，只要将联合惩戒的方法移植到本部门，就可以解决过去解决不了的难题，促进更有效的运转。失信联合惩戒机制有卓越的表现，但在不同社会领域的表现大有不同，相比之下，在引入失信联合惩戒的每一个社会领域，信用指数整体上应比那些没有引入失信联合惩戒的社会领域要高。对于失信人而言，失信联合惩戒涉及的范围恐怕是前所未有的，至少在之前的时代没有这样的事情。当前，失信联合惩戒还是零散的，看似无系统地进行，除了法院失信被执行人名单制度，失信联合惩戒散落在社会多个领域，缺乏明确的理论和完整的策略，这是许多人对失信联合惩戒感到失望的原因之一。如果失信联合惩戒能够有计划、有组织地进行，那么取得的效果会更明显。显然，政府从诚信社会这一假想推论出失信联

① ［美］罗斯科·庞德：《通过法律的社会控制》，沈宗灵译，商务印书馆，2011，第1-2页。

合惩戒制度改革方案，同时也允许旧方案的存在，人们希望失信联合惩戒制度能够统一发挥作用，而不是在上海有一套失信惩戒机制，而在毗邻的江浙地区有另外一套系统，但事实却是这样的：

首先，不同地方有不同的失信联合惩戒规范，地域发展不均衡。在制定并颁行城市建设领域失信联合惩戒的地方和没有制定并颁行城市建设领域失信联合惩戒的地方，在制定了不同城市建设领域失信联合惩戒规范的地方，失信人面临不同的惩戒，因为地方政策的不同造成了不平等。在一国范围内，同样性质的失信人遭受不同的惩治，如何在全境范围内管理信用资源，如何将整个国家置于一条共同标准线上，这是目前最迫切的问题。

其次，不同社会领域有不同的失信联合惩戒规范，社会领域发展不均衡。不同社会领域面临的信用问题不同，要解决不同社会领域的信用问题，就需要设计不同类型的信用结构。为了理解失信联合惩戒的作用，我们先要认识失信联合惩戒的类型。今天的失信联合惩戒行动都是在重点领域、重点行业内，并没有覆盖所有社会领域，也没有覆盖重点领域、重点行业内的所有范围，比如在知识产权领域，专利领域已经有失信联合惩戒机制，但是商标和版权领域则没有，随之而来的问题是，同为知识产权，为什么专利领域失信人要受到联合惩戒，而商标和版权领域失信人可以逍遥法外呢？

联合惩戒的实质是惩戒的联合，国家层面的联合惩戒对一国范围内每个人都是开放的，包括入境的外国人，而地方层面的联合惩戒却有区域限制。联合惩戒也是在不同社会领域的探索实践中发展形成的，与各自的领域联系紧密，知识产权领域的联合惩戒机制完全不适用于公共卫生领域，也不适用于公共交通领域。如果联合惩戒是可行的，造成的局面几乎是每一个社会领域都有不同的联合惩戒文件，联合惩戒文件也是各个领域的实务部门牵头拟定的，因此，联合惩戒文件经常不被看作立法性文件，更不作为与立法相对的概念被看待，而是一种惩戒机构之间的协议，这些协议的内容可能与立法相对立，因为出自政府机构或司法机关，才被冠以法律程序文件的名称。但是，学界为了避免这样的混淆，必须指出失信联合惩戒的本质。

可见，目下的失信联合惩戒还不是一个成熟的机制，影响很多失信事件的变量不仅仅是经济因素，还有情感、认知、环境甚至性格等关联因素，其牵连面甚广，涉及一个庞大的信用领域，由一系列惩戒机构组成，组织设计和管理都是一个新问题。虽然官方努力把失信联合惩戒机制分解成微观规则，但是这些尝试尚无法让人满意，以致至今都无法建立起关于失信联合惩戒的统一规则。同时，国家整体层面上的制度设计存在问题，失信联合惩戒涉及广泛的领域，在广义上要与很多制度相呼应，没有其他制度的呼应，失信联合惩戒制度就会黯然失色。失信联合惩戒制度能否发挥功效，还取决于是否有其他配套的制度来增强其功效。

五、边界问题

学者指出，“随着失信联合惩戒在更大范围和更广领域的推广，个别地方在实践中出现了过罚不相当、惩戒措施泛化、‘黑名单’管理失当等现象，需要引起高度关注”[①]。学者也承认，当前失信联合惩戒实践存在着失信行为认定不一、惩戒对象泛化、惩戒措施模糊、随意联合等问题[②]。失信联合惩戒的“包围圈”越来越大，联合惩戒的范围不断扩大，就带来惩戒泛化的问题。从欠贷不还、逃票、霸座，乃至乱扔垃圾、逃缴水电燃气费等，不同地方列出的失信联合惩戒清单不同，而且这份清单越来越长，失信联合惩戒成为包治百病的“万金油”。一时之间，乱象丛生，正因如此，国家发展和改革委员会等在2020年发布《关于进一步规范公共信用信息纳入范围、失信惩戒和信用修复　构建诚信建设长效机制的指导意见（征求意见稿）》，强调任何部门（单位）不得以现行规定对失信行为惩戒力度不足为由，在法律、法规或者国务院决定和命令规定外随意增设惩戒措施或在法定惩戒标准上加重惩戒，试图进一步规范和健全失信行为认定、记录、归集、共享、公开、惩戒和修复等机制。在学界，学者也建议通过立法、司法、执法活动厘清其制度边界，有效遏制信用惩戒泛化的乱象[③]，厘清失信联合惩戒的边界是重中之重。

传统失信惩戒机制类似一种防卫性自卫，一个人在保护自己的同时请求对失信人施以应得的惩罚，在自卫中使用的力量恰好是击退失信人必需的力量，不能过大，即这种自卫被设定了上限。而失信联合惩戒似乎可以应用于绝大多数社会领域，它的作用几乎可以归结为一句话：对联合惩戒的限制越少，它的效果就越好。在一般的观念里，人们都承认

---

① 韩家平、许荻迪、关媛媛：《失信联合惩戒规范化问题研究》，《征信》2020年第3期，第11页。

② 张鲁萍：《失信联合惩戒的限度研究》，《新疆社会科学》2020年第5期，第106页。

③ 王文华：《解决失信惩戒泛化问题需厘清制度边界》，《人民论坛》2021年第2期，第86页。

国家没有权力使用强力去迫使个体守信，人们有权利进行或终止守信行为，于是，论述失信联合惩戒的必要性和限度就变成一件困难的任务。

为了综合解决信用问题，在信用治理过程中，现实往往需要某公共机构超出其常规角色或职责，比如城市建设管理部门在处置违法失信事件时，不仅要限制违法建设主体的行为，还要限制装修公司等相关主体的行为，这已经超越其工作范围。对惩戒边界的限定，也是基于责任制和政府控制的需要，还是要有一系列内部规则，有基本的管理要求，问题是，内部规则未必适用于所有领域，这要求对信用关系的宽泛范围进行考虑，这些范围构成了联合惩戒行动的基础，对联合惩戒的既定区域须进行括定。

首先，存在无限扩张的问题。失信联合惩戒的效能无人质疑，但它可以适用于哪些领域，又不能适用于哪些领域，没有人能真正说清。在联合惩戒的初级阶段，惩戒强度与社会信用指数是正相关的，但随着惩戒力度加大，它们之间的关联可能变成不相关，甚至负相关，惩戒强度的加大并不必然引起社会信用指数的变化，也没有证据证明这两者之间存在明显的因果关系，反而惩戒机关滥用失信联合惩戒的事例比比皆是。

其次，存在惩戒失控的问题。一旦失信联合惩戒机制全面建立，国家将惩戒权力分发给参与的合作伙伴，尤其是私人组织，可能会失去控制，比如最高人民法院和芝麻信用的合作。在传统上，控制关系是通过授权、审批、监控、报告、监督的层级关系实现的，但在失信联合惩戒联盟中，这种控制关系几乎不存在。第一，参与方对是否采取或者采取何种强度的惩戒措施有自由裁量权；第二，成员之间是合作关系，地位平等，即便牵头单位对成员也不能维持控制权。准确来说，自从国家允许参与方以备忘录这种合同类型建立失信联合惩戒机制，就对失信惩戒失去了部分控制权，政府的关注度都在结果上，而很少放在过程上，以结果为导向。国家对过程进行整顿，通过放弃一部分控制权，允许非公共部门采取更创新的方法来获得想要的结果。然而，过程仍然是重要的，过程本身被作为一个衡量失信联合惩戒合法公平与否的要素。

理想的信用秩序需要与时俱进且精心设计的法律框架，任何人都不可能反对这一点。那些肆意违约、毁弃信用的人必须被监管，没有监管，就没有诚信的市场，就没有诚信的社会。但对某些类型的监管，已经超过了保证信用秩序所需要的程度，以诚信社会建设之名，滥用政府权力，除非失信联合惩戒实现的特定目标是诚信社会，否则我们就有理由反对这种惩戒。就像我们不能完全依赖市场来维护信用秩序一样，我们也不能完全依赖政府，和市场一样，政府也有失灵的时候，政府的感知是有限的，政治学家拉塞尔·哈丁曾提出“极端主义脑残认识论”[①]，一个人接触的人或圈子有限，信息也是有限的，政府官员也不例外。

六、行政权力的附随扩张问题

以行政为主导的失信联合惩戒错综复杂，但事实上都围绕着单一的问题，即行政权力的规范行使。很多学者将政府作为一个实体来研究，将以行政为主导的失信联合惩戒作为重点，这种状况一直维持到现在。自诚信社会建设理念提出以来，关于失信联合惩戒制度对公众信用状况和生活态度的潜移默化，我们还不能作生动的说明，在这个过程中，最显著的结果之一，就是各种建立在传统惩戒制度上的惩戒权力逐渐被联合的主张所消解，它使得惩戒权力的合法性来源出现一个重大移转，即那些过去与惩戒无关的机构也成为惩戒的主角。一个问题是，当没有得到恰当的约束时，任意性过大，它很容易走向反面，成为一种不受约束的权力。

哈耶克论证过，只要政府的一切行动都经过立法机关正式授权，法治就会被保持下去，他说这是对法治意义的误解，政府行动是否合法与法治并没有关系，法律能够使专断行为合法化[②]。政府按照法律规定的方式去行动，但法律并没有给政府擅断的权力，法律也没有清楚地规定政府如何行动，因此，我们说，当今失信联合惩戒主要依据的不是法律，指的是惩戒机关施行惩戒权力时不受事先规定的规则的支配和约束。早期失信联合惩戒的格局大体就是：将广泛的权力授予政府机构，几乎没有固定的规则来约束他们，在管制失信人的社会活动方面，政府机构几乎具有处置权。

首先，在自由裁量权问题上，失信联合惩戒机制的难题之一在于，效率要求惩戒机构具有自由裁量权，但自由裁量权本身会带来难以管控的问题。为了增加制度的明确性和延续性，失信联合惩戒提供给各方、增加的自由裁量权成为影响其正当性的潜在问题。自由裁量权是行使任何类型权力的必要条件，并存在于公共行政的几乎所有层次，尤其是那

---

① “极端主义脑残认识论”指出极端主义者之所以有极端的想法，不是因为脑残或疯癫，而是因为获取信息或认知世界的圈子太狭窄。

② ［英］弗里德里希·奥古斯特·冯·哈耶克：《通往奴役之路》，王明毅、冯兴元等译，中国社会科学出版社，1997年，第103页。

些需要结合专业知识和果断行动的领域，如军事指挥。良好的决策无法程式化，失信联合惩戒有时取决于惩戒机构在失信行为的普遍经验背景下对复杂环境因素的权衡，惩戒机构需要有一定的判断力，这种判断力被学界称为“隐性知识”[①]。

其次，在灵活性问题上，协作，尤其是跨部门协作需要一定的灵活性，严格的规格和程序起不到作用。但灵活性并不意味着不用设定标准或者对惩戒结果不予监控，关键在于，在什么地方应该为灵活性留出余地，何时严格的规程才是必需的，允许惩戒机构自己裁断。一旦失信联合惩戒联盟成立，设定了失信联合惩戒的程序和步骤，就不能随意变更指令。

再次，在运转过程中，2016年《国务院关于建立完善守信联合激励和失信联合惩戒制度　加快推进社会诚信建设的指导意见》明确指出，“鼓励有关地区和部门先行先试”。国家将失信联合惩戒的权力下放，在一定程度上无异于将合法性交给地方，地方可能随意解释失信联合惩戒的本来含义，以适应地方的偏好。

从现实来看，我们的问题是，还没有等到失信问题在学界被彻底充分地讨论，并形成有说服力的理论，实务界已经开始“冒险”行动，结果是这个制度不可避免地存在很多行政决定的痕迹，虽然在可能的范围内，行政部门还是以法律作为根据来支持其决定。行政机关实际上能够决定联合惩戒的事项并开展制定联合惩戒规范的行动，这一行动会刺激立法机关作出反应，因为行政机关有时会颁行一些立法机关所不希望的行政法规。颁行立法法就是控制行政法规颁行的一个方法，政府本身也设置了法制办或备案审查处等机构来对行政法规进行备案复查[②]，政府也察觉到行政机关在制定联合惩戒规范方面有过分积极的趋向，对联合惩戒规范存在的风险亦有所察觉，但现实中并未引起民间太大的反应，颁行失信联合惩戒规范性文件的成本很低，收益很高。从目前部分地方政府机构和其他社会组织随意将公民行为与信用挂钩的现象来看，法律与权力的混淆，造成失信惩戒上的失序就不奇怪了。在某些政府官员眼里，权力是无所不能的，政府可以基于公共利益的需要，假正义之名而行，

① 1958年，迈克尔·波兰尼从哲学领域提出这个概念，认为知识分为两种，一种是显性知识，通常以书面文字、图表和数学公式等形式表现出来；另一种是隐性知识，即未被表述的知识，人们心里知道但难以描述。

② 通常法规备案处设置在地方司法局之下，对各个政府机构提交的规范性文件进行审查，然后再提交地方人大或常委会审议。

做任何想做的事情，自然也就包括剥夺公民的信用权利，理由是失信行为的存在，这和法律的逻辑完全相悖。法律的功能已经日趋完备，它清晰地划定了个人权利的范围，法律不禁止的部分，就是留给公民自由选择的部分。如果政府和其他社会组织要对法律没有限定的部分进行干预，就必须受到法律的限制或得到法律的授权，这也是行政权力法定的意义所在。

现代国家都能做到制定和完善信用立法，将确定明白的权利义务划分出来，所有人可以在法律允许的范围之内自由选择和活动，一旦发生信用立法不认可的失信事件，法律的强制力便启动了。而这只是基本，要达到法治的要求，必须是没有其他力量抵消信用立法所要完成的任务，如果其他社会力量，不管是政府还是其他社会组织，可以对社会成员实施肉体上的强制，也可以对公民自由作出限制，法律特有的强制意义就实际上不存在了。与此同时，法律所保障的人民的自由范围也会受到其他社会力量的侵犯，法律就变得可有可无了，这就是为什么只有宪法才能规定剥夺政治权利和人身自由权利的原因。这个问题涉及本书的核心，即谁有权力惩戒失信的公民。如果政府或其他组织都可以在法律的疆界之外任意惩戒失信人，那么法律的存在就没有多少意义了。

七、监管问题

失信联合惩戒是信用监管的“利剑”，要用好这把“利剑”不仅需要自我监管，还需要外部监管。2016年《天津市行政机关联合惩戒暂行办法》是国内较早直接针对联合惩戒进行规范的规范性文件，其指明“市级行政机关负责本系统联合惩戒工作的业务指导和督促检查”，并针对行政机关及其工作人员在联合惩戒工作中造成社会负面影响和当事人重大损失的行为，依法予以制裁[①]。但遗憾的是，这种监督思维并没有在失信联合惩戒备忘录或相关规范性文件中得到体现，多部备忘录都回避了对惩戒机构的监管问题。

作为政府，希望失信人得到更严厉的惩戒，但作为随时都可能成为失信人的普通人，我们希望失信联合惩戒得到监督和监管，这意味着摩擦在增加。弗里德曼说，世界越平坦，我们越需要可以和各种合法或非法合作方式相配套的全球治理体系[②]，合法的要激励，非法的要惩戒，信

① 参见《天津市行政机关联合惩戒暂行办法》第十五条。

②［美］托马斯·弗里德曼：《世界是平的》，何帆、肖莹莹、郝正非译，湖南科学技术出版社，2008，第197页。

用监管也是一样。失信联合惩戒的高效率无须怀疑，惩戒强度和范围与信用指数之间有很强的正相关性，惩戒范围扩大在长远看来可以弥补惩戒力度过低带来的负面影响，或者说抵消制度执行能力过弱带来的影响，任何国家都希望通过失信联合惩戒来获得高的社会信用指数，但不采纳失信联合惩戒的原因有时是无力执行或监控执行。

首先，联合带来管控难题。合作治理模式的转变影响深远，尤其与私人部门或民间机构共享惩戒权力、共同决策和共担风险造就了新的信用治理环境，潜在的回报很丰厚，但风险是真实存在的，包括问责的失败和原有惩戒控制权的弱化。可以想象一下，当最高人民法院和芝麻信用签订合作备忘录，结成失信联合惩戒联盟，谁来监督芝麻信用和法院，又有谁对他们进行问责呢？

其次，一旦失信联合惩戒发生错误，将导致难以挽回的后果。失信事件经常和丑闻、谣言等联系在一起，丹宁勋爵说，“谣言在大声讲话”[①]，谣言在诽谤的基础上传播。2005年，约翰·席根塔勒在面对不实指控[②]时提到一个枕头的例子，说人闲话是罪恶的，就像一个装满羽毛的枕头，一旦被撕破，羽毛四散，再想装回去几乎不可能。那个枕头同样是对失信联合惩戒的隐喻。失信联合惩戒机制并非万无一失，它会发生错误，但纠正错误的速度远远不及错误失信信息传播的速度。

再次，联合惩戒流程的复杂性增加了管控的难度。当我们创造出一个平行的惩戒系统时，有的机构能够很快适应，但一直游离在外的其他机构并没有加入合作的强烈愿望。惩戒机构之间的联合并不像市场经济领域不同企业之间的联合，可以自由加入并开展竞争和合作，事实上，除了少量的公共机构，大量公共机构从来没有被允许参与合作，这些机构什么时候和失信联合惩戒机制会合在一起还是一个未知数，那些加入的机构也需要时间为合作开发新的工作习惯和流程——这是影响失信联合惩戒机制最重要的因素。让这么多机构接触这个合作平台，让他们通过网络分散、传播失信信息，下一代惩戒机制的创新都可能来自这个合作平台，参与失信惩戒的规模将是前所未有的。在之前的世界，只有几个被赋予惩戒权力的机构，惩戒力度和强度有限，而且当时失信信息的共享面临很多障碍。但后来，公共信用信息平台建成了，不同机构贡献

① ［英］丹宁勋爵：《法律的界碑》，刘庸安、张弘译，法律出版社，2011，第433页。

② 约翰·席根塔勒曾担任美国司法部部长罗伯特·肯尼迪的行政助理，某匿名用户2005年在英语维基百科写下约翰·席根塔勒的个人条目，指称其与美国前总统约翰·肯尼迪及其弟罗伯特·肯尼迪之死有关。

出自己掌握的失信信息，摆放在平台上，越来越多的机构和个体走上了这个平台，新机构和个体的加入必然给惩戒机制带来巨大影响，特别是这些机构和个体都可以利用自媒体对外发挥作用。

综上，笔者作一个简要的总结，本章粗略梳理了失信联合惩戒规范的结构、制度依据、制度实践以及存在的问题，失信联合惩戒规范正处在一个从非正式规范向正式规范过渡的阶段，要从事实规范上升到法律规范尚需一个过程，失信联合惩戒规范的制度依据是政策和法律，在现行法律法规和政策、方针的双重指引下，失信联合惩戒制度是在政府主导下推进的。失信联合惩戒的制度实践是一个十分复杂的议题，通过对比失信联合惩戒之前和之后的境况，就可以知道，一个多种惩戒模式并立的时代已经出现了。当代失信联合惩戒制度是在诚信社会建设大背景下，以备忘录为载体出现的，相关立法正在吸纳失信联合惩戒制度，但难度相当大，因为失信联合惩戒在不同社会领域具有非均衡性，不同社会领域有不同的要求，形成统一标准十分困难。失信联合惩戒本身的问题很多，本书梳理了七大问题，但最大的问题围绕三个方面：第一，失信联合惩戒如何在现行体制内适配以及合法性问题？能否以备忘录的形式对惩戒权力进行再分配？第二，惩戒的权力能否因联合而产生？能否以联合的名义来支持失信惩戒？第三，如何以不侵犯权利的名义来支持失信联合惩戒？联合惩戒将信用秩序置于优先地位，却可能以错误的方式来支持它。

第七章　失信联合惩戒制度的国际经验

1922年，著名经济学家马歇尔教授在《货币、信用与商业》一书中专章研究信用体系，他写道："商业信用比人口和财富增加得快得多。在各工业国家内信用网结合得很紧密，并广泛散布于国内外。所以，信用在很大程度上已具有国际性质。任何一个地方的商业遭受大震动，都会使西方世界几乎每一个地方的信用有所颤动。"①

地方性信用的紊乱，日益与国际市场的信用和活动的变动有关，并受其影响。国际社会集体应对信用危机的认识正在加深，回想1997年金融风暴期间，国际货币基金组织联合中国、澳大利亚、日本等11个国家商讨应对之策，才得以艰难控制局面，由此可以知道传统应对方法已无用武之地，因为信用危机，国家之间的关系逐渐变化，国际失信联合惩戒机制正是在这样的环境里建立起来的。

第一节　国际失信联合惩戒制度的实践

世界正经历全球化的变迁，众多国际组织的诞生使"全球共同体"成为可能，通过资源共享实现跨国合作应当成为一种全球意识②。在失信联合惩戒问题上，如果仅仅站在某一个国家的立场，那会不够客观，因为我们的视野和角度往往被限制在传统国界之内。

一、跨国家失信联合惩戒

跨国家失信联合惩戒主要有三种形式，即跨国组织之间的联合、以国际条约为基础的联合、以全球个体为基础的联合。

（一）跨国组织之间的联合

近现代以来，人类经历了数次大规模的信用危机，如安然事件、庞

---

①［英］马歇尔：《货币、信用与商业》，叶元龙、郭家麟译，商务印书馆，2011，第252页。

②［美］入江昭：《全球共同体》，刘青、颜子龙、李静阁译，社会科学文献出版社，2009，第13页。

氏骗局等，一瞬间，无数人倾家荡产。一方面，当今世界信用危机的负面影响牵连更广，危害更多的人；另一方面，信用危机会造成经济危机，不良信用像瘟疫、流行性感冒一样传播，人类的自然反应是阻隔联系，筑起围墙，而联合国、世界经济组织（WEO）、世界贸易组织（WTO）、国际货币基金组织、世界银行等国际组织肩负起维护全球和平和安全的重要职责。毕竟，包括经济制裁在内的联合惩戒和平、无声且致命，但不会导致人员伤亡，“其与战争手段相比不仅是进步的，而且也更为人道”[①]。

1.以联合国为中心作出联合制裁

有学者提到国际合作制裁方式有三种[②]，国际合作是让目标国作出让步的条件之一。在《联合国宪章》中，联合国制裁制度是集体安全条款的组成部分，联合国成员通过决议形成制裁名单，可以对部分国家、实体和个人进行制裁，主要包括三项内容，即军火禁运、资产冻结和旅行禁令。国际法院是联合国的司法机关，可以解决国际争端，但联合国制裁制度主要是通过成员国自觉履行实现的。以2022年俄乌战争为例：2022年2月25日，联合国安理会就关于乌克兰局势的决议草案进行投票，后举行会议，表决通过了要求就乌克兰局势举行紧急特别联大的第2623号决议[③]。目前，美国、欧盟、英国、加拿大决定将俄罗斯银行从环球银行金融电信协会国际结算系统（SWIFT）剔除出去[④]，美、英、欧盟宣布对俄罗斯进行制裁，冻结俄罗斯和个别俄罗斯官员的个人资产，并因白俄罗斯在俄乌战争中的协助角色，制裁对象包括白俄罗斯的24名个人与实体；日本对包括普京在内的俄罗斯官员采取了冻结资产等相关制裁；法国宣布对俄罗斯和白俄罗斯作出经济制裁，对乌克兰给予军事以及预算援助；同样地，世界经合组织宣布正式中止俄罗斯加入该组织的进程。以《联合国宪章》为原则，世界各国协调行动，实现联合惩戒效果。

---

① 田斌：《经济制裁——有效与人道的权衡》，中国经济出版社，2019，第15页。

② 包括制裁国与第三国之间的合作、制裁国集团内部之间的合作以及受制裁方所寻求的第三国合作，联合国参与的国际合作属于第二种。参见田斌：《经济制裁——有效与人道的权衡》，中国经济出版社，2019，第49页。

③ 这是安理会40年来通过的第一个关于举行紧急特别联大的决议。

④ 环球银行金融电信协会系统（SWIFT）是全球主要的支付清算系统，连通全球200多个国家的超过1万家金融机构或跨国企业，在国际金融活动中，两个国家之间的银行要汇款，必须通过SWIFT系统进行结算，如果想与世界其他国家做生意，必须成为SWIFT的成员，或者通过SWIFT的成员银行进行，被踢出SWIFT系统可比作一次金融“核打击”，可见制裁之严厉。

2. 以世界银行为首作出联合制裁

国际商业市场越来越休戚相关，针对涉嫌欺诈和贿赂的企业，世界银行于2010年与欧洲复兴开发银行、非洲开发银行、亚洲开发银行等达成联合取消资格协议，企业一旦进入世界银行“黑名单”，也将同时登上其他银行“黑名单”，触发联合制裁机制①，从而受到联合抵制。

3. 世界信用组织的联合监管

被誉为全球最具影响力的非政府组织之一的世界信用组织（WCO）积极吸纳具有诚信价值观的个人、单位和地区，制定国际信用标准，调解、仲裁和审理各种信用纠纷，在会员单位设立ICE8000信用机构，会员承诺接受世界信用组织（WCO）的监管。世界信用组织（WCO）制定的ICE8000国际信用标准体系②规则对所有会员均有约束力，规定会员不得有失信行为，第一次在国际上明确了失信的定义，将失信行为分为一般失信行为、恶意失信行为和严重失信行为，违反者要承担相应责任，包括法律责任、信用责任、行业自律责任以及赔偿损失等，而信用责任就包括承担被内部投诉、公开投诉、信用预警、内部曝光、公开曝光和联合曝光的风险，世界信用组织（WCO）在本质上是一种联合的行业自律机构，具有失信联合惩戒的功能。

4. 欧盟、东盟等跨国联盟作出联合制裁

欧盟的监督机构主要有欧盟法院、欧盟审计院、欧盟监察专员和欧盟反欺诈局③，欧盟制定的《剥夺驾驶资格公约》《欧洲刑事司法协助公约》等都是联合惩戒机制的一部分。欧盟实施的经济制裁可以分为两类：第一类是针对国家的经济制裁，既针对成员国展开联合制裁，也联合其他国家对外展开制裁；第二类是针对实体和个人的经济制裁。再如2020年7月，欧盟以从事网络攻击活动为由，决定对6个实体和3个个人实施制裁，制裁措施有冻结在欧盟的资产、切断市场联系或禁止与欧盟成员

---

① 世界银行针对的可制裁行为包括：腐败行为、欺诈行为、共谋行为、胁迫行为和阻碍行为，制裁措施包括四种，即取消资格、附条件的免于取消资格、训诫函和恢复原状。制裁期限一般为2～8年，最严厉的制裁是终生禁入。

② 国际信用标准体系包括六个部分：国际信用惩戒体系、国际信用奖励体系、国际诚信管理体系、国际信用监督体系、国际信用保护体系和国际信用保障体系。

③ 欧盟反欺诈局（OLAF）成立于1999年，主要针对欺诈和失职渎职行为，旨在预防和惩处欺诈、贪腐以及可能对欧盟经济利益产生损害的非法行为。参见[法] 奥利维耶·科斯塔、[法] 娜塔莉·布拉克：《欧盟是怎么运作的》，潘革平译，社会科学文献出版社，2016，第165页。

开展业务等[①]。东盟同样如此，东盟国家在《东南亚友好合作条约》原则指导下，在政治、经济、文化等方面进行深度合作，如“通过地区合作行动抗击跨国犯罪和其他跨境问题；建立由东盟秘书处管理的东盟武器注册制度，与东盟地区论坛采取的相似行动保持一致；促进东盟海事安全合作”[②]。

此外，政府间合作推动全球信用治理是大势所趋。上海合作组织首次从法律上提出了国际恐怖主义的定义，以联合国宪章为目标，反对恐怖主义、分裂主义和极端主义，构建成员国情报机构和联合开展实际工作[③]。同时，各国海关是一个特殊的机构，它行使进出口监管职权，美国海关与边境保护局在“9·11”事件发生后倡议实施“海关-商界反恐伙伴计划”（C-TPAT），限制失信企业的资格，明确失信企业将无法取得中美C-TPAT联合认证，旨在通过建立海关与商界的伙伴合作关系，保障国际供应链和边境安全，如中美海关签署的2008年《中美联合验证试点合作声明》和2011年《关于执行〈中华人民共和国海关总署与美利坚合众国国土安全部海关与边境保护局关于供应链安全与便利合作谅解备忘录〉的行动计划》。同时，美国在全球范围内制裁华为这一事件足见国际领域信用治理已经到了一个新阶段，华为是被美国定性为严重违法企业而纳入实体清单的，在未得到许可之前，美国国内任何企业不得向华为提供受限制的物项。在国际上，美国通过修改“外国直接产品规则（FDP）”[④]，限制了台积电、中芯国际等企业与华为合作，并且成功游说法国、德国、日本、英国、新西兰、澳大利亚等国家联合抵制华为，对于那些不参与封禁华为的国家，美国通过外交等手段予以制裁。

可见，国际组织的作用之一如美国学者所言，是在为世界定规则，并传播规范[⑤]。当然，跨国失信联合惩戒是需要以丰富的全球商业信息数

---

① 欧盟本轮制裁的六名个人包括四名俄罗斯人和两名中国人。三个实体分别是俄军总参谋部情报总局（格乌）、一家中国公司和一家朝鲜公司。

② 陈兴华：《东盟国家法律制度》，中国政法大学出版社，2015，第26页。

③ 2004年，联合国大会给予上海合作组织观察员地位，正式承认其国际地位。参见［塔］拉希德·阿利莫夫：《上海合作组织的创建、发展和前景》，王宪举、胡昊、许涛译，人民出版社，2012，第4-5页。

④ 根据美国2019年5月16日发布的实体清单制裁规则，无须许可，采用美国技术或产品比例低于25%的非美国公司可以继续与华为进行商业合作，台积电等非美国的芯片代工厂仍然可以为华为提供芯片，但美国商务部在2020年5月15日修改了“外国直接产品规则（FDP）”，只要采用美国技术或管控的设备，即便是非美国公司，如台积电、中芯国际，也要向美国申请许可证才能为华为制造芯片。

⑤［美］迈克尔·巴尼特、［美］玛莎·芬尼莫尔：《为世界定规则》，薄燕译，上海人民出版社，2009，第46页。

据库为基础的，“透明国际”[①]发布的全球腐败指数报告督促世界各国采取反腐行动，世界银行、国际货币基金组织关于世界经济形势的监测与评估报告[②]，包括联合国在内的国际组织可以向成员国直接提供信息，促进国家之间信息的流动，克服了国家之间信息不对称的障碍。益博睿（Experian）公司提供的信用服务包括提供消费者和企业的历史还款记录以及信用申请历史记录等数据，全联（Transunion）提供消费者信用信息，覆盖美国、加拿大、维尔京群岛以及波多黎各，为全世界50多个国家提供服务，有180年历史的邓白氏公司作为最大的全球性征信机构，邓白氏全球数据库可以提供全球商业数据信息，包含上亿条企业信息，覆盖千万计的企业家族，它也是美国唯一一家针对商业市场的信用评估机构，以上跨国征信服务机构对国际失信联合惩戒机制的形成具有不可或缺的作用。

（二）以国际条约为基础的联合

国际条约通常有多个国家参加，其主题往往涉及世界性问题，任何明智的政府都应该清楚，单凭一己之力很难承担起国际信用治理的重任。

首先，《国际禁毒公约》《联合国反腐败公约》《国际海洋法公约》《反洗钱公约》《联合国打击跨国有组织犯罪公约》等国际公约织就了一张联合惩戒的大网。《联合国打击跨国有组织犯罪公约》作为世界上第一项针对跨国有组织犯罪的全球性公约，旨在通过国际合作，有效预防和打击跨国有组织犯罪，公约为各国在跨国有组织犯罪方面进行国际合作提供了法律依据，其中国际刑事警察组织极富盛名[③]，与成员国国家进行广泛的合作，建立并开展预防和打击违法犯罪的各种联合机制。此外，针对腐败行为，20世纪末，多个区域性反腐败公约先后问世[④]，在此基

① “透明国际”立场中立，每年发布一次报告，以腐败观察指数、全球贪腐趋势指数、行贿指数三个腐败指数为标准进行评估。参见李翔：《反腐败国际刑事合作机制研究》，北京大学出版社，2011，第4-6页。

② 马荣久：《变化世界中的国际组织》，人民出版社，2019，第32页。

③ 联合国是世界上规模最大、最具影响力的国际组织，国际刑事警察组织次之。作为世界规模第二大的国际组织，国际刑事警察组织有近百年历史，主要责任为调查恐怖活动、毒品、偷渡、走私军火、清洗黑钱、贪污、高科技犯罪、儿童色情等严重的跨国犯罪。国际刑事警察组织的功能之一是发布全球通缉令，有8种不同颜色的通缉令，由强及弱分为红色、蓝色、绿色、黄色、黑色、紫色、白色、橙色，面向全球公开严重违法类失信人的信息。

④ 包括1996年美洲国家通过的《美洲国家反腐败公约》，1997年欧洲联盟理事会通过的《打击涉及欧洲共同体官员或欧洲联盟成员国官员的腐败行为公约》，1997年经济合作与发展组织通过的《禁止在国际商业交易中贿赂外国公职人员公约》，1999年欧洲委员会部长委员会通过的《反腐败刑法公约》，1999年欧洲委员会部长委员会通过的《反腐败民法公约》，2003年非洲联盟国家和政府首脑会议通过的《非洲联盟预防和打击腐败公约》等。

础上，2003年通过的《联合国反腐败公约》于2005年生效，以其为基本框架，腐败犯罪惩治合作机制初步建立[①]。《联合国反腐败公约》被誉为历史上第一个指导国际反腐败斗争的法律文件，旨在促进国际合作和提供技术援助（包括资产追回等），在促进国际反腐败合作方面有重要意义。

其次，国家和国家之间签订双边或多边协定，互相支援，彼此联合起来惩治违法犯罪分子。西方发达国家签订引渡条约的数量越来越多，美国与100多个国家签有引渡条约，截至2020年10月，中国已与59个国家缔结引渡条约[②]。中美两国已经建立"中美刑事司法协助""中美执法合作联合联络小组""中美反腐败专家组"等腐败案件调查合作机制[③]，跨国视频音频取证、被没收犯罪收益分享、远程听证、移转被判刑人等是未来国际合作的探索方向，英国专门就国际刑事合作立法，即《1990年刑事司法（国际合作）法》和《2003年国际刑事合作法》[④]。可以预见，未来会有越来越多的国家加入这些合作机制，参与国际失信联合惩戒的力量也会越来越强。

此外，还有一个明显的趋势是，国家追究刑事责任的范围延伸到了国家之外。如美国于1977年颁布《反海外腐败法》，禁止任何企业和个人向公共组织、外国政府、其他组织或官员进行任何行贿。再如加拿大的《加拿大反外国公职人员腐败法》和法国的《萨宾法案》的颁行，这意味着行贿行为将受到来自本国和外国法律的双重追究，这种惩戒虽然不是一种有意的联合，却产生了联合惩戒的效果。

（三）以全球个体为基础的联合

萨拉蒙在20世纪末提到"全球结社革命"，"在世界的每个角落都呈现出大量的有组织的私人活动和自愿活动的高潮"[⑤]。更多非国家行为体出现，如宗教、教育、救援、慈善组织，"各类发展导向的非政府组织如

① 李翔：《反腐败国际刑事合作机制研究》，北京大学出版社，2011，第159页。

② 王卓：《我国对外缔结59项引渡条约 "天网行动"依法引渡50人》，https://www.ccdi.gov.cn/yaowenn/202010/t20201026_82720.html，访问日期：2022年3月3月。

③ 黄风、赵林娜：《国际刑事司法合作：研究与文献》，中国政法大学出版社，2009，第58页。

④ 这两部法实际上将英国参加的国际双边和多边条约中的国际法规范转换为国内法，在传票送达、提供证据、听证、银行信息交易、在押人员解送、道路交通等事项上确立程序和规则。参见《英国国际刑事合作法》，黄伯青、徐吉童、鲍艳、李红光译，中国政法大学出版社，2008，第89页。

⑤［美］莱斯特·M.萨拉蒙：《全球公民社会——非营利部门视界》，贾西津、魏玉等译，社会科学文献出版社，2002，第4页。

雨后春笋般地涌现是20世纪60年代国际关系的一大特点，它们构成了一个致力于发展的个人和团体的共同体”[①]。美国学者弗雷尔等提出互联网时代公共部门、私人部门、非营利性部门之间跨部门合作的趋向，“当需要更广泛的共同体知识的时候，尤其是需要有关地方环境和偏好的信息且寻求更广泛的政治支持时，网络的方法就会有用并且有效。网络可以允许各种声音和多种主题来解决一个公共问题。但是更多的主体也有分担责任的倾向”[②]。这个结论和2022年俄乌战争呈现出来的状态是相符的，这是一场被认为结合金融战、科技战、网络舆论战、信息战、贸易战、资源控制战、武器热战、运输战的战争，伦敦和纽约交易所将俄罗斯公司股票除名，台积电等公司对俄罗斯断供芯片，推特封锁俄罗斯账号，奥迪等世界名牌停止向俄罗斯发货，壳牌公司退出在俄罗斯的合资事业，欧盟对俄罗斯关闭领空，连毫不相干的“欧洲年度树木”组委会和猫科动物国际联合会也参与进来制裁俄罗斯。这是一场空前的“舆论战”，网络上到处都是关于战争的评论，世界人民以个体的方式投入这场战争，黑客组织攻击俄罗斯政府网站，一度使其瘫痪，甚至全球科技富豪马斯克也参与到这场战争中[③]，这些人和组织构成一个“无形的共同体”[④]，这个过程类似阿克塞尔罗德所说的“构建新的政治行动者”[⑤]，从俄乌战争开始，未来每一场战争都可能是一场有关价值观的测验，全球人民通过网络进行投票，决定哪一方才是正义的，然后对不正义的一方实行制裁。

这的确是一个大转折时代，霍尔提到，个体化浪潮是其特征之一，社会权力逐渐从组织转移到个人[⑥]。当然，全球性个人信息数据库的诞生

---

① ［美］入江昭：《全球共同体》，刘青、颜子龙、李静阁译，社会科学文献出版社，2009，第112页。

② ［美］约翰·弗雷尔、［美］詹姆斯·埃德温·凯、［美］埃里克·波伊尔：《跨部门合作治理》，甄杰译，化学工业出版社，2018，第24页。

③ 由于乌克兰部分城市互联网基础设施遭到破坏，马斯克通过推特迅速回应了乌克兰方面的请求，在乌克兰启动Starlink服务。

④ 社会学家鲍曼认为“共同体”指社会中存在的、基于主观上或客观上的共同特征组成的各种层次的团体和组织，既有有形的，也有无形的。参见［英］齐格蒙特·鲍曼：《共同体》，欧阳景根译，江苏人民出版社，2007，第1页。

⑤ 阿克塞尔罗德提出，在简单局部规则条件下，个体行动者可能在更高层次上组织成为新的行动者。［美］罗伯特·阿克塞尔罗德：《合作的复杂性》，梁捷、高笑梅译，上海人民出版社，2017，第131页。

⑥ 霍尔提到科技是信息时代的标志，而观念是大转折时代的标志，大转折时代的三种力量包括新一轮全球化浪潮、个体化浪潮和加速发展的电子联通性。参见［美］戴维·霍尔：《大转折时代》，熊祥译，中信出版社，2013，第47页。

为国际失信联合惩戒提供了前提。事实上，数据库的种类很多，褒贬不一，如全球恐怖分子数据库World-Check[①]。显然，由于这些数据库的普及，产生了这样的差别：以前，失信者只受到一个国家的惩处，而现在则可能受到两个或两个以上国家的惩处。

二、各国经验

失信行为的猖獗和失信惩戒制度的兴起在世界法制史上的先后顺序有力地证明了失信联合惩戒的不可避免，如果失信联合惩戒是社会物质条件发展的结果或信用问题演化的必然产物，那么它理当优先在那些最先进的国家或那些信用秩序最混乱的国家出现，事实证明确实如此。世界连带主义甚嚣尘上，现代是一个世界连带关系的时代，比较法学正是在这种精神中产生的[②]，虽然全球信用体系的共同语境是资本主义，但是不同国家有不同的国情和立法传统，一般而言，市场发育越完全，诚信体系越能发挥市场监督作用；市场发育不完全，诚信体系尚未形成，则只能由政府直接监管，总体上可分为以下三种模式：

（一）美国模式

综合来看，美国失信联合惩戒机制以市场为中心，主要是由企业和个人推动的，主要表现为以社会为主导，政府则在市场无法发挥作用的领域起作用，即以市场为主，以政府为辅。这和国家传统及体制有关，自由放任主义从19世纪开始声隆名盛，美国政府对经济采取的是放任和袖手旁观的态度[③]。

1.以市场为中心公开失信信息

信用问题主要来自市场，对失信人的惩戒主要依靠市场力量的联合。一方面，美国社会诚信体系已经构建起来，主要以市场为中心，带动个人、组织联合参与信用监督；另一方面，社会信用信息服务机构产生于市场，也由私人机构设立，美国信用管理体制建立在发达的市场经济基础上，征信市场化运作模式决定对信用行为，尤其是经济领域的信用行为的规制主要依靠市场，并辅之以完善的社会信用法律体系和健全的社会信用服务机构。失信联合惩戒主要依赖市场的力量，道德惩戒、市场

① 2014年筹建的World-Check数据库主要针对高风险个人和组织，类别包括恐怖主义、洗钱、有组织犯罪、贿赂、腐败和“其他不道德的活动”等。不仅包括已被定罪的，还包括“被指控、调查、逮捕、起诉、拘留、审问或正在审判中的人”。

② ［日］大木雅夫：《比较法》，范愉译，法律出版社，2006，第52页。

③ ［美］劳伦斯·M.弗里德曼：《美国法律史》，苏彦新译，中国社会科学出版社，2007，第181页。

惩戒和行业惩戒等各守要津，有力地维护了信用市场秩序，而政府主要在市场无法发挥作用的领域起作用。美国政府是被动的，只有在市场力不能及的具体问题上才会产生以行政为主导的失信联合惩戒的必要，如跨国公司的商业失信行为，在这些市场无法有效起作用的领域就可以看到以行政为主导的失信联合惩戒的身影。

2.以行政为主导的失信联合惩戒较为普遍

必须说明，以美国为代表的发达国家在失信联合惩戒模式上主要表现为以社会为主导，但并不是不存在以行政为主导的失信联合惩戒。

第一，行政机构之间的执法合作可以在很多方面体现。20世纪90年代出现的“瞄准制裁”[①]避免了全面制裁的弊端，它有三种制裁方式，即金融制裁、武器禁运和旅行限制，这些制裁需要多个权力部门的配合联动，对外经济制裁参与主体的多元化趋势明显[②]。再如1984年美国司法部发布针对反垄断的《合并指南》，1992年和2010年美国联邦贸易委员会（FTC）和司法部联合发布旧版和新版《横向合并指南》，2020年司法部和联邦贸易委员会联合发布《纵向合并指南》，作为两大主要执法机构，美国司法部和联邦贸易委员会联合对垄断行为进行规范。2020年，纽约州和加利福尼亚州的总检察长与联邦贸易委员会合作，调查全球最大的电商公司亚马逊，旨在加大对其监管审查的力度。2021年，美国联邦贸易委员会又联合多名州总检察长，针对脸书（Facebook）提起反垄断诉讼。行政机构的合作在西方发达国家并不罕见，行政机关联合执法在西方发达国家早有先例，如英国1964年警察法有成立“联合会”的规定，为了执法，两个或两个以上的部门可以依法组成“联合会”，如英格兰和威尔士警察联合会（PFEW）。

第二，“行政+社会”型失信联合惩戒的存在。“实际上从美国内战到第二次世界大战，政府与私人部门合同管理的基本原则一直没有改变”[③]，合同是承载联合惩戒的一个载体。如针对暴力犯罪，美国芝加哥警方不是致力于更有力地打击犯罪，而是建立社区警务模式，警民合力，

① “瞄准制裁”又称为“聪明制裁”，是前任联合国秘书长安南提出的概念。

② 二战结束直到20世纪90年代末，美国对外经济制裁的主体主要有两类，一是行政当局直接发布命令，二是国会通过议案对目标国家实施制裁。当代美国对外经济制裁出现新特点，即各地方政府、法院、利益集团、公民个人参与到制裁中来。同时，美国和其他国家的合作制裁开始增多，目标国领导人和企业是主要的制裁对象。参见柳剑平、刘威：《美国对外经济制裁问题研究》，人民出版社，2009，第204-210页。

③［美］唐纳德·凯特尔：《权力共享——公共治理与私人市场》，孙迎春译，北京大学出版社，2009，第6页。

预防犯罪发生[1]。这种组织运行方式，部分不同于西方社会关于人类行为的基本假设：人在本质上是自私的，人类的一切行为都和利益有关，惩罚、奖励和监督必不可少，所有体系和组织结构都围绕惩罚、激励或奖励来构建，从而实现预期目标。

第三，政府跨部门合作成为现实需求。跨部门合作指的是两个以上部门自愿进行组织联结的共同努力，跨部门合作被称为美国20世纪后半叶三个主要发展趋势之一，“美国政府联邦体系内变化着的合作动态引起了大量关注。州和地方政府也达成了各种契约和地方间协议，以协调州和地方政府之间的服务”[2]。美国1993年推出《政府绩效与结果法案》，2012年修订成《现代化法案》，每个政府机构都有自己的绩效目标，每年进行评估，也会设定一系列跨部门目标，很多个部门参与[3]。美国国会通过《现代化法案》将跨部门优先目标（政府认为至关重要的战略目标，且需要多部门合作完成）提上日程，美国公共事务同样饱受横向协调难的困扰，同样有跨部门合作的需求。有学者统计，在2015年，美国438个联邦政府部门中有38个部门参与跨部门优先目标[4]。甚至，失信联合惩戒改革和西方近代以来行政服务“一站式”不无关联，政府服务权力分散的弊端明显，连贯一致且综合性的改革模式比零碎展开的模式更受欢迎，“一站式”服务的改革方法和经验被仿效。和政府提供服务一样，在应对失信问题上，同样存在缺乏效率的问题。在对惩戒权力分散的表现进行监督和评估的基础上，惩戒模式应尽可能地与不断变迁中的失信现象相一致，惩戒模式的改革须符合社会发展的需求，过于机械化都是应该避免的。

3.司法机关和行政机关的联合必须以立法为前提

虽然很多国外学者都认为失信联合惩戒是中国特色制度，但是将惩戒机构连接起来的做法并不是中国独有。

第一，行政机关和司法机关联合共享信息。在严守司法独立的美国，《兰汉姆法》（商标法）对法院与专利商标局之间的协作有明确的规定，比如由法院启动的强制行动、程序或诉讼应通知专利商标局局长，由其记录在案。商标注册是专利商标局的分内职责，但美国《兰汉姆法》声

---

① ［美］尤查·本科勒：《合作的财富》，简学译，浙江人民出版社，2018，第4页。

② ［美］约翰·弗雷尔、［美］詹姆斯·埃德温·凯、［美］埃里克·波伊尔：《跨部门合作治理》，甄杰译，化学工业出版社，2018，第13页。

③ 马亮：《目标治国》，社会科学文献出版社，2018，第8页。

④ 马亮：《目标治国》，社会科学文献出版社，2018，第43页。

明法院对商标注册享有权力，法院可以根据商标诉讼情况，撤销、恢复以及修改商标注册[①]。司法机关和行政机关之间共享失信信息，并作出相应的反应，这已经是联合惩戒的方式了。

第二，司法机关和行政机关的联合范围一般由立法提前确定。如《联邦贸易委员会法》第五条规定，对于当事人的复审申请书，“法院有权同委员会同时决定有关的问题，法院有权确认、修改或废除委员会的命令”，“委员会对事实的判决，若有证据支持，是终局性的。委员会的命令被确认时，法院将发布自己的命令，要求当事人遵守委员会的命令”[②]。质言之，没有立法规定在先，行政机关和司法机关是没有合作理由的。

美国失信联合惩戒模式秉持完全的市场化运作，这种模式只能建立在成熟的市场经济基础上，而成熟的市场经济既包括完善的市场体系、发达的资本市场、契约机制、产权保护，还包括民主和法治[③]，即采取美国模式需要满足一定的条件。条件主要有两个：一是完善的信用管理法制，《公平信用报告法》《公平债务催收作业法》《平等信用机会法》等16部法案[④]为失信联合惩戒的展开创造了良好的法律环境。惩戒的力度大，持续时间长，如破产记录保存年限为10年，偷漏税和刑事诉讼记录等保存7年，相比我国同类情形设置的期限为3～5年。二是发达的信息网络。现代信息技术的发展为失信联合惩戒创造了良好的技术环境，数据网站的作用不可忽视。美国有很多分类不同的数据网站，其中保健数据网站是提供保健数据的一站式平台，人权网站提供大量人权信息，很多数据集合经过优化整理可以被广泛应用，如美国退伍军人管理局设置的蓝纽系统，记录个人卫生保健信息[⑤]，失信联合惩戒制度正是建立在真

---

① 美国《兰汉姆法》第一千一百一十九条规定：“在涉及注册商标的诉讼中，法院可以命令撤销整个或部分商标的注册，恢复已撤销的注册一级对注册进行修改，法院将裁定或命令送达专利商标局局长，专利商标局局长应在档案上作相应的记录。”

② 参见美国《联邦贸易委员会法》第五条（c）。

③ 卢现祥：《成熟的市场经济体制再考察：由诺思悖论引申》，《改革》2010年第8期，第41-46页。

④ 一般认为，美国信用管理法律主要依靠17部法案，除了《信用控制法》被废止，其他16部法案是：《公平信用报告法》《公平债务催收作业法》《平等信用机会法》《公平信用结账法》《诚实租借法》《信用卡发行法》《公平信用和贷记卡公开法》《电子资金转账法》《储蓄机构解除管制和货币控制法》《甘恩-圣哲曼储蓄机构法》《银行平等竞争法》《房屋抵押公开法》《房屋贷款人保护法》《金融机构改-恢复-执行法》《社区再投资法》《信用修复机构法》。

⑤［美］卡斯·桑斯坦：《简化——政府的未来》，陈丽芳译，中信出版社，2015，第106页。

实有效的信用信息基础上。同时，为了防止有人不正当获取信用信息，美国《公平信用报告法》规定，凡以欺骗手段取得他人个人资信调查报告的，将被处以1年以下有期徒刑，同时处以5000美元的罚款。

（二）德国模式

学者提到德国是在邦国制度中建立起德意志宪政[①]，德国结束落后、分裂的局面走向统一，社会国原则的理念浸润在德国法传统中，个体依赖团体才能获得庇护，这种团体主义思想贯穿社会制度的始终，社会保障法是直接的制度体现[②]。德国采取公共征信系统和民营信用服务系统并立的格局，在此基础上构建起全民覆盖的社会信用体系。德国模式的特征是“两条腿走路”，一方面是在政府主导下，借重行政机构、银行等金融机构的力量来展开以行政为主导的失信联合惩戒；另一方面是依靠市场的力量，依托民营征信服务机构展开以社会为主导的失信联合惩戒。

1.以政府为中心

在德国，失信联合惩戒以政府为中心展开，政府主动创造联合的环境和条件。一方面，德国政府直接管理社会信用，设立征信机构，由公共部门监督；另一方面，以政府为中心，多个机构跨部门合作，形成联动机制。德国政府在推动立法上不遗余力，虽然没有专门的信用管理法，但是信贷法、数据保护法、反不道德支付法和其他民商法等起到信用监管的作用。德国《信贷法》规定，德国联邦银行和联邦金融服务监管局对银行等金融机构进行监督和管理，德国联邦银行通过设立“信贷登记中心”掌控银行等金融机构内部的信用风险，联邦银行是境内唯一对金融机构具有统计权力的机构，各类金融机构每月向联邦银行报送包括信贷业务数据在内的统计报表。德国《联邦数据保护法》规定，内政部负责国家秘密工作的监督管理，而联邦政府和州政府均设立个人数据保护监管局，对掌握个人数据的政府机构和信用服务机构进行监管[③]。同时，德国创设了联邦数据保护专员[④]制度，有独立的数据保护机构[⑤]。可见，德国政府在信用监管问题上从来不是一个被动的角色，而是作为重要的

---

① 王亚平：《西欧法律演变的社会根源》，人民出版社，2009，第407页。

② 李若兰：《德国法中的社会国原则研究》，知识产权出版社，2019，第13页。

③ 商信：《德国信用管理立法及社会信用体系解析》，《中国工商报》2016年7月19日。

④ 德国联邦数据保护专员属于公共官员，由联邦政府提名，由联邦会议选举产生，超过法定人数半数才能当选，当选者由总统任命，专员的任免条件参照终身任职法官，专员不得兼职，以此保障其独立权。专员依法对公共机关在个人信息保护方面的执行情况进行监督，对信息保护问题和事件进行调查。

⑤ 姚岳绒：《德国个人信息立法保护重在信息的控制权》，《法制日报》2012年5月8日。

推动力量处于信用管理体系的中心。

2.依靠银行等金融机构的力量建立公共征信系统

德国、法国的社会公共信用信息服务机构由中央银行建立，信用信息主要由银行等金融机构依法提供，中央银行承担主要的监管职能。如德国中央银行信贷登记中心作为公共征信系统，中央银行不仅是社会信用的监管人，还是民营信用服务机构的重要信息数据来源。除了银行之外，司法、工商等部门的信息系统也会提供破产、债务、工商登记信息。一般，银行等金融信息数据不对外公开，仅供金融机构内部共享，对外公开的范围受限，而司法和工商等部门的信息系统必须依法对外公开信息，供公众查询，公共信息也成为民营征信机构信息的一个重要来源。

3.借助私人征信机构建立民营信用服务系统

在德国，征信机构由政府牵头设立，中央银行、金融监管部门、审计部门、公共组织以及行业协会共同参与社会信用管理，这在本质上就是一种以行政为主导的失信联合惩戒模式。但不同于中国，德国的社会信用体系受到第三方征信机构的有效支撑，如德国通用信用保险保护协会（SCHUFA）[①]已有近百年历史，是德国境内家喻户晓的私人征信机构。一方面，作为德国最大的经营信用业务的非政府机构，SCHUFA提供的信用信息覆盖企业和个人，可以提供身份识别、信用评级、数据分析等方面的信息。另一方面，德国征信体系具有公私合作的特征。SCHUFA是德国唯一一家拥有银行信用信息的民营信用服务机构，其信息流绝大部分来自合作伙伴，如银行或行业协会，一小部分来自法院、邮局等公共机构。除了SCHUFA，其他征信公司还有Creditreform、Buergel等。有学者评价，德国是“以政府为主导的公共信用体系为骨干、市场化的民营信用体系为服务和执行主体覆盖全社会的模式”[②]，这个评价是中肯的。

事实上，除了公共征信系统和民营信用服务系统外，德国行业协会建立的信用信息服务系统正逐渐成为不可忽略的第三种力量，虽然它只为协会会员提供企业和个人的信用信息，但是以行业协会为主体的信用服务模式作为对以上两种模式的补充，已成为一种重要的行业内部信息共享机制。因此，德国的社会信用体系实际上包括三部分，即公共征信

---

① SCHUFA于1920年成立，是德国最大的征信机构，具有信用数据收集和保证功能，性质为私人股份有限公司。

② 赵锐：《我国社会信用体系建设的探讨——剖析、借鉴德国SCHUFA的社会信用体系》，《电子政务》2017年第4期，第85页。

系统、民营信用服务系统以及行业协会[①]。

概言之，以德国为首的欧洲模式不同于美国模式，德国政府也不同于美国政府，美国政府基本上没有对个人信息进行集中监管，而是允许公司和行业协会进行自我监管，除非特定行业。这是因为美国立法严格限制政府获取个人数据，法律对政府使用个人数据的监管远比对私人使用个人数据更严格，这根源于美国宪法严格限制政府权力，力求促进政府透明公开，限制政府对私人活动的监管。因此，来自信用方面的困扰主要依靠市场或新技术来解决，人们在传统上就不会像欧洲人那样求助于政府，政府通过掌握信用信息，进而监控失信人。归根结底，失信联合惩戒模式的不同是由于不同国家的立法传统和文化差异。

（三）日本模式

在日本，行业团体处于失信联合惩戒机制的中心，公司企业是以行业团体为纽带连接起来的，成熟稳定的行业协会地位不可小觑，日本模式可以被称为会员制模式，以行业协会为中心建立起来的会员制模式明显不同于美国和德国。

1.以行业协会为中心

日本行业协会的超高公信力是其他国家不可企及的，行业协会承担着信用信息交换的重要职能。日本个人征信机构主要有全国银行个人信用情报中心（KSC）、株式会社信用信息中心（CIC）以及株式会社日本信用情报机构（JICC），它们分别隶属于三个不同的行业协会[②]。最开始，信用信息仅限于协会成员之间共享，小范围传播，1987年，三个行业协会，即日本银行业协会、日本消费信贷业协会和日本信用产业协会联合设立日本个人金融信用情报网，收集个人金融信用信息进行交换共享。开业于1882年的日本银行发挥了中央银行的作用，被称为“银行的银行”和“政府的银行”[③]，在中央银行体制下，其他银行发挥作用。企业征信机构主要有帝国数据银行（TDB）和东京商工所（TSR），前者成立于1900年，后者成立于1892年，两者市场占有率达90%以上[④]。由于行

① 《德国征信体系：政府主导下公私并行》，《中国证券报》2015年12月31日。

② 全国银行个人信用情报中心（KSC）隶属于日本银行家协会；株式会社信用信息中心（CIC）隶属于日本信用产业协会；株式会社日本信用情报机构（JICC）隶属于日本消费信贷业协会。

③ 周启乾：《日本近现代经济简史》，天津社会科学院出版社，2019，第119页。

④ 日本第一家民间信用调查机构“商业兴信所”建立于1892年，其最初的职能就是为银行提供企业的信用信息，商业兴信所制定的《商业兴信所事业指南》被认为是日本征信行业的规章制度的范本。

业协会内部规章制度的制约，协会对信用数据的保护相对严密，数据直接来源于成员，并在成员之间共享，信息采集的成本降低，但数据在小范围内共享，难以推进全行业的信用发展。

2.政府的作用主要是推动立法，并采取官民协商的方式与行业协会合作

在20世纪初，面对不断高涨的民众自由民权运动，日本政府经历了一个“从官民对立到合作”的过程①，日本的成功被认为是政府在产业发展中起到了举足轻重的作用，这种日本式发展模式不同于西方经济自由主义②。日本政府的作用主要在于推动立法，一方面通过立法对行业协会的征信行为进行规范，另一方面通过立法严格保护个人信用隐私。日本新修订的《贷金业法》规定，经日本首相指定的个人征信机构有交换信用信息的义务。2010年，时任日本首相鸠山由纪夫指定株式会社信用信息中心（CIC）和株式会社日本信用情报机构（JICC）组成金融信息网络，实现日本个人征信机构之间的信用信息共享。政府和银行的关系非常密切，如1880年建立的横滨正金银行行长的任免要经大藏大臣认可③，而银行和企业之间关系紧密，20世纪中期重新组合形成的企业集团，拥有综合性金融和产业体系，以银行为核心形成新的金融系列集团，如三菱集团④。日本战后有九大综合商社，这些综合商社不仅有金融功能，还有经济情报功能，设有情报中心或情报室，商社同企业集团的企业和关系企业之间互通情报⑤。因此，日本以独特的企业关系网络著称，如财团体系⑥。概言之，日本行业协会具备一定的公共管理职能，行业协会逐渐成熟和规范化，政府对行业协会的信赖增加，行业协会逐步承担起行业信用管理、信用政策制定与执行等方面的职能。

从结构上看，日本模式是一种“协会+政府”型的联合监管模式，以行业协会为主，以政府为辅，两者合作互补。从历史看，日本于

① ［日］浜野洁、［日］井奥成彦、［日］中村宗悦、［日］岸田真、［日］永江雅和、［日］牛岛利明：《日本经济史》，彭曦、刘姝含、韩秋燕、唐帅译，南京大学出版社，2018，第123页。

② ［日］谷内满：《日本经济：演进与超越》，杨林生、王婷译，江苏人民出版社，2016，第172页。

③ 周启乾：《日本近现代经济简史》，天津社会科学院出版社，2019，第122页。

④ 周启乾：《日本近现代经济简史》，天津社会科学院出版社，2019，第356页。

⑤ 上海社科院世界经济研究所、日本经济研究室：《战后日本实现现代化的经验》，上海社会科学院出版社，1987，第169页。

⑥ ［日］谷内满：《日本经济：演进与超越》，杨林生、王婷译，江苏人民出版社，2016，第16页。

1884年颁布《同业组合准则》，同业组合的强制加入制形成了日本独特的行业协会结构[①]。行业协会是市场经济关系深化发展的产物，以行业协会为中心决定了日本模式在本质上还是以市场为主导的，而其他国家很难像日本一样形成具有超强影响力的行业协会，自然很难复制日本这种模式。概言之，发达国家几乎都存在以行政为主导和以社会为主导这两大类型的失信联合惩戒，美国和日本失信联合惩戒机制的主要表现形式是以社会为主导，而德国失信联合惩戒机制在属性上主要体现为以行政为主导，同时，由于法院的中立地位，以司法为主导的失信联合惩戒难觅踪迹。

辛普森教授说，如果要理解某一社会制度并批判地研究它，一种方法就是跳到这种制度之外，"从学术角度看，了解其他社会如何管理它们的法律安排，有助于审视本国法律体系中的缺陷，并寻找改革完善的途径"[②]。失信联合惩戒虽然并无借鉴的标准，但是将他国模式作为参照，可以为未来系统的失信惩戒机制提供新思路，可以知悉各种惩戒机制的优缺点，增强它们的力度。在研究失信联合惩戒机制时，我们仍然不免申明它的灵感来自西方的失信惩戒制度，失信联合惩戒是失信惩戒的进化和更高阶段，但我们绝不确信它是更优越的，无视本国制度的缺陷和其他法律制度的力量是要不得的，"从布莱克斯通把英国法律制度看作法律智慧顶峰的时候起，普通法学者便趋向于狭隘和内向了"[③]，同时，我们也希望世界看见我国的失信联合惩戒机制，它是有缺陷，但有自己的特点。

第二节　域外失信联合惩戒制度的特点

在意涵上可以说，很多西方发达国家的失信联合惩戒制度形成之初是没有国家或政府参与的，而我国对失信联合惩戒制度的热情扎根于政治条件之中，在社会转型之际，人口流动频繁，尚不具备强大的信息机制，出于尝试，也是为了建立与工商业社会匹配的信用规范，我国提出建设诚信社会，目的虽然不是在整个国家建立统一的信用体系，但是也是为了树立榜样，诚信社会建设的浪潮鼓舞了失信联合惩戒实践的出现，很多机构开始将联合惩戒这种解决问题的方式输入实践当中，相比之下，

① 冯玮：《日本经济体制的历史变迁》，上海人民出版社，2009，第108页。

②［英］布赖恩·辛普森：《法学的邀请》，范双飞译，北京大学出版社，2015，第250页。

③［英］布赖恩·辛普森：《法学的邀请》，范双飞译，北京大学出版社，2015，第251页。

域外发达国家失信联合惩戒具有如下特征。

一、以社会为主导的失信联合惩戒是主要形式

实际上，对于失信行为应该给予什么样的惩戒，这在任何一个国家都是经过长期错综复杂的历史作用才得以形成的。在西方发达国家，自主联合是失信联合惩戒制度活力的源泉，尤其在市场经济成熟的国家，以社会为主导的失信联合惩戒是失信联合惩戒的主旋律，它是优化、变革社会信用制度的主要出路。比如在美国，在未来相当长的一段时期内，以社会为主导的失信联合惩戒是失信联合惩戒的主要存在形式，以行政为主导的失信联合惩戒必须以立法为前提，在倡导司法独立的国家，以司法为主导的失信联合惩戒罕见踪迹。

首先，发达国家主要借助市场机制来实施联合惩戒。无论是政治领域还是经济领域内的改革，人们普遍假设提高组织效率的最佳方法是用某种建立在市场基础上的机制替代传统机制，如学者提出的“市场式政府”[①]，提高政府组织效率的最佳甚至唯一的方法是用某种建立在市场基础上的机制代替传统的官僚体制。西方发达国家是现代信用改革的中心，很多国家都对信用问题作出了反应，这些反应促使每个国家对自己的政治和经济体制改革进行有益的检视，寻找更契合本国国情的惩戒模式。在西方国家，政治传统和市场经济模式决定了对失信人的惩戒模式以社会性力量为主，以市场为中心。现实而言，相比政府，市场知道哪些需要保持，哪些需要丢弃，哪些需要吸收，哪些需要改造，哪些领域需要集中精力。

其次，市场经济机制决定了以社会为主导的失信联合惩戒将是西方发达国家失信联合惩戒的主要形式，市场惩戒、行业惩戒和道德惩戒互相之间的联合互通铸就一个信用清明的社会，而西方发达国家的政治体制又决定了以权力为主导的失信联合惩戒必须在法律的控制之下。看来，一个国家由于民主政治制度发展早而在信用问题上得到的好处并不太多，虽然每个国家的民主政治制度存在差异，但是几乎每一个国家都将发展起相当高水平的信用体系，到那时，各个行业都将挑选信用评价高的交易对象，有竞争力的企业会迁到信用环境更好的地方去，信息网络将失信信息传递到任何可能的地方，蓬勃发展的信息技术产业将整个信用领域当作自己的市场，一切具有信用基础的领域都将得以扩大，各地方因

① ［美］B.盖伊·彼得斯：《政府未来的治理模式》，吴爱明、夏宏图译，中国人民大学出版社，2014，第22页。

信用环境造成的发展不平衡可能扩大。

二、以权力为主导的失信联合惩戒须以立法为前提

首先，联合受到立法的限制。立法不仅规范有害的行动，也引导有益的行动。建立失信联合惩戒的思想主要在于认为国家必须拥有惩治失信的权力，而且拥有的权力最好是无限的，但立法不可避免地限制联合的权力，也限制各个惩戒机构的权力，现有的立法并没有为功效卓越的失信联合惩戒大开方便之门。如果国家将失信联合惩戒的权力下放给地方，地方政府推行的失信联合惩戒经常由地方决定，并且没有相关上位法限制，地方则尽可能地将越来越多的机构吸收进联合惩戒的集团组织，过去的立法过程被逆转过来，这种局面恰恰是立法者反对的。

其次，立法要防止权力滥用。人们希望任何一种类型的失信联合惩戒都以立法为前提，问题往往是，政府通常不会自动地推动以行政为主导的失信联合惩戒向着以法律为基础的失信联合惩戒过渡，而是基于压力或社会情势作出利他主义或人道主义的决定，即这种过渡往往是情势压迫。如果说，法律有时是一个国家内部不同群体进行妥协的产物，带有被动性，也有明智的掌权者主动造法的实例，而且并不鲜见，如拿破仑与法国民法典。这种自动造法背后的原因可能是为了获得人民的忠诚合作，也可能是为了应对内部的分歧和斗争，也不乏社会改革的需要，这样既为保存自身权力寻找到一个可靠的依据，同时成立一个看似独立的司法机关来裁判社会纠纷，将政府从社会纷争中抽身出来，不至于成为人民攻击埋怨的对象。一旦人民对纠纷的裁判不满，攻击的对象首先是法律与司法机关，而不是政府，政府以旁观者的身份成功地置身事外，这种超脱的身份也是权力部门愿意自动推动法律改革的原因。更糟糕的是，在某些司法无法保持中立的国家，政府与法院可能存在暗通款曲、专擅权力与法律裁判媾和的情况，多数国民不明白内中原委，以为这是法律或法官的原因，其实这仍然是不受限制的权力在作祟。

三、司法机关的中立性

域外关涉失信联合惩戒制度的场域，几乎难觅法院的身影。法院应保持谦抑和中立，这样的观念已经深入人心，不可撼动，法院秉持中立的理由几乎无可辩驳，任何一个法治国家都不允许个人或机构强行行使正义，国家才是这种强制力的唯一持有者。于是，国家设置专门的机构、专门的人员和专门的程序来处理法律问题，法庭和法官结合在一起，他

们被看作中立的机构和中立身份的人，这样的机构和人员比较受人信赖，因为他们中立和正直，不会偏袒任何一方。当然，因为司法机关的专门程序烦琐冗长，耗时费力，有的受害人会转而请求公权力之外的仲裁机构或其他组织，只要是可以有效解决失信问题的方法，都被逐一试验过。社会为因失信受害的人提供了形式不同的裁决方式，这些方式在不同程度地发展。但到现代，除了诉诸国家的司法机关，受害方没有任何法律允许的机构可以求助，为受害方提供保护，司法机关成为惩罚失信人、代替受害人索取赔偿的唯一合法机构。如果法院作为惩戒机构参与到失信联合惩戒中去，“裁判员”和“运动员”身份合一的情形就会出现，因失信而受害的一方的最后希望可能落空。

四、政府的谦抑性

政府的谦抑性是指政府只有在确属必不可少，没有适当方法提供的条件下，才直接介入失信联合惩戒，即便欧洲国家失信联合惩戒机制以行政为主导，以政府为中心，但政府的中心作用不同于我国。

对行政权力保持警惕是西方的一贯传统，缩小政府权力就要将政府原本的职能部分转移给私人部门，形成“分享权力”的格局[①]。哈耶克说，“防止权力专断的不是着眼于它的来源，而是对它的限制”，“如果民主制度决定了一项任务，而这项任务又必定要运用不能根据定则加以指导的权力时，它必定会变成专断的权力”[②]。哈耶克还说，“计划和民主之间的冲突只不过起因于这样的事实，即对指导解决活动所需的对自由的压制来说，后者是个障碍”[③]。一个由政府主导的惩戒机制，即使形式上是法制的，但如果主要以行政力量推动展开，它最后仍旧不免和其他行政管制一样，惩戒权力的最终来源还是行政权力，因此，发达国家政府主要通过推动立法来促进失信联合惩戒，政府的中心作用在于助推，而不是直接参与。

在我国，联合惩戒改革主要由政府内部发动，政府主动推行，但改

---

① 凯特尔提出，政府与市场的关系是自相矛盾的。一方面，市场缺陷强化了政府权力；另一方面，政府的缺陷又强化了市场的权力。不论是依靠政府还是市场，都会增加负担。参见［美］唐纳德·凯特尔：《权力共享——公共治理与私人市场》，孙迎春译，北京大学出版社，2009，第30页。

② ［英］弗里德里希·奥古斯特·冯·哈耶克：《通往奴役之路》，王明毅、冯兴元等译，中国社会科学出版社，1997，第93页。

③ ［英］弗里德里希·奥古斯特·冯·哈耶克：《通往奴役之路》，王明毅、冯兴元等译，中国社会科学出版社，1997，第93页。

革是由外部压力引发的。因为失信联合惩戒在道德伦理上占据优势，不是基于一种错误或无稽的思想，而是根据多数人的意志作出的决断，因此，我们一般不认为这种行政权力的介入是危险的，这也就能够理解为什么很多学者将失信联合惩戒与行政处罚画等号了。

当然，当今的政府已经不可能一意孤行地施行其联合惩戒方案，相反，在制定联合惩戒方案之前，政府必须与多个部门乃至社会公众进行磋商，提供草案进行讨论，互联网提供了这样的便利。任何政府部门都不可能再凭借强制手段或法定程序来将意志强加在公民头上，首先要和具有影响力的机构达成共识，之后才能进一步制定方案，并公之于众，听取专家意见，汇聚来自民间的建议，经过几次修正草案，联合惩戒的制定更像一个协商的过程，如果联合惩戒作出与社会期望完全相反的决定，一般是不会长久的。

第三节　中外失信联合惩戒制度的差异

东西方国家，虽然发展程度不同、地域有异，但是不妨碍各国在信用治理上的表现。一方面，失信人表现出较大的相似性，使各个国家在信用问题上面临同样的困难。另一方面，失信的横行引致了所有国家的防卫和反击，每个国家都有意识地从其他民族的经验中寻找普适的信用制度。几个世纪以来，政府都在焦灼地面对失信人日益猖獗的事实以及受害人日益强烈的惩戒主张，当代信用制度相比以前更为强势，它在东西方国家呈现不同的面貌，更深层次还在于东西方国家迥异的政治传统和思维结构。

一、政府的作用不同

现代信用制度手握两柄宝剑，一柄赋予国家，一柄赋予人民。不受限制，根据意愿形成惩戒联盟的愿望是不可能实现的，哪怕是经历了最彻底变革的国家，只要法律还在，只要理性的立法机关和司法机关还在，就无法不对政府权力保持警惕，这在中外都一样，只是程度上有差别。

首先，对于我国，联合在很大程度上源自政府的计划。失信联合惩戒在我国更像信用政策，而不是法律制度。我们的要点与其说是失信的普遍性不可避免地导致了联合，毋宁说是计划导致了联合，因为只有计划才能在政府上下之间推动失信联合惩戒，政府被认为是当前推动联合惩戒的最理想机构，失信联合惩戒要成为可能，政府的参与必不可少。

其次，对于政府参与联合惩戒，中外都在试图解决其合法性问题，但以行政为主导的失信联合惩戒机制在西方遇到的障碍远比在我国遇到的要大。事实上，在西方发达国家，行政与司法的联合与民主政体是不相容的，西方所谓的民主国家对失信联合惩戒的忌惮在于权力制约困难。李普塞特提到，美国制度设计的目的就是削弱或者限制行使国家权力，马克斯·韦伯更直接地将国家定义为“在一特定的领土内（成功）垄断武力合法使用权的人类共同体”。质言之，虽然国家惩戒权力可以无限大，并不缺少执法力量，但是真正实行的是一种有限惩戒的体制，这一体制限制惩戒权力的行使。

二、市场的作用不同

市场经济是信用经济，失信联合惩戒以不良征信为基础，这决定了失信联合惩戒的主战场之一是市场。

首先，在市场经济不发达的地方，人们不太需要征信。米塞斯教授说，“在商品和服务自由交易尚未实行的地方，人们不会需要货币”[①]，西方发达国家的失信联合惩戒机制以市场为中心，在形式上主要体现为以社会为主导；我国的失信联合惩戒机制则以政府为中心，在形式上主要体现为以行政为主导。在市场经济相对落后的国家，人们的生产和消费都集中在一个相对封闭的环境内，信用在人们的价值评估中还没有完全市场化，没有条件用信用信息去进行市场交换，信用信息对其他社会成员的使用价值没有被发掘，市场经济的发展也不太需要征信来推动。

其次，我国尚不具备以市场为中心展开失信联合惩戒的客观条件。在宏观上，公开透明、系统化的社会信用体系是信用经济良好运行的前提，我国要进一步建立全国统一的社会信用体系和信息披露制度。在微观上，由于信用市场尚未发育完全，个体信用还不是市场评价的主要依据，市场交易较少通过参考个体信用来选择交易对象，这制约了信用经济的蓬勃发展。

三、主要类型不同

西方发达国家的失信联合惩戒机制主要是以社会为主导，市场惩戒、行业惩戒和道德惩戒是主要表现形式，依靠的是失信信息在社会的广泛传播和共享，通过市场机制自发形成失信联合惩戒。如此一来，域外失

① ［奥］路德维希·冯·米塞斯：《货币与信用理论》，孔丹凤译，上海人民出版社，2018，第3页。

信联合惩戒机制是一种自主机制，内生于市场，成长于市场，依赖于市场，是和市场经济机制自然相容的一种制度。

我国以行政为主导的失信联合惩戒在体量上占据优势，在失信联合惩戒的多种形式中，最引人注目的是以行政为主导的失信联合惩戒形式。失信联合惩戒机制在形式上主要以行政为主导的失信联合惩戒的形式呈现，政府在社会信用体系建设中的主导性地位决定了以行政为主导的失信联合惩戒在整个失信联合惩戒制度中的重要地位，这种形式是失信联合惩戒的典型形式。

四、联合的纽带不同

联合需要一定的媒介，联合的效果受到媒介的直接影响，如果只是研究失信联合惩戒机制本身，而不研究联合的媒介，无异于逃避了最为艰难的那部分。过去20年里，朝着信用制度这个方向的演变是令人吃惊的，我们还没有找到最佳的规制方式，我们的起点是失信人群体，来源复杂，他们来自不同地域和不同阶层，那么，能够将各方惩戒力量团结在一起，形成共同纽带的，到底是什么？每个国家给出的答案可能都不一样。

在我国，失信联合惩戒制度被看作官方行动路线的产物，最初能够将各方惩戒力量联合在一起的就是政府。不同惩戒机构以备忘录为纽带进行联合，也因为备忘录本身的性质，失信联合惩戒的合法性饱受质疑。诚信社会建设受到政府严密的系统扶持，政府不仅出台无数规范性文件，还成立专门的组织来推动，在政府的主持下，行政机关之间、行政机关和司法机关之间联合签署联合惩戒备忘录，这不得不说是一次伟大的实验，这直接导致了失信联合惩戒的产生。

域外国家失信联合惩戒制度主要以立法为纽带，尤其行政部门之间的联合必须以立法为前提。政府展开行动之前，第一步要考虑的就是立法，联合惩戒的存在是为了惩戒失信人，如果没有立法在先，仅仅根据政府的意愿将联合惩戒创造出来，违反立法原本给自己设定的权限范围，立法没有允许惩戒机构做的事情，惩戒机构通过其他途径实现了，那么，立法对惩戒机构的权力限制还存在吗？要知道，在最初，不同政府机关手中的权力是立法神圣赋予的，是用来保障国家机器的运转和为公民提供服务的，这个功能必须得到认真对待，它们不是可以利用来裹挟失信人作出让步的资源。

综上可见，有时像弗里德里希·黑贝尔所说的那样，“我们一会儿缺葡萄酒，一会儿缺酒杯”[①]，失信联合惩戒也一样，我们一会儿缺有效的手段或可靠的媒介，一会儿缺国家层面立法的支持，没有两全其美的事情。在信用监管这条道路上，每一个国家都有自身的原因，政治的、经济的、文化的，它们互相作用或反作用，很难说哪些原因是决定性的。在我国，失信联合惩戒这件事不能忽略政治的因素，文化或经济等其他因素都不能完全解释我国为什么在某些方面将那些父母有劣迹的孩子排除在外。现实来说，我国的情况特别适合联合惩戒，人口多，地域广，人员结构松散，政府社会治理能力强，人民对政府保持高度信赖，并且对政府有敬畏之心，在这一方面，许多西方国家不如我国。

第四节　域外失信联合惩戒制度的发展趋势

最能清楚地将法治状态下的失信联合惩戒和行政状态下的失信联合惩戒区分开的，莫过于前者遵循法治这一根本原则。目下的中国，正处于从行政状态下的失信联合惩戒向法治状态下的失信联合惩戒过渡的阶段，这种过渡不可能独立于基本的历史进程，正如肖努所言，这一进程包括经济压力的变化，生活水准的普遍提升，人口的膨胀，财富和私有财产的增加以及随之而来对安全的需求[②]。

一、以制定法为基础

当本书试图描绘失信联合惩戒制度在当代的图景时，无法不察觉它正缓慢地向“以制定法为基础的机制”[③]靠近。和失信联合惩戒相关的成文法不断被创制出来，对失信联合惩戒制度的研究，笔者最后的收获是：在获得惩戒权力之前，所有惩戒机构得事先服从一个关于联合惩戒的规则体系，一个有效的直接确认联合惩戒的规则体系是失信联合惩戒制度的最好保障。

确实，惩戒力量应以何种方式组织起来还没有被认真思考，域外国家并没有否定之前的法律关于惩戒失信的模式和构造体系，它仍然是具体性和反应性的，趋向于对特定问题作出回应，合同法、侵权行为法、

① ［奥］斯蒂芬·茨威格：《昨日的世界》，吴秀杰译，民主与建设出版社，2017，第109-110页。

② ［法］米歇尔·福柯：《规训与惩罚》，刘北成、杨远婴译，生活·读书·新知三联书店，2012，第85页。

③ ［爱］约翰·莫里斯·凯利：《西方法律思想简史》，王笑红译，法律出版社，2010，前言。

反不正当竞争法等按失信行为的具体形态来应对。联合惩戒的情形更为复杂，其适用有一定的条件限制，尤其对于以权力为主导的失信联合惩戒，立法在前，联合惩戒在后，没有立法，就没有联合，也没有惩戒。虽然在西方发达国家，信用制度不可避免地要发展成为法律制度，但是权力制约的观念还是使大规模的失信联合惩戒不能被广泛接受，一种高度保护性政策使这种制度成为可能，在现代法治国家，这种高度保护性政策只能是法律，而不能是政策或者其他。

对于我国来说，自诚信社会建设以来，以行政为主导的失信联合惩戒使失信联合惩戒的浪潮达到了顶峰，很快成为诚信社会建设的核心机制，但有一点是明确的，即所有的惩戒必须依法而行，没有明确的法律规定，失信联合惩戒无从产生，这是确定无疑的。

二、国际信用信息大联合

失信的不受控制，在部分意义上与其说是缺乏监管所致，不如说是与某种不统一的状态有关。当代世界正经历一个巨大的“奇观”，即诚信理念已经深入世界各个角落，国家、社会、组织和公民个人构成一个新的统一体，一起对抗失信群体。国界不再对信用数据流构成障碍，信用活动中的变化与惩戒手段的扩展和改进彼此关联，信用信息获得越来越重要的地位，寻找和获取信用信息的技术，更严格的监控信用的手段，监督人们的日常信用行为，这些都是信用制度改革这个复杂实体的一部分。现如今，人口自由流动，如果要对个体信用行为作出更周密的测定，就必须有一个更精密的工具与之相匹配，于是跨国信用信息数据库应运而生。

失信联合惩戒制度带来很多变化，各国自己首先要改变，各个国家都要把自己当作国际失信联合惩戒链条上的一环，把自己想象成一个惩戒机构。每一个惩戒机构只有改变自己的工作习惯，整个机制的生产效率才能提高，虽然联合惩戒这种模式早已存在，但是为了使失信联合惩戒机制发挥最大效用，各个相关机构要调整自己的办公方式和结构，因为传统的国内法垂直治理经常从谁控制惩戒权力开始，而不是从惩戒的效率开始。假设一家参与联合惩戒的机构在过去考虑的是是否实际被赋予惩戒的权力，现在的首要任务则是尽可能利用国际公共信用信息平台上的境内外失信信息，然后水平性地思考问题，找到一个方式，将所有和失信行为相关的国家聚集在一起，让他们意识到失信给各自带来的管理上的威胁，然后作出相应的惩戒，再利用网络，将惩戒信息反馈到平台上，让其他国家同时得到最及时的反馈，现在的任务已经不是谁实际控制惩戒权力，而是创建一个平行的国际反馈系统来提炼出最重要的失信信息，让世界所有人明白失信人身上到底发生了什么。这个过程听起来并不复杂，但事实上很困难，新的系统和模式需要一段很长的时间才能真正联合起来，这是多重力量的汇合，当前正在调试之中，但它的发展速度比我们想象中要快得多。合作是一种全球趋势，这已经被充分证明了。

三、日趋严格的个体信用审查及其惩治

由于信息网络的高度发达，一切和身份相关、能够被记录下来的信息都将成为个体信用审查的一部分。

首先，对国内个人的信用审查已经成为一种传统。美国是世界上信用管理法律制度比较完善的国家，美国对普通公民的个人信用审查涉及多方面，包括纳税、信用卡记录、犯罪、诉讼情况，甚至包括停车记录，对外国人而言，在美国违章逃款等违法行为将被限制入境已成为常识。美国政府官员个人信用的审查有悠久的历史。美国政府在官员任命之前会对候选官员进行个人信用审查，包括身份背景、纳税、言论、论著、私生活等[①]，任何一方面的不良记录都足以使当事人丧失当选资格。同时，美国财政部海外资产控制办公室（OFAC）有权针对企业或个人展开调查，针对其违规行为进行裁决，采取各种措施，包括命令其停止违规行为，拒绝、修改或撤销许可证，将违规个体列入“特殊指定国民名单”，冻结资产，禁止美国人与其交易，处以民事罚金或移交检察官追究其刑事责任等[②]。

其次，对国外个人的信用审查。失信联合惩戒不仅适用于本国，还扩大到国际范围。一方面，西方发达国家在失信惩戒上同样适用长臂管辖，联合惩戒的范围进一步扩大，过去联合惩戒的范围还限于本国境内和本国公民或组织，但现在扩大到境外国家和个体，如美国根据《赫尔姆斯-伯顿法》和《达马托法》，对与目标国从事商业往来的第三国实施制裁。另一方面，联合惩戒变得越来越具体和有针对性。如美国于2010年8月发布《伊朗金融制裁条例》，单独针对某一国家立法进行专门制裁

① ［美］卡斯·桑斯坦：《简化——政府的未来》，陈丽芳译，中信出版社，2015，第8页。

② 转引自孟刚、赵希伟：《美国二级制裁和我方应对思考》，《公共外交季刊》2019年第12期，第42页。

是近年来才有的现象[①]。再如2019年，美国宣布对多国企业和个人实施制裁，包括13个中国实体及个人、3个俄罗斯实体、1个伊朗实体以及5个叙利亚实体[②]。其他国家也针对美国的制裁予以回击，如我国于2020年发布对外国个人与实体的制裁清单，涉及54个实体和个人[③]，这些制裁的本质是联合国家一切可以利用的力量，对对象进行联合打击。

四、个人数据立法的勃兴

征信使个人信息面临被侵害的危险，这是显而易见的。信用经济要发展、利用和开发个人信用信息，而这些信息不仅是隐私的一部分，还涉及财产利益。失信联合惩戒制度扩大了对个人信用数据的应用，甚至存在滥用的可能，以征信为基础的失信联合惩戒制度的发展和个人信用数据保护是并存的两个问题。

以美欧日为例，美国对个人数据的保护主要是通过《隐私权法》[④]，辅之以《联邦贸易委员会法》[⑤]、《金融服务现代化法》[⑥]、《儿童网上隐

①《伊朗金融制裁条例》由美国财政部于2010年8月11日发布，其规定："如果外国机构在明知有关活动将有助于伊朗政府购买和发展大规模杀伤性武器而与其进行金融交易或者为其提供金融服务，财政部副部长将有权对该国金融机构采取制裁措施，即便相关的金融交易或者金融服务是在美国境内进行的。"时任美国总统奥巴马于2011年年底签署《2012年国防授权法》，规定"将伊朗中央银行和与伊朗金融机构交易的国外金融机构纳入制裁范围"。该法规定："允许对与伊朗央行结算石油进口费用的外国机构实施制裁，并对同伊朗中央银行或其他列入制裁清单的伊朗金融机构在美国新开设代理账户或通汇账户，或禁止继续维持这类账户，或对这类账户施加严格条件。"

② 该项制裁于2019年5月14日生效，为期2年。制裁内容包括：除非美国国务院另行决定，否则任何美国政府部门不得向上述外国人员采购任何服务、产品、技术或与这些人员订立任何服务、产品、技术采购合同；除非美国国务院另行决定，否则任何美国政府部门不得向这些人员提供任何协助，这些人员也不能参与由美国政府提供协助的任何活动；任何美国政府不得向这些人员销售任何军品清单上的物品，并终止向这些人员销售任何美国《武器出口管制法》管控的国防物品、国防服务或设计和施工服务；不得就任何受EAA或EAR管控物品的出口向这些人员颁布新的个别许可，并暂停授予这些人员现有的任何许可。

③ 制裁内容包括禁止有关人员及其直系家属入境（包括香港、澳门），冻结其在华财产，禁止中国公民及机构同其交易，限制他们及其关联企业、机构同中国进行往来等。

④ 美国《隐私权法》颁行于1974年，主要针对联邦政府部门收集、利用个人数据作出限制。

⑤ 美国《联邦贸易委员会法》（*Federal Trade Commission Act*）颁行于1914年，禁止公司在消费者数据隐私保护方面作出欺骗和不公平行为。

⑥《金融服务现代化法》（*Gramm-Leach-Bliley Act*）颁行于1999年，主要针对金融信息的收集、使用和披露行为进行规范，对于非公开个人信息，数据主体有拒绝信息共享的权利。

私保护法》[①]、《健康保险便利和责任法案》[②]、《反垃圾邮件法》[③]、《公平信用报告法》[④]、《电子通信隐私法》[⑤]、《澄清域外合法使用数据法》[⑥]等。除了联邦，多数州都通过了保护个人数据的法案。2018年，《加州消费者隐私法》（*California Consumer Privacy Act*）被称为美国境内最严格的隐私权法。2021年7月，美国《统一个人数据保护法》颁行，旨在统一各州隐私立法。欧洲被称为个人信息保护的发源地。1995年，欧盟通过《数据保护指令》[⑦]，作为欧盟隐私和人权法的重要组成部分，这部法是处理欧盟内部个人数据的指令，该指令被具有长臂管辖功能的2016年《通用数据保护条例》（GDPR）[⑧]取代，只要是收集、利用欧盟国家公民及住民的个人数据，即便企业不在欧盟境内，也接受该条例的管束。日本个人信息保护法属于社会法范畴，跨越公私领域。1999年，日本通过了《行政机关个人信息保护法》。2003年，《个人信息保护法》和《独立行政法人等个人信息保护法》通过，并分别进行了修改[⑨]。日本《个人信息保护法》作为基本法，辅之以单行法，明确国家、行政机关、独立行政法人、地方公共团体各自的职责以及利用个人信息的企事业单位应当

---

①《儿童网上隐私保护法》（*Children's Online Privacy Protection Act*）颁行于1998年，针对13岁以下儿童，征集信息必须预先征得其监护人同意，监护人有修改权。

②《健康保险便利和责任法案》（*HealthInsurance Portability and Accountability Act*）颁行于1996年，关于医疗信息的交易规则、患者身份识别、医疗隐私等问题均有详细的规定。

③《反垃圾邮件法》（*CAN-SPAM Act*）颁行于2003年，它和1991年《电话消费者保护法》（*Telephone Consumer Protection Act*）共同针对电子邮箱地址、电话号码等个人信息的收集利用予以规范。

④《公平信用报告法》（*Fair Credit Reporting Act*）颁行于1970年，它和2003年《公平准确信用交易法》（*Fair and Accurate Credit Transactions Act*）一起限定了消费者个人信用信息的使用途径。

⑤《电子通信隐私法》（*Electronic Communications Privacy Act*）颁行于1986年，它和1984年《计算机欺诈和滥用法》（*Computer Fraud and Abuse Act*）一起，限制政府监控私人电子通讯，对政府监听个人电话的限制措施延伸到电子数据传输。

⑥《澄清域外合法使用数据法》（*Clarifying Lawful Overseas Use of Data Act*）颁行于2018年，法案规定，依据数据控制者来确定数据管辖权，而不是存储地，只要在美国开展实际业务的公司，均属美国管辖范围。美国都可以要求服务商提供数据，尤其是那些危害美国国家安全、涉及严重刑事犯罪的重大案件的数据。

⑦ 欧盟《数据保护指令》旨在欧盟内部建立统一的标准，为欧盟国家立法保护个人信息数据设立最低标准。

⑧ 欧盟《通用数据保护条例》颁布于2016年4月，2018年5月25日开始实施。它不同于《数据保护指令》的地方在于，将数据保护的范围扩大到境外，增加了数据主体的权利，严格规定了数据处理者的责任，增设数据保护官，对跨境数据流动、数据安全事故、问责、执法和处罚等细节都有更细致的规定。

⑨ 日本2017年开始修改《个人信息保护法》，新法案尚未出台，2019年修改了《独立行政法人等个人信息保护法》。

履行的义务。2016年起，日本实施的《“通用号码”法案》开始分配个人识别号码，对个人信息数据进行记录与管理[①]。日本鼓励不同性质的部门建立符合自身特性的行业规范标准[②]，在《个人信息保护法》的统领下，日本金融厅、总务省、经济产业省、国土交通省等分别制定标准来规范个人数据信息的利用行为。

当代个人数据保护运动正在轰轰烈烈地展开，如1973年《瑞典数据法》、1999年奥地利《个人数据保护法》、2000年阿根廷《个人数据保护法》、2000年丹麦《个人数据处理法》、2018年爱尔兰《个人数据条例》、2018年西班牙《个人数据和数字权利保护法》等。1995年俄罗斯颁布第一部以信息为对象的专门立法——《信息、信息化和信息保护法》[③]，2006年颁布《信息、信息技术和信息保护法》，同在2006年，俄罗斯颁布《联邦个人数据法》，以此保障公民处理个人数据的权利[④]。在我国，2017年《中华人民共和国网络安全法》开始施行，2021年9月第一部有关数据安全的专门法律《中华人民共和国数据安全法》正式施行，《中华人民共和国个人信息保护法》也于2021年11月1日起施行。此外，埃及于2020年7月15日发布了第一部《个人数据保护法》，印度《个人数据保护法》也在筹谋当中。

综上所述，法国刑法学家塔尔德这样表述，“模仿因子在法律上演进是一个十分重大的力量”[⑤]，失信联合惩戒制度从历史经验中派生而来，这种经验能为大多数人所感知，比如我国借鉴西方国家将地铁逃票者列入失信人名单的做法，失信惩戒制度是充分借鉴国外信用管理经验并结合我国现实国情的产物。笔者一度苦思的问题是，为什么专门性失信联

① 日本《“通用号码”法案》计划给本国居民、长期居住的外国人等分配个人识别号码，用于社会保险、纳税等个人信息数据的记录和管理。

② 行业性质不同，受关注的个人数据信息也不同。政府机构注重姓名、性别、职业等身份基础信息，商业机构注重消费、购买、支付等商业信息，银行则注重信贷、纳税、个人收入等信息。

③ 1995年俄罗斯《信息、信息化和信息保护法》主要调整信息技术、信息系统、信息保护等领域的法律关系。该法在2006年被修改，2006年版《信息、信息技术和信息保护法》不同于前法之处在于，加强了对公民个人数据的保护，与个人私生活有关的信息不能任意收集、保存和利用。

④ 俄罗斯《联邦个人数据法》赋予公民的权利主要分为三类：一是基础性权利，包括知情权、访问查询权、更正删除权等；二是市场营销中的个人权利，在主体预先同意的情况下，才能对个人数据进行推广和利用；三是自动化决策中的个人权利，除非个人数据主体书面同意或为维护其利益，原则上禁止基于完全自动化处理作出影响个人数据主体的决定。

⑤［美］埃德加·博登海默：《博登海默法理学》，潘汉典译，法律出版社，2015，第177页。

合惩戒机制的需求出现在21世纪？而且作为专门制度首先出现在我国，这可能取决于独特的社会环境。西方国家在完善的信用监管制度下，借助互联网来确保失信信息的有效共享，市场机制保障联合惩戒的自然展开，这在很大程度上依赖于一部分先决条件，包括完善的信用法律规则、发达的网络和成熟的市场经济机制，但刻意设计出来的失信联合惩戒制度要求各个惩戒机构之间密切合作，连成一体，并且失信联合惩戒机制的构建需要一个强有力的主导性力量，而对于社会信用体系建设，西方国家政府远远不及中国政府有那么大的驱动作用，失信联合惩戒制度可能是理性的，但彼时的西方历史环境却不是适宜的，这种环境在中国已经成就了。

信用问题以及对失信惩戒机制进行构建的需求已经存在许多年，只是世界信用经济使这些问题更加突出。经济利益被认为是导向违约失信的直接原因，却经常不是导向违法失信的直接因素，震惊世界的“9·11”事件和“棱镜门”事件都不是为利益而去，矛盾的激化在社会深层，而不是表层的利益，失信联合惩戒给世界提供了一个具有吸引力的方案，将失信人失信行为同未来多项利益联结起来，这样的方案具有强大吸引力，越来越多的机构加入失信联合惩戒联盟在很大程度上就说明了这一点。但对于许多西方国家而言，作为一种专门制度的失信联合惩戒所代表的是中国政治经济文化制度的延伸，这个制度并不能向其他国家提供有意义的参照和借鉴，这一事实阻碍了失信联合惩戒向更广大区域发展的目标实现。

弗里德曼提到，人类已经从工业社会经历知识社会，到达了现在的分散社会，最后我们将到达“新的全球合作社会”①，老的权力结构和经验会被新的市场力量和价值观提出挑战，这意味着，我们要用新的一整套工具，在各方面对社会有机体进行拓展、深掘、重构。历史学家经常提示，急剧的社会变化经常带来巨大的破坏，没有人知道失信联合惩戒制度最终会带来什么，但是它已经让人感到压力和紧张。弗里德曼还说，我们人类需要围墙、天花板和地板②，任何制度都要有一个边界，我们需要就失信联合惩戒机制达成共识：如何建立规则？如何建立惩戒机构？联合惩戒机制如何运行？这些准则和标准是如何产生的？将来失信联合

① ［美］托马斯·弗里德曼：《世界是平的》，何帆、肖莹莹、郝正非译，湖南科学技术出版社，2008，第185页。

② ［美］托马斯·弗里德曼：《世界是平的》，何帆、肖莹莹、郝正非译，湖南科学技术出版社，2008，第185页。

惩戒制度最有可能采取混合模式，传统的政府、司法机关以及公共机构需要与新兴的企业、网络社区、社会公众合作来构建失信联合惩戒机制的框架，制定出未来世界信用行为的新准则和新界限，这成为当前世界信用制度改革的组成部分。

第八章　失信联合惩戒的制度构建

从传统失信惩戒机制到现代失信惩戒机制的变迁，反映出社会的一种信仰，即人们确信那些棘手的问题可以通过法律来解决，法律被看作包治百病的良药，可以治愈社会的各种顽疾。失信联合惩戒是社会信用改革的基本方略之一，弗雷德里克·波洛克教授说，改革通常有四种方法：一是建立一个特设的权力机关或司法系统来解决问题；二是对旧有的程序进行扩充和发展；三是由立法机关出面修正法律；四是对整个程序体系进行全面系统的重建，对现存秩序进行重新布局[①]。在制度演进过程中，从初级状态到文明状态，这是一个制度的普遍循环过程。事实也是，失信联合惩戒制度还没有形成现代人公认的严谨稳定的架构和边界。

前文将失信联合惩戒存在的问题概括为七大方面，即合法性问题、产生方式问题、失信人权利保护问题、缺乏统一标准问题、边界问题、行政权力的附随扩张问题以及监管问题。上述问题存在于失信联合惩戒的不同环节，既要在宏观上进行顶层设计，也要在微观上予以调整；既涉及实体规则构建问题，又涉及程序问题，单独解决某一方面的问题最终都不足以解决问题，因此需要通盘考虑，在整体制度设计理念之下，从实体、程序以及配套制度三个层面来解决七大问题。

具体而言，首先，在整体制度设计上，通过立法来解决合法性问题，纠正备忘录这种不正当的失信联合惩戒产生方式问题，同时，立法建立起适用于全境的标准，缺乏统一标准的问题得以解决。其次，通过实体规则和程序规则的构建来明确失信人的权利义务、失信联合惩戒适用的具体情形以及权力机构的权责义务，确定失信联合惩戒的步骤流程，以此来解决失信联合惩戒制度中的失信人权利保护问题、边界问题、行政权力的附随扩张问题以及监管问题，保证各方在法律框架内行事。再次，各项配套制度起到重要的协调作用，对于规范惩戒机构和失信人的行为，实现失信联合惩戒机制的运转，具有不可或缺的作用。如果没有配套制度，失信联合惩戒机制就无法提高效率，实现科学运转。

---

①［英］弗雷德里克·波洛克：《普通法的精神》，商务印书馆，2016，第68页。

第一节　实体维度的构建

法律最普遍的一个作用是产生理想的秩序，提供解决争端的机制和解决矛盾的规则，从而在社会内部建立秩序。庞德提到19世纪以来，西方发达国家法律的生长点似乎转向了立法这一维度，如法国于1804年通过的《法国民法典》将全部法律都简约成立法形式[①]。如果没有立法强制设定信用规则，诚信社会能真正实现吗？从理论上讲，法律可以在个人和个人、个人和组织（包括政府）、组织和组织之间维持秩序方面发挥作用，维持信用秩序的法律除了社会信用法，还应当有一部失信法，所有关于失信行为的法律规制可以从中体现，管理失信行为，向更加有序的诚信社会迈进，使混乱无序的失信惩戒受到法律规则的约束，失信惩戒规则的内在统一性也是信用秩序的一部分。但是，失信惩戒的目的不是消除失信现象，失信现象伴随人类始终，任何想要消除失信现象的努力都是徒劳的，法律只是极力使信用问题规范化。

一、建议出台专门的失信惩戒条例

法律体系都是分门别类的，拥有共同思想的法律体系集合起来，不同的法律可以给予不同的指引，这是法治国家的模式。施米特将国家分为立法型、司法型、政府型和管理型四种[②]，法治国家就是立法型国家，所有公共事务、职能和专业领域都从属于法律规范，刑法解决违法犯罪问题，行政处罚法解决行政违法事件，社会信用法解决社会信用监管问题，它们都是重建秩序的工具。一般而言，不同部门法之间界限分明，在高等院校的法学院，刑法和行政法都是一门独立的课程，但社会信用法不是，至少目前不是。一个律师可能擅长刑事辩护或者行政辩护，可是没有一个律师专攻信用方面的案件。人们会发现，虽然失信现象由来已久，但是专门针对失信行为的法律体系并不健全，社会信用法对于多数人来说都是陌生的，关于失信惩戒的法律法规并没有形成一个单一的法律体系，更谈不上迈向一体化。这多少让人感

---

①［美］罗斯科·庞德：《法理学》，邓正来译，中国政法大学出版社，2007，第64-65页。

②［德］卡尔·施米特：《合法性与正当性》，冯克利、李秋零、朱雁冰译，上海人民出版社，2015，第95页。施米特在《合法性与正当性》中指出，“法治国家”一词像“法”一词那样，可以意味多种东西，以上四种国家都可以冒充法治国家，即诸事诉诸法律的实现，有封建的法治国家，也有等级制的法治国家。

到诧异，因为对失信行为进行抵制的法律文化在历史早期就已经发展起来了，对债务人的惩治也有更为悠久的历史。目前关于失信联合惩戒的混乱格局很大程度上是由于立法的缺位，即处于一种“无法可依”的状态。

首先，无论是社会信用法还是社会信用条例，都不是专门针对失信惩戒的立法。虽然我们可以预见到，在未来，全国各地社会信用条例并立的格局还是要通过一部全国统一的社会信用法来终结，但是社会信用法有自己的目标和使命，肩负着完善社会主义市场经济体制、创新社会治理体制、提高全社会信用水平等宏观使命，它的存在并不以失信人为主要对象。简言之，社会信用法和失信惩戒条例各负使命，前者是宏观立法，后者是微观立法和具体方案。

其次，失信惩戒条例有望终结社会各领域失信惩戒标准不统一的问题。在所有涉及联合惩戒的社会领域，都深刻地受到社会物质生活条件的影响，可以预计在未来很长一段时间里，有的社会领域存在联合惩戒，而有的社会领域没有，在那些没有联合惩戒的社会领域，旧模式照常延续几十年来的做法。而按照不同的法律分类，失信惩戒几乎无处可归，以至于制定一部关于失信惩戒的专门法律变得十分必要。关于失信惩戒的方法分散各处，但关于失信惩戒的专门法律还没有出台。

二、确立失信联合惩戒的基本原则

学界当前的状态，不像在给失信联合惩戒立法，而像在对实在法进行重整和鉴定，可能仍不能解决问题，却能够指出问题所在。学者们力图发现实在法中的不合理惩罚，并试图建立关于失信联合惩戒的理论，法理状态下的失信联合惩戒制度，每一个环节都是从法律的基本原则引申出来的，就像庞德评价狄骥的城市工业社会的理论所说的，“他设想的法律中的每样东西都是从一个‘权利和法律’的基本原则获得效力，并根据统一基本原则来加以判断”[①]，因此，阿列克西才会说“原则必须被视为法秩序的一部分”[②]，法秩序并不只是包含规则的体系。

---

①［美］罗斯科·庞德：《通过法律的社会控制》，沈宗灵译，商务印书馆，2011，第5页。

②［德］罗伯特·阿列克西：《法理性商谈——法哲学研究》，朱光、雷磊译，中国法制出版社，2011，第175页。

德沃金否认法律只能由规则组成，原则和政策都有相当的分量[①]，关于失信联合惩戒的既有知识尚不足以构建失信联合惩戒的统一理论，也没有形成普遍公认的原则，比如是效率优先还是公平优先，是否要牺牲公平来保障效率。不同制度追求的目标不同，有的以追求效率为最优，有的以追求公平为最优，那么，哪些善是失信联合惩戒机制应放在优先位置的呢？学界正在讨论联合惩戒的理论问题，尽管还没有达成明确的结论，但解决这些难题的一个途径是把隐藏在惩戒机制中最深层的理性原则找出来。这些理性原则是持久不变的，随着世界的变化，惩戒的形式可能会发生变化，但只有揭示惩戒形式背后的深层理性原则才是有意义的。如果关于失信联合惩戒的剖析没有反映出这些理性原则，也就没有什么说服力了。在本书所涉及的范围内，失信联合惩戒制度涉及对外关系和对内关系，这是性质不同的两类关系，失信联合惩戒的基本原则也要区分为对外原则和对内原则，前者反映惩戒机构和失信人之间的关系原理，后者则反映惩戒机构之间的合作原理。

（一）对外原则

一个负责诚信社会建设的政府，必定用行政权力来实现诚信秩序，这是确定无疑的。但政府将怎样运用行政权力呢？或者，对于层出不穷的失信问题，如何加以解决？有没有一个确切的答案呢？有没有一个众人公认的制度来证明失信联合惩戒这种新的秩序体系是正当的，并满足法治的要求呢？这些都是问题。对于以上问题，如果要提供一个确切的答案，只有先提供一个一般性的原则，如公平，诚信社会背景下的公平不是绝对的公平，而是一种更加公正和平等的分配，这不是纸面上的诡辩，失信联合惩戒如果不是尽善尽美，至少也是比传统惩戒机制提供的惩戒模式更令人满意的。

1.惩戒法定原则

处理一切失信事件，都只能以客观事实为根据，不能主观臆想，并且严格按照法律规定执行。一方面，失信联合惩戒机制经过演变，也开始区分客观事实和法律事实，事实上的失信和法律上的失信并不是同一个概念，失信联合惩戒机制只能建立在后者的基础上。另一方面，成文法确立人的权利、义务和责任，并建立相应的追责机制，把过去依靠常

① 德沃金认为，原则指“一项必须得到遵循的标准，并不是因为它可以促进或者保障一定的经济、政治或者社会形态……而是因为它是正义”；政策指“一项标准，它确立了一个既定目标，通常是某一社群中经济、政治或者社会层面的进步”。参见［英］雷蒙德·瓦克斯：《法律》，殷源源译，译林出版社，2016，第88页。

识解决的问题通过法律来解决，立法必须在先，没有成文法，就没有失信惩戒，更没有联合惩戒。

事实上，不像刑法遵循无罪推定原则，失信惩戒制度执行的是有罪推定，而在失信事件中，只要没有相反证据推翻失信事实，失信人就是失信的，惩戒机构和失信人之间的争议点可能不是事实方面的，而是关于惩戒措施方面的，多数是关于法律而不是事实的争论。信用立法也可以是具体的，将涉及失信的具体事件的事实汇聚到失信信息下面，只有失信人有正当事由时，才可以为自己提出辩护，失信惩戒的纠纷可能是关于某些行为是事实问题还是法律问题的纠纷，事实问题交由直接主管机关来判断，而法律问题交由惩戒机构来判断，如法院是拟定失信被执行人名单的机构，是否作出联合惩戒则由其他惩戒机构来判断，交通部门或银行决定是否根据失信被执行人名单来限制失信人的出行或信贷。

2.公开透明原则

在对失信人的这场战争中，失信信息成为中心，各个方向的目光都落在失信信息上。由于商业上的不信任，失信信息受到偏爱，被专业集团搜集来当作商品兑现，如邓白氏公司。失信联合惩戒制度要依赖真实失信信息的支持，由于信息公开透明，从而获得道义上的力量，更由于信息技术的襄助，全体人民都可以和失信信息密切接触。避免失信联合惩戒滥用最有效的方法之一是增加惩戒过程的透明度，国家还没有形成失信联合惩戒过程的统一法定程序，包括失信信息的括定标准、信息共享过程、被惩戒人的抗辩问题等，影响透明度的主要要素包括三类：第一是惩戒过程的透明度，第二是被惩戒人的抗辩条款，第三是监督条款。达到公开透明的一个方法就是将以上影响因素逐一考虑在内，并在失信惩戒条例中予以体现。

3.禁止不当联结原则

有学者指出，要从关联性、确定性和谦抑性三个方面对失信联合惩戒触发机制进行限定[①]。以行政为主导的失信联合惩戒居于失信联合惩戒三大类型之首，并且在体量上占据优势，行政法上的禁止不当联结原则适用于此，旨在防止公权力滥用，如果不具有必然、正当和实质的关联性，则不允许对公民施加失信联合惩戒措施。如失信被执行人的子女被限制参加公务员考试，失信被执行人与其子女在法律上是两类完全不同的主体，父母的失信行为和子女参加公务员考试也是两类不相干的活动，

① 郭秉贵：《失信联合惩戒的正当性及其立法限度》，《征信》2020年第2期，第58页。

两者并无实质关联。虽然利用限制失信被执行人的子女参加公务员考试的功效显著，但是并不具有法律上的正当性，在道义上也难以获得社会公众的支持。退一步说，公务员考试限制失信人本人参加公务员考试尚且存在争议，何况是限制失信人原本无辜的子女呢？

4.比例原则

在失信联合惩戒的场合，比例原则用来解决的问题是：如果联合惩戒威胁到法律甚至宪法保护的某种权益时，其可能导致的后果与失信联合惩戒制度本身的正面作用相比，是否不成比例？能否尽可能少地限制失信人的权利，又可以实现联合惩戒的目标？适用比例原则的惩戒机构须适度平衡，考虑实际需要，考虑失信联合惩戒机制对失信人权益的限制究竟有多严重。

自由裁量权的大量使用是失信联合惩戒的特征之一，比例原则应用于失信联合惩戒机制当中，要解释两个问题：第一，自由裁量权要受限制；第二，失信联合惩戒机制需要在比例原则指引下行使自由裁量权，自由裁量要适度且合比例。如限制资格是最典型的失信联合惩戒措施，限制什么，限制到什么程度，要遵循的原则是选择对失信人侵害最小的方式，手段适当，而且是必要的。在未来，公共权力对社会信用领域的干预范围不可能缩小，但干预的形式总是在变化，政府通过法律形式进行信用管理已经成为一个传统，未来不会削弱，可能出现的是依法行政和法治理想之间的对立和之前相比会更尖锐。《行政复议法》和《行政诉讼法》作为一个法律分支，都在力图将官员的行政行为纳入法律的管理范围，符合法治要求的失信联合惩戒机制将在很大程度上取决于在法治理想下对失信联合惩戒机制如何重新解释，使其既现实可行，又有理论上的正当性。

（二）对内原则

当代有产生联合惩戒联盟这种综合性组织的迫切需要，如果试图依靠建立一个大规模的综合性组织，将失信事项交其处理，应该比单一组织去处理更令人满意，这种奢望是失信联合惩戒产生的根源之一。它试图涵盖更多机构，取得更多机构的合作，但在现有法律框架下，这种合作暂时是不被允许的。它不像那些企业之间的合作，局限在某一个狭小的范围内，还属于比较松散的联合体，尤其以行政为主导的惩戒机构之间的紧密联合，很可能成为一个永久性组织，行政权力的滥用比失信问题本身还要可怕得多，如果我们在抵御失信的同时，增加了行政权力介入市民社会的风险，这是我们期望得到的结果吗？苏州“文明码”是一种信用激励，但也引起不小争议，这本质上是人民对诚信社会实现方式的质疑。

要构建长期的合作关系，惩戒机构之间的合作关系就要围绕以下基本原则来建立：第一，确保所有参与方都与失信行为有利害关系，存在被失信行为伤害的风险。和失信行为毫不相干的妇联和共青团组织是如何加入失信联合惩戒联盟的，这是一个值得思考的问题。第二，参与方自愿分享失信信息，帮助其他参与方作出决策；第三，惩戒的结果可以衡量惩戒的合理性；第四，公众的高度参与；第五，参与方愿意对结果负责。据此原则，至少可以将那些和失信事件仅有微弱间接关联的机构排除在外，即便这些机构具有参与失信联合惩戒联盟的热切期望，也需要防止失信联合惩戒联盟无限扩张。

实践中，即使学界率先研究出这样一种理想模式，众多惩戒机构之间的行为协调也是复杂得难以预测的，以先验方式达到理想模式的可能性微乎其微。联合或协作的巨大潜力使政府对合作关系的利用日益增长，这是第一次对公共机构提出要求，要求其创新思路和工作方法来支持合作关系。一方面，联合惩戒需要参与各方对联合有比较趋同的理解；另一方面，联合也有风险，联合惩戒可以填补传统失信惩戒机制的缺漏，但将风险转移到合作可能产生的成本上。为了失信联合惩戒机制的施行，国家和地方建立了公共信用信息中心，如果不采用这样的方式，失信联合惩戒可能根本无法运行。失信联合惩戒制度所独有的挑战要求政府具备新的技能，学会去处理和设计合作关系，既要发挥私人部门的优势，也要给予公共机构自由裁量权，同时还要确保公共利益的实现。这样一来，对牵头机构就是一个不折不扣的挑战，他们需要具备特定的技能，这些技能在传统官僚制中也许并不突出，譬如牵头机构必须是良好的沟通者，将诚信社会建设的共同目标灌输到每一个参与方那里，并让他们接受它，在参与者当中形成信任关系，协调集体行为，将失信联合惩戒这种跨部门合作作为诚信社会建设战略的一部分，而不是处理特别问题（信用问题）时的实用性方法。将失信联合惩戒视作诚信社会建设战略的根本性内容，联盟的成功依赖若干要素，取决于成员的合作行为，包括成员的积极参与、相互信任、主动性、以联合惩戒提升组织价值以及真正贯彻联合惩戒机制、虽然失信联合惩戒联盟的触发因素可能是失信事件或信用危机，但是政府可以利用这样的事件或危机，把失信联合惩戒作为诚信社会建设成功的战略基础。

三、失信联合惩戒的法定构成要件——边界问题的解决

失信联合惩戒由一系列主客观要素组成，其中的“要素”指构成失信联合惩戒所必须具备的条件，构成要件从不同角度证实严重失信行为对社会、集体、他人利益的侵犯和失信人过错的实质性内容，如果某种失信行为不具备这样的内容，就不应当被施以联合惩戒。

（一）对象要件——严重失信主体及相关主体

失信联合惩戒所适用的对象必须是严重失信主体及相关主体，并且这些对象必须具有一定的责任能力。

首先，严重失信主体，是建立在严重失信行为这一概念之上的，即作出严重失信行为的主体。《上海市社会信用条例》第二条规定，信息主体指的是具有完全民事行为能力的自然人、法人和非法人组织。不同于上海，河南、山东等地的社会信用条例使用的是“信用主体”这一概念，但三地的社会信用条例均表明失信主体即为具有完全民事行为能力的自然人、法人和非法人组织，并且在这一点上少有异议。同时，《上海市社会信用条例》第二十五条规定：“行政机关根据信息主体严重失信行为的情况，可以建立严重失信主体名单。”上海、河南、山东等地的社会信用条例均对严重失信行为的范围进行了概括性列举。

当前，近二十类严重失信主体被纳入失信联合惩戒的范围，包括：严重税收违法案件当事人；严重失信的企业；严重违法失信的上市公司相关责任主体；严重质量违法失信的当事人；食品药品生产经营严重失信者；重大税收违法案件当事人；失信被执行人；严重拖欠农民工工资的用人单位及其有关人员；运输物流行业严重违法失信的市场主体及其有关人员；石油天然气行业严重违法失信的主体；盐行业生产经营严重失信者；电力行业严重违法失信的市场主体及其有关人员；涉金融严重失信人；海关失信企业；严重违法失信超限超载运输车辆的相关责任主体；严重危害正常医疗秩序的失信行为责任人；婚姻登记严重失信的当事人；失信于出入境检验检疫的企业。当然，未来这个名单还要加长。

其次，相关主体指的是为严重失信行为人提供支持和帮助的主体。没有相关主体的支持和帮助，严重失信人有时根本无法独立完成严重失信行为，相关主体的行为是作为严重失信行为的一部分存在的，尤其在相关主体明知严重失信主体将作出严重失信行为的情况下，将相关主体作为关联主体同时纳入惩戒范围符合立法原意。

概言之，对于严重失信主体是自然人的，失信联合惩戒的对象是自

然人；对于严重失信主体是非法人组织的，失信联合惩戒的对象是非法人组织的实际控制人、主要负责人等；对于严重失信主体是法人组织的，失信联合惩戒的对象是法人及其法定代表人、实际控制人、主要负责人、直接负责人等。可见，我国实行的是“双罚制”，如《山东省社会信用条例》规定，当严重失信主体是法人或非法人组织时，应依法依规对其法定代表人或者主要负责人、实际控制人施以失信惩戒[①]。

但要说明的是，严重失信主体存在适用的例外，例外情形针对两类特殊人群：第一类是未成年人，第二类是精神病人。失信联合惩戒的对象须具备一定的年龄和智力要件，按照多地社会信用条例的规定，不具备完全民事行为能力的自然人不属于法律意义上的信用主体，当然也不是失信联合惩戒的适格对象。参照新修订的《民法典》，年满18周岁的成年人为完全民事行为能力人，以自己的劳动收入为主要生活来源的16～18周岁的自然人可视为完全民事行为能力人，除此之外的未成年人和不能辨认自己行为的精神病人均不是适格的失信联合惩戒对象。切记，在依据立法权将诚实信用这种伦理规则转化为法律规则的过程中，立法者不能不顾及社会公众的情感反应，制定失信联合惩戒规范时，时间、精力、道德、习惯甚至情感都要参与，共同决定最后的结果。

（二）客观要件——存在严重失信行为

失信联合惩戒必须以严重失信行为的存在为前提，对没有实施严重失信行为的公民、法人和其他组织，不得给予失信联合惩戒。《国务院关于建立完善守信联合激励和失信联合惩戒制度　加快推进社会诚信建设的指导意见》清晰指明，“对重点领域和严重失信行为实施联合惩戒”，严重失信行为包括四类[②]，《上海市社会信用条例》遵循了这一范围，《山东省社会信用条例》补充了“法律、行政法规规定的其他严重失信行为”，《湖北省社会信用信息管理条例》补充了“国家规定的其他严重失信行为”，而《河南省社会信用条例》走得更远，将严重失信行为的范围扩大至十项，并明确规定，严重失信行为可以作为列入失信联合惩戒对象名单的依据[③]。由此可见，《国务院关于建立完善守信联合激励和失信联合惩戒制度　加快推进社会诚信建设的指导意见》作为失信联合惩戒

---

① 参见《山东省社会信用条例》第三十一条。

② 一是严重危害人民群众身体健康和生命安全的行为；二是严重破坏市场公平竞争秩序和社会正常秩序的行为；三是拒不履行法定义务，严重影响司法机关、行政机关公信力的行为；四是拒不履行国防义务，拒绝、逃避兵役，拒绝、拖延民用资源征用或者阻碍对被征用的民用资源进行改造，危害国防利益，破坏国防设施等行为。

③ 参见《河南省社会信用条例》第三十三条。

的纲领性文件，仅仅为严重失信行为括定了一个基础性范围，并允许地方对严重失信行为范围进行进一步延展，在全国范围之内，尚无一个可以适用于全境的法治标准，这为日后失信联合惩戒的无限度扩张埋下了隐患。依笔者的见解，要从失信情节、手段、危害后果、失信人主观认错改正态度等方面来进行综合评价，应当对严重失信行为设置一个客观标准，该标准建议如下：第一，故意失信造成严重后果，如他人利益和社会公共利益遭受重大损失，或者造成恶劣社会影响；第二，虽然没有造成严重后果，但是失信手段恶劣、涉及社会范围广或涉及金额大，失信人主观恶性程度较大的；第三，过失失信次数达到3次以上，拒不改正或造成严重危害后果；第四，因失信受到惩戒后，3年内重复失信的。

这个标准避免了两方面的问题：一方面，从外部去认定主观失信和客观失信存在困难，失信人可以为自己找到一千个客观理由；另一方面，过失失信并不比故意失信的社会危害性小，对于那些重复过失失信的当事人，有必要设置来自法律的警示。从抽象上讲，严重失信行为的标准须适中，不能设置得太低，让大量失信行为涌进来；也不能设置得太高，否则多数失信人会因达不到标准而逍遥法外。在如此众多的成分之间找出逻辑和规律，这本身需要高度的主观想象力和创造性。

（三）主观方面要件——失信人主观上存在过错

故意和非故意、故意和过失之间的界分在刑法上有多么详细是有目共睹的事实，它们之间的区分如此重要，可以识别有害的失信人和无害的失信人，以致对故意和过失本身都要有充分的解释。失信联合惩戒需要严重失信主体有主观过错，没有主观上的故意或过失，不得适用失信联合惩戒，这样一来，意外事件或无意识失信等情形就被排除在失信联合惩戒的范围之外。

首先，失信联合惩戒主要针对故意失信。浏览过《社会信用体系建设规划纲要（2014—2020）》和2016年《国务院关于建立完善守信联合激励和失信联合惩戒制度　加快推进社会诚信建设的指导意见》的人都会注意到，故意侵犯知识产权才是联合惩戒针对的标的，《国务院关于建立完善守信联合激励和失信联合惩戒制度　加快推进社会诚信建设的指导意见》强调区分主观失信和客观失信，对恶意逃废债务、恶意欠薪、恶意拖欠货款或服务费、故意侵犯知识产权的失信人施以失信联合惩戒，却放过了那些因客观原因或过失导致失信的失信人。个体信用行为有时受无法预见的客观情势影响，甚至有时是偶然因素决定，信用惩戒规则并不能保证个体作出相同的信用行为，合同法之所以容忍违约的存在，就是认同失信在一定程度上有意志之外的因素。

当然，失信联合惩戒的复杂程度也不是只有单一的解释，《上海市社会信用条例》和《山东省社会信用条例》通篇都没有提及“故意”一词，而《河南省社会信用条例》则限定只有故意侵犯知识产权才属于严重失信行为。可见，在地方信用立法上，上海市和山东省并未区分故意和过失，而在河南省，除了在知识产权领域排除了过失失信，也并未对故意和过失进行严格区分，因过失导致的严重失信行为仍然是失信联合惩戒的对象。由此可知，立法者对严重失信行为的理解，部分是建立在对失信人主观恶性程度的衡量基础上的。

其次，故意失信和过失失信一样落入失信联合惩戒的范围，只是它们各自认定的标准不同。相比故意失信，过失失信从一开始就让人不容易接受，霍维茨在《美国法的变迁》一书中提到，过失之诉多晚才进入美国法，那已经是19世纪的事情了[①]。故意失信和过失失信在结果上是相同或近似的，都给他人或社会造成一定危害，都对信用秩序是一种威胁，不能仅仅根据失信人主观方面来决定联合惩戒的范围，积极避免危害后果发生、得到被害人谅解的故意失信人未必遭受联合惩戒，屡教不改的过失失信人也可能成为联合惩戒的对象。法律上有一个原则是行使自己的权利不应损害他人，即使合法行使自己的权利，如果对他人造成损害，仍然要承担损害赔偿责任，不是故意，但仍然因失信给他人造成损害，这种类型归入过失，结果是增加了失信人的责任，信用责任的范畴扩大。

在确认失信人主观过错问题上，要坚持主客观相结合的原则，既要审查失信人的主观意图，又要结合实际危害后果以及失信人的行为表现，如失信人有无采取行动积极避免危害后果发生的情况。边沁提出：“意图既取决于意愿，也取决于理解力。”[②]不同的人对环境的觉察力是不同的，边沁将它分为三种情形，包括知觉、不觉和错觉。在实际生活中，失信事件形形色色、千差万别，在那些无法辨认失信人主观意图的场合，对失信人行为表现的考察变得越来越重要，鉴于有时辨认失信人主观意图存在一定困难，可以在程序上要求失信人提供自己过失失信的证据，来为自己辩护。同时，只要主观失信和客观失信的区分存在，自由裁量权就必须同步赋予惩戒机构，立法要做的是如何防止自由裁量权被错误滥

① ［美］莫顿·霍维茨：《美国法的变迁1780—1860》，谢鸿飞译，中国政法大学出版社，2004，第85-86页。

② ［英］边沁：《道德与立法原理导论》，时殷弘译，商务印书馆，2017，第124页。

用，新的问题就会出现。

（四）场域要件——重点社会领域

基于诚信社会的需要，我们已经在重点社会领域建立起失信联合惩戒机制。传统上，社会领域分为政治、经济、文化三个基本领域，但显然，不是所有的社会领域都适用失信联合惩戒。诚信社会是一个与现在不同的社会，指导诚信社会建设成功的方法也必有所不同。无论是失信联合惩戒制度还是守信联合激励制度，都倾向于把改革的重点放在经济领域。这当中的基本假设是，信用问题主要产生于经济领域，如果在经济领域失信联合惩戒是成功的，就能促使我们离诚信社会更近一步。但是，制定联合惩戒规则是基于社会通盘考量以及联合惩戒模式本身的需要，而不是单单为了某个社会领域服务。

《社会信用体系建设规划纲要（2014—2020年）》推进重点领域诚信建设，包括政务诚信建设、商务诚信建设、社会诚信建设、司法公信建设四个方面，列举了14个商务重点领域和10个社会重点领域，几乎覆盖了社会经济生活的各个方面。一方面，在国家层面，失信联合惩戒覆盖20余个重点社会领域，包括：统计领域；财政性资金的管理与使用领域；电子商务及分享经济领域；环境保护领域；安全生产领域；贸易流通领域；保险领域；房地产领域；农资领域；对外经济合作领域；文化市场领域；会计领域；社会保险领域；知识产权（专利）领域；政府采购领域；科研领域；旅游领域；慈善捐赠领域；家政服务领域；公共资源交易领域；交通运输工程建设领域；电子认证服务领域。另一方面，地方层面失信联合惩戒不仅在国家层面失信联合惩戒的实施上进行更加具体的安排，还在空白领域创造性地生成失信联合惩戒，如2019年《深圳市龙岗区关于对列入城市更新企业信用不良记录“黑名单”的企业及其有关人员开展联合惩戒的合作备忘录》是全国首个城市更新领域联合惩戒范例。联合惩戒对于实务界的意义在于培育了公务员的创新精神，在单一惩戒模式下，所有惩戒的程序和结果都受到立法的节制，由立法机关在之前限定，惩戒机构只能遵照执行，这种自上而下的形态抑制了惩戒机构参与的热忱。而联合惩戒是一个新方式，尚没有国家层面的立法，需要惩戒机构参与到联合惩戒规范的制定中去，有的惩戒机构本身就是直接主管机关，也是本领域联合惩戒规范的制定者，这明显是一种参与式的惩戒模式。现实中，实务部门有大量才华横溢、能力卓异的人，他们也是对本领域信用问题认识最深入的一群人，掌握的信用方面的信息最多，联合惩戒机制可以让他们发挥创新精神，鼓励那些身处一线被排除在决策范围之外的公务员参与联合惩戒规范的制定，更好发挥他们的作用。

综上所述，我们会产生一种印象，即理论层面的失信联合惩戒和现实层面的失信联合惩戒绝不是一回事。在理论上，失信联合惩戒适用于社会重点领域，针对作出严重失信行为的有主观过错的失信人，但实际上，地方失信联合惩戒的存在完全搅乱了这一标准，失信联合惩戒似乎是万能的，可以适用于任何社会领域，严重失信行为的范围也可以根据地方实际需要来括定。失信联合惩戒制度优先布局于社会重点领域，但失信人绝不是按照社会领域来分布的，任何一个社会领域都可能产生失信事件，只是在诚信社会建设初期，政府在布局上先将社会重点领域作为试点，慢慢再将失信联合惩戒机制铺展开去。在失信联合惩戒规范的制定和形成过程中，可以看到基层官员作为改良主义者寻求变革的雄心和热忱，他们不愿意丧失对本领域的实际影响和专业立场，但很多来自基层政府的联合惩戒文件被质疑合法性或权威性，基层官员有相应的职责，却没有相应的授权。于是可以明显感觉到，力主在失信联合惩戒制度上进行改革的那些基层官员，在受到质疑之后，既得不到上级政府的支持，也得不到管理对象和社会公众的支持。

四、失信联合惩戒措施的标准化和类型化

学者指出，制定社会信用法时，应从类型上规范失信惩戒，重点关注行政处罚规范的构成要件、处罚措施和程序、信用恢复机制等问题[①]。影响惩戒效力的，并不仅是惩戒本身，还有它发生和作用的方式。卡斯教授说，如果人不知道明确的做法，就不会轻易改变自己的行为[②]。要使失信联合惩戒生效，应当有一个可以适用于全境的规则，这比规则自身内容是否完备更加重要。自由放任的年代已经过去，政府当然要有所行动，并且每一个行动都要牵涉这样那样的事情，但这还并非问题的关键，关键是个人能否预见到政府的行动，能否精确计算出自己被干预的程度。学界的观点也并不是反对失信联合惩戒，而是反对它的无限度滥用、泛道德化和违宪可能性，甚至有时仅仅反对的是失信联合惩戒的部分措施，这些越来越明显的因素成为失信联合惩戒实施的障碍。这里涉及“只要

① Wangwei, *A Study on the Typological Regulation of the Dishonesty Punishment* (Social Credit Rating, Springer Gabler, 2020), pp.89-109.

② ［美］卡斯·桑斯坦：《简化——政府的未来》，陈丽芳译，中信出版社，2015，第82页。

目的正当，可以不择手段”这一命题，和黑格尔当年的论证不同[①]，正当的目的并不能使手段正当。仔细观察就可以知道，导致争议的，往往不是失信联合惩戒机制本身，而是惩戒机构使用的惩戒手段或措施。有时，失信联合惩戒是对我们信念和意志的考验，而不是能力的挑战，我们有足够的手段对付失信人，这一点要坚信。

（一）标准化

建立共同标准越来越成为一种共识，失信联合惩戒开始进入一个新阶段，越来越多的共同标准要被开发出来，如果失信联合惩戒可以被标准化，就可以把更多的机构变成稳固的合作者和自己的惩戒力量。我们的确也正从一个公共机构都是独立系统的环境，过渡到一个公共机构彼此联系、互相依赖的环境，失信联合惩戒使普通的公共机构变得更加有力量。

标准化体现在各个环节。首先，要统一失信标准。区分失信人和守信人，区分一般失信行为和严重失信行为，这是秉承诚信社会建设理念的明显体现。其次，信息共享方式的标准化。失信信息通过特定平台依法定期对外公布，其他单位和部门也要实时将执行信息反馈回平台，形成一个标准化的信息循环流程。再次，惩戒措施标准化。在不同社会领域和不同行业领域，哪些严重失信行为应受何种标准的联合惩戒还要审慎研究，如果设置的起点标准太低，将太多的失信人网罗进来，会造成不必要的社会恐慌；如果设置的起点标准太高，多数失信人达不到标准而逍遥法外，投放的惩戒措施无法有效地钳制失信人。

标准化的作用还在于防止自由裁量权的滥用。如果惩戒措施没有标准化，在触犯社会公共利益的情况下，政府机关可能随意将违法违规的失信行为与信用挂钩，而不考虑客观情势以及失信人的主观动机，最终剥夺失信人的信用权利。更严重的问题还在于，政府官员永远做不到同样的事情做同样的处理，正如闯红灯的背后理由很多，交通警察的自由裁量权里，默认搭载危急病人的出租车可以闯红灯，色盲者存在生理缺陷却不是闯红灯的理由，因为红灯的设置为他们专门进行了改造，大意疏忽闯红灯和故意闯红灯在本质上并无区别，他们受到同等的处罚，而酒驾闯红灯将招致重罚。人类行为千变万化，必须根据实际情形灵活应

① 黑格尔指出这一命题毫无意义，是一种同语反复的说法，手段是虚无的，只有在特定的目的中才有价值，正当的目的使手段正当，不正当的目的不会使手段正当，为了某种善的目的，可以把原来完全不是手段的东西用作手段。参见［德］黑格尔：《法哲学原理》，范扬、张企泰译，商务印书馆，2011，第173页。

对，由于缺乏统一标准，执法不公带来的惩戒不公将招致民怨，在这种情况下，以同等事情同等处置的法律成为唯一合乎情理的选择。

（二）类型化

失信联合惩戒促进了一种身份识别意识的形成，一些公共机构在作出某项决定时已经下意识地去甄别当事人是否有失信人的身份，就像银行审核信用卡会立刻查验申请人的征信记录一样，这对传统行为方式是一种促进。

首先，类型化有助于抑制惩戒措施的滥用。惩戒措施不仅要限制一般失信人，也要限制严重失信人，失信联合惩戒即在机制内部分出很多等级，每个失信人都要遭遇一系列关卡，但严重失信人遭遇的关卡要多，要受到更加严格的限制。失信联合惩戒措施类型化的困难可想而知，五花八门的失信联合惩戒措施让人不禁联想到1996年《行政处罚法》出台前的景象。马怀德教授指出，当时通过法律法规规章等设定的行政处罚种类有120种之多，还不包括那些法律依据不明确的，甚至是行政机关任意设定的处罚措施[①]。至于最后是如何从这100多种处罚种类当中确定出警告、罚款、没收违法所得或非法财物、责令停产停业、暂扣或者吊销许可证、暂扣或者吊销执照以及行政拘留这六类典型的行政处罚措施，那无疑是一个十分艰辛的过程，而失信联合惩戒制度正在经历这一艰辛的过程。

其次，类型化要建立在科学体系之上。失信人的数量太多，难以确认其需求变化，围绕惩戒措施进行组织不失为一个好方法，多种多样的惩戒措施被收集起来，使惩戒机构都能获得相应的工具，所有的惩戒措施不会以专门化或分割的方式存在，而是一体化的，如果这个措施行不通，还有另一个措施，环环相扣。如果将一个社会领域的失信惩戒措施总结为几条线，每条线将该领域和一项惩戒措施结合在一起，形成惩戒措施综合体，如计算机学科分为计算机基础、计算机多媒体、建模等9条线，要想拿到学位就必须至少得到2条线[②]，那么，一个一般失信人得到的惩戒可能是2条线，而一个严重失信人得到的惩戒可能是4条线。于是，一幅失信联合惩戒措施架构图很快显现出来，将联合惩戒的每一个环节分解开来，每一种措施被挑出来分析，其本身的合法性和可行性，效率是增加了还是降低了，成本有多高，效果是否更好，需要基于科学

① 马怀德：《行政处罚现状与立法建议》，《中国法学》1992年第5期，第45页。

② 托马斯·弗里德曼：《世界是平的》，何帆、肖莹莹、郝正非译，湖南科学技术出版社，2008，第259页。

体系，使现有的惩戒体系标准化并升级。

五、明确失信人及相关人的权利——失信人权利保护问题的解决

在法治环境里，充满各种权利和义务，施瓦茨提到“权利的爆炸”，新的利益要求以法律权利的形式得到确认，新的权利可以归为两类，一类是特定集团主张的权利，另一类是适用于全社会所有人的权利[①]。失信人是一个庞大的群体，对失信联合惩戒的研究也在力求找出不利信息的持有者——失信人的权利与义务。一方面，作为失信人，是否负有独特的法律义务，这种义务使得失信联合惩戒机制具有正当性；另一方面，失信人是个人数据的持有者，西方发达国家个人信用数据保护的实践已有半个世纪之久，德国《数据保护法》出台是20世纪70年代的事情了。同时，可以确定的是，信用涉及人的人格尊严问题，我们在分析失信联合惩戒时，应该考虑平等、公平以及人格尊严等因素，这些因素是任何一项制度都不能忽略的。失信联合惩戒机制包含了可量化的权益，但在整体上存在不可量化的权利，它们没有被纳入失信联合惩戒机制的模型之内。

（一）失信人的权利

卡拉布雷西在1972年那篇名作《权利规则、责任规则和不可转让性：一个权威的视角》中提出，法律的基本作用就是在当事人之间决定权利归属[②]。科耶夫则说，“当且仅当人们面对一种‘有权利如何如何’这一现象时，‘法权’或‘法律情境’‘权利关系’等才会出现”[③]。保罗·利科提到权利主体与值得尊敬的主体是同一主体[④]，那么失信人显然并不在列，失信人难道没有任何权利可言吗？即便对失信行为的治理退化成一种十足的行政行为，失信人也绝对不是微不足道的人物。

信用活动早已成为一种法律性活动[⑤]。有一个观念不能回避，即信用

---

① 施瓦茨认为，法律的任务是调和各种迫切要求认可的权益，并且决定哪些应当被确认加以推行，但立法者过去的态度是消极的。参见［美］伯纳德·施瓦茨：《美国法律史》，王军、洪德、杨静辉译，法律出版社，2018，第314-315页。

② 卡拉布雷西在该文中提出两个要点：第一，法律的基本作用是在冲突利益双方当事人之间决定权利归属；第二，权利是可以用来买卖的，除了决定权利归属外，法院还有对随后的权利进行保护的义务，形成胜诉方和败诉方之间的特殊法律关系。而关于权利的设定要考虑三个因素，包括经济效益、财富分配和正义。

③［法］科耶夫：《法权现象学纲要》，邱立波译，华东师范大学出版社，2011，第14页。

④［法］保罗·利科：《论公正》，程春明译，韩阳校，法律出版社，2007，第8页。

⑤ 科耶夫划分了法律性活动和其他人性化活动的区别。参见［法］保罗·利科：《论公正》，程春明译，法律出版社，2007，第201页。

也是不可剥夺的权利，但这种权利伴有一定的义务。凯尔森主张义务才是法律制度中最基本的概念，而权利是否伴有义务，“取决于这个制度是否愿意赋予某些个人‘决定应否利用法律制度展开行动以强制义务实现’的一种权利”[①]。一个信用良好的公民凭借一张身份证就可以从银行贷来款项，而一个信用不良的公民被弃于这项制度之外，信用之上衍生的权利和利益已经是一个肉眼可见的事实，这个事实建立在商品经济之上，无法产生于农业社会。要第一次尝试从权利而不是现实角度对失信联合惩戒制度予以重构，从而建立起以各种各样的权利为核心的现代制度。但是，如果因为失信人的权利在先就禁止对其予以惩戒，那么失信人的权利就过大了，失信人能够以宪法赋予的权利对抗施加在其身上的任何限制。具有讽刺意味的是，失信恰恰表明了人的权利和自由的弊病，他（她）可以做法律不予限制的任何事情，包括一定程度的失信，这属于霍菲尔德“权利-义务”传统模式之一，即“自由-无权利”[②]，失信人可以自由抉择，但没有被赋予信用权。然而，失信的问题在于，失信人的行为使他人或社会的权利和自由变得不可能或者困难，由此，失信人的权利应予承认，但这种权利又要受到限制，失信人受到的限制就是义务，如赔偿义务。

首先，保障失信人知情权。这是最基本的权利，失信人难道对自己的个人信息被利用没有知情权吗？一般认为，个人信息采集当中有两种情形是特殊的：一种是无须同意即可采集的信息，另一种是不得采集的个人信息。针对后者，失信人对个人信息被利用应有知情权，在有些情况下，失信人有权决定个人信息是否公开以及公开的程度，连心理学家都承认关于“情感的、个人的”资料是数字资产的一部分[③]，赋予失信人知情权的作用也在于提示失信人，对信息公开应及时作出应对，防止个人权益进一步受损。

其次，保障失信人查询权、修改权、删除权。我们主观上不愿意成为失信人，但不能预料到在某种特殊情境下会被卷入失信联合惩戒的漩涡，保障失信人查询权、修改权、删除权的作用在于提示失信人及时关注自己的信用信息，一旦出现错误，可以要求相关部门及时修改并删除

---

① ［英］丹尼斯·罗伊德：《法律的理念》，张茂柏译，上海译文出版社，2014，第342页。

② 霍菲尔德将“权利-义务”传统模式分为四种，包括“权利-义务”“自由-无权利”“权力-责任”“豁免权-无能力”。

③ 英国数字遗产协会创始人詹姆斯·诺里斯将数字资产分为两类：一类是具有货币价值的数字产品，另一类是个人的或情感的资料。参见［英］伊莱恩·卡斯凯特：《网上遗产》，张淼译，海峡文艺出版社，2020，第38-39页。

不实信息，防止信息扩散，造成不可挽回的损失。

再次，保障失信人的辩护权。失信事件的产生，背后可能有数不清的原因，有主观的，有客观的，有的信息在惩戒机构的掌握之内，有的在掌握之外。应允许失信人对惩戒提出异议，异议可以分为两种：一种是绝对的异议，不需要理由；另一种是相对的异议，即“有因异议”①，失信人要证明失信正当很困难，但可以提出“有因辩护”，即因其他不可归责于失信人的原因导致了失信。

最后，保障失信人恢复名誉的请求权。失信有时涉及极其私密的事实，学者概括过两类真实但人们不愿意公开的隐私，一类会有损名声，降低交易机会；另一类会揭露某人极力隐藏的东西，从而带来难堪②。私法的一个理念是，“一个人的不当所得以另外一个人的损失为代价，那么恢复原状就是对这种情况的回应”③。失信信息一旦被公开，具有不可逆的特征，民主和透明是好的，但不负责任的民主和透明的确让人恐惧，尤其是错误和不实信息在互联网的帮衬下大范围扩散，以讹传讹，谬种流传，互联网正变成一本永久档案，随时可能被人翻阅，人们说过的每一句话都可能被记录下来，谷歌、百度和雅虎会翻开每一块“小石头”，发现“石头”下面更多的线索，不管是明星轶事还是狂热阴谋论。这是一个新现象，而且正变得普遍，借用伊莱恩·卡斯凯特博士的说法，“信息时代公民的隐私都被扔进了这个数字时代的灼热熔炉中”④。互联网的发明导致人们更多地发现人性中最阴暗的污点，对当事人造成的损害可能不可挽回。因此，赋予当事人恢复名誉请求权，在查实之后，当事人有权要求恢复名誉，相关部门必须第一时间向社会公众澄清事实，及时恢复当事人个人名誉，以免危害进一步扩大。

失信人到底应被赋予哪些权利？德肖维茨教授提到权利取向有两个步骤，其中之一，是要探问某些权利的丧失是否会导致恶行发生⑤。失信人的权利在不同国家有所不同，除了知情权、查询权、修改权、删除权

---

① ［英］丹宁勋爵：《法律的未来》，刘庸安、张文镇译，法律出版社，2011，第89-90页。

② ［美］理查德·波斯纳：《超越法律》，苏力译，北京大学出版社，2016，第472页。

③ ［加］欧内斯特·J.温里布：《私法的理念》，徐爱国译，北京大学出版社，2007，第147页。

④ ［英］伊莱恩·卡斯凯特：《网上遗产》，张淼译，海峡文艺出版社，2020，第13页。

⑤ 另一个步骤是辨识出试图避免的最大恶行有哪些，德肖维茨教授认为权利来自人类经历的恶行。参见［美］艾伦·德肖维茨：《你的权利从哪里来？》，黄煜文译，北京大学出版社，2014，第70页。

外，还有辩护权、被遗忘权等，尤其互联网的存在，将那些污名永久留存下来，那些无所事事的人在若干年后都可以重新翻出来，使当事人再次暴露在社会公众面前，永无宁日，被遗忘权的存在不得不说是必要且有意义的。在一定程度上，各国个人数据保护法保护了失信人，社会信用法没有给予失信人的保护，个人数据保护法做到了。如根据《德国联邦数据保护法》的规定，每位公民每年都有一次获取自己相关信用报告的权利，并且可以要求更正数据中的不实之处，以书面形式填写申请表格后会得到该公司提供的个人信用信息；2016年《欧盟个人数据保护通用条例》也确立了被遗忘权[①]和个人数据携带权[②]。

（二）增补相关第三人权利的内容

如果仅仅是失信人和惩戒机构参与失信联合惩戒，参与到诚信社会建设中来，那么诚信社会的实现前景堪忧。人人参与，各方通力合作，形成一条密不透风的封锁线，被认为是建立诚信社会的基本方法。第三人包括两类：一类是和失信事件直接相关的守信人，另一类是失信人和守信人之外的个体或组织。

首先，建议将失信人和守信人之间的和解作为减轻或免除联合惩戒的条件之一。这可以分为两类情形：第一类是，如果失信人侵害的只是个人利益，允许当事人之间自行和解，并以此作为减轻或免除联合惩戒的条件，或者减轻处罚，或者缩短惩戒期限，这种做法实质上为守信人创制了授权的感觉，调解或和解程序本身“不仅创制了授权的感觉，而且还有授权的现实”[③]。守信人是失信行为最直接的受害人，这样的规定有助于敦促失信人积极谋求和守信人之间关系的修复，提高守信人参与诚信社会建设的热情。第二类是，如果失信同时侵害社会公共利益，则和解不构成减轻联合惩戒的条件，即便当事人之间达成和解，也要接受联合惩戒。

其次，允许利害关系第三人参加失信联合惩戒听证会，就自己一方的遭遇提交书面材料，陈述惩戒机构不知道的内情，这可能成为加重或

---

① 2014年，欧洲法院在西班牙与谷歌公司的诉讼判决中确立了被遗忘权。判决指出，由于网络传播速度快，难以控制，过时或不适当的个人数据对公民的不利影响有被加重的危险。基于对公民基本权利的考量，法院认定公民在特定条件下有权要求搜索引擎公司删除含有自己过时或不利信息的链接。

② 阮爽：《〈欧盟个人数据保护通用条例〉及其在德国的调适评析》，《德国研究》2018年第9期，第96页。

③ ［加］罗杰·赛勒：《法律制度与法律渊源》，项焱译，武汉大学出版社，2010，第136页。

减轻失信人责任的一个因素，如失信人以不为人知的极其恶劣的态度或者手段危害社会或他人。这个程序在理论上可以以哈贝马斯的商谈伦理学为依据，哈贝马斯提出解决法律合法性问题的方案之一是进行实践商谈，对于产生怀疑或争议的问题，人们开始商谈，可以检验受到异议的有效性主张，实践商谈的条件是免于强迫和权力干预、为参与者提供平等的机会、讨论不应该排除任何议题以及可接受性在于最佳论证理由①，以上四个条件同样可以作为听证会的条件。

再次，允许第三人向相关机构提供失信信息并记录存证。大量失信信息散落各处，难以为政府所掌握，尤其是那些隐秘信息，允许第三人提供失信信息，并查实失信信息的来源和真伪，有助于拓宽失信信息的来源渠道。当然，这当中也会夹杂着大量失实信息，需要辨明真伪，要知道，“实行政府审查通常会引起其他恶行，例如告密、搜查、宣誓效忠、胁迫与拷问——这些行为往往隐藏在审查制度之中”②。此时，赋予失信人辩护权显得很必要。

为什么要赋予相关第三人权利？一方面，第三人和失信事件往往有直接利害关系。从法理上讲，包括守信人在内的第三人有没有参与失信联合惩戒的权利呢？我们可以将失信事件和侵权事件进行对比，对于一桩侵权事件，第三人有参与诉讼的权利，可以表达自己的诉求，第三人是受失信事件影响最大的人，这一事实足以说明他们有特殊的地位。另一方面，现实中已经出现第三人援引失信联合惩戒制度作为诉讼依据的司法纠纷③。应该受到联合惩戒的失信人没有受到应有的惩罚，第三人有没有权利质疑？如果第三人对失信联合惩戒无权置喙，为什么他们的诉求被一致认为是合法合理的呢？要解决这些问题，还要对失信联合惩戒

---

① 哈贝马斯将实践商谈分为理论商谈、治疗商谈和审美商谈，有效性主张是每一种类型讨论的核心。参见［美］马修·德夫林：《哈贝马斯、现代性与法》，高鸿钧译，清华大学出版社，2008，第111页。

② ［美］艾伦·德肖维茨：《你的权利从哪里来？》，黄煜文译，北京大学出版社，2014，扉页。

③ 参见山东省淄博市中级人民法院行政判决书〔2021〕鲁03行终32号。上诉人提出，依据《建设工程质量管理条例》第五十三条，任何单位和个人对建设工程的质量事故、质量缺陷都有权检举、控告、投诉。依据《山东省工程建设项目审批制度改革行动方案》第十八条规定，工程建设项目审批要强化监督管理。全面推行“双随机、一公开”监管，建立与工程建设项目审批制度改革相适应的监管体系，并建立工程建设项目黑名单制度，构建“一处失信、处处受限”的联合惩戒机制。本案中，实际上，上诉人针对涉案房屋出现渗水、基础塌陷等严重房屋质量问题提出涉案请求，符合相关法律要求。市住建局包庇涉案违法企业，客观上纵容其违法行为，导致上诉人房屋损坏问题始终得不到合理合法的处理，对上诉人的合法权益造成了明显影响。因此，市政府及一审法院没有对此进行审查，明显认定事实不清。

进行详细的功能阐释。法律的第一功能是解决信用纠纷，至少要提供一整套完善的规范机制。第三人要参与信用制度协商和决策，就必须有受法律保障的形式和程序。哈贝马斯提到，“商谈原则要能够通过法律媒介而获得民主原则的形式，只有当商谈原则和法律媒介彼此交叠，并形成一个使私人自主和公共自主建立起互为前提关系的权利体系”[①]。

当然，这还是一个涉及制度本位的问题，失信联合惩戒制度到底以制裁失信人为本位还是以保障守信人为本位？失信联合惩戒存在积极和消极两种形式：在积极方面，它设计用来保护守信人，保障社会稳定的信用秩序；在消极方面，它被设计来消除一种祸患，即失信人无所不用其极，防止国家沦落成一个没有信用的国家。以上论述并不旨在表明，失信对全人类都是危险的，因此，所有人都有惩罚的权利，而旨在构建一个开放的失信联合惩戒制度，它不是少数人应该关注的制度，守信人和其他第三人被赋予了一定的发言权，并不是只有国家和政府才有惩戒权力，而是所有相关人士共同作出决定，共同实行惩戒，或共同授权国家和政府对失信人施以惩戒，这对证成失信联合惩戒制度是有益的。

六、构建失信联合惩戒的责任机制——监管问题的解决

至少对于以权力为主导的失信联合惩戒而言，责任机制是不可或缺的。费希特直言，“如果在一种政体中公共权力的管理者不承认任何责任，这种政体就是一种专制政体”[②]，权力与监督权力的权力是分开的。责任制的建立是检验失信联合惩戒制度是否成熟的根本，惩戒机构的失误和失信人受到的不公平惩戒不仅使失信人受到伤害，还有碍于诚信社会的建设。无疑，失信联合惩戒有时使传统公共管理问责的方法没有用武之地，联合改变了公共责任的要求，需要创建可靠的监控和监督制度。常识上，一方面，失信联合惩戒应有一个合法依据，依据法律施行，并由相关主体承担相应责任。另一方面，“谁惩戒，谁负责”，失信联合惩戒要有一个程序性标准，有确定且稳固的依循流程，不依循流程的要追究责任。总体上，失信联合惩戒这类跨部门协作类型，不仅要对既存的责任予以关注，还要创建确保协作责任的新机制。

首先，要设立特别赔偿机制，建立基于结果的责任机制。惩戒机构

---

①［德］哈贝马斯：《在事实与规范之间——关于法律和民主法治国的商谈论》，童世骏译，生活·读书·新知三联书店，2014，第156页。

②［德］费希特：《自然法权基础》，谢地坤、程志民译，商务印书馆，2011，第164页。

应为自己的严重错误负责，在严重侵害失信人权益的情况下，允许失信人索取赔偿。耶林区分过主观不法和客观不法，对主观不法应予惩戒，“通过简单的恢复权利不能满足被激发出的是非感，还要求对此予以特别的赔偿”[①]。参与到失信联合惩戒机制中来的每一方都有自己的目标，公共机构要实现公共利益，私人组织要实现利润，目标可以不一致，但在结果上要产生一致，这个结果可以协调各方利益，并反过来检验失信联合惩戒机制的成效。

其次，要建立新的责任结构。“善政必须以代表性、合法性、透明性和问责性等几项简单原则为基础”[②]，其中责任机制包括正式责任机制和非正式责任机制。在非正式方面，不仅要向上级政府汇报，还要面临媒体、公众等主体的质疑；在正式方面，责任机制正在演化，它有不同的维度，既有横向责任，也有纵向责任，形成最佳合作并不容易。一方面，在横向上，失信联合惩戒的特征之一是赋予参与方一定的自由裁量权，这是一种横向关系，体现了一种协作责任。总体上，协作责任的安排旨在促进参与方的对话和相互信任，至少让参与方感受到自己身在其中，而且不可缺少。固然，惩戒机制有自身的客观标准，协作责任对成员之间的关系作出反应，但参与方并不都是自愿参与的，在参与方偏离目标时，也缺乏明确的强制机制和责任机制。如果参与方不理解诚信社会建设的大目标，不理解如何维持这个驱动力，就无法专注于创建失信联合惩戒机制。另一方面，在纵向上，惩戒机构应对自身的惩戒行为负责，这是最基本的共识。这种责任主要分为政治责任和法律责任。第一，在政治责任上，需要承担组织责任，这要遵从政府内部的权力层级链条，尤其以行政为主导的失信联合惩戒机制无法和政治责任分离。第二，在法律责任上，立法、行政和司法之间的权力划分已经相当清晰，这是一种正式的责任机制，司法部门禁止任意和专断的惩戒行为，须通过司法机关来监督政府的行为。

事实上，政府近年来也在反对保守，鼓励创新精神，联合惩戒的创新风气吹进来了，各个部门都要勇于实践，甚至带有冒险的性质。一方面，对有的部门而言，国家层面或高层级的联合惩戒备忘录已经出台，只需要遵照自上而下的指示。另一方面，对有的部门而言，因为没有国家或省级联合惩戒文件的直接指导，只能走创新的路子，自行拟定联合

---

①［德］耶林：《为权利而斗争》，郑永流译，商务印书馆，2016，第17页。

②［美］约瑟夫·E.斯蒂格利茨：《全球化逆潮》，李杨、唐克、章添香等译，机械工业出版社，2019，第67页。

惩戒方案，比如城管部门。在国家和省级层面都没有联合惩戒文件直接指挥的情况下，有的地方根据《江苏省自然人失信惩戒办法（试行）》创设了城市规划建设领域的失信联合惩戒规范，这种行动多少带有冒险精神，比如城管部门被期望不要出错，既要关照公民的基本权利，不能仅仅关注本部门的现实需要，还要关心失信联合惩戒文件本身的合法性问题，不招致社会各界对失信联合惩戒文件本身的合法性甚至合宪性的质疑。因此，对地方联合惩戒文件的合法性审查成为一个重要的环节。如果发起联合惩戒的部门试图将错误降到最低限度，就要有发现错误的机制，因此政府内部设置了规范性文件的审查备案制度，由专家论证研讨，但责任仍由发起单位承担，这种方法并不能防止错误的发生。如果联合惩戒文件的错误发生在形成阶段，还有补救的可能，还处于较早阶段，还可以将其谴责为政府体制的弊端问题，但如果发生在执行阶段，由被惩戒人或其律师指出，则这个问题就上升为一个法律问题了。所以，政府要做的事情是如何在失信联合惩戒规范的形成阶段发现错误，减少和修正错误，从而避免社会公众对失信联合惩戒的负面评价，避免行政首长或相关部门因对错误负有责任而承受巨大压力。

第二节　程序维度的构建

失信联合惩戒制度的实体和程序规则须同步创设，不遵守法定程序和没有法定依据一样，惩戒归于无效。

一、失信联合惩戒流程标准化

标准化惩戒流程是一份失信联合惩戒行动指南，惩戒机构据此执行失信联合惩戒指令，流程图可以描述各个惩戒机构之间以及它们与被惩戒人之间的关系，联合惩戒执行的先后顺序可以用图像表示出来，这将作为失信联合惩戒的程序性文件，为各类失信联合惩戒提供法律依据。具体参照如下流程图：

一、失信信息的查证与确认

1. 确认信息真伪

对象

(1)年满18周岁,智力、精神状态正常的本国及外国公民
(2)本国及外国组织

要求

确认信息真伪,固定证据,通知失信人本人,允许失信人提供证据,进行申辩,如因不可抗力导致失信。

2. 设置警示程序

时间

确认信息无误后7天内

主体

惩戒机构

内容

对失信人作出联合惩戒警示,发出行文统一的警告信,提示其在15个工作日内作出改正,或者提供证据证明已经采取有效措施,否则将施以联合惩戒,即给予一个更正期,不予处理,才启动失信联合惩戒。

作用

通过设置失信联合惩戒提醒,保持失信人在失信问题上的选择权,避免禁令僵化和生硬。不适用默认处理机制,这是在保险、信用卡协议中经常运用的机制。

二、失信人作出反应

正面反应

惩戒中断

失信人收到警示后,积极改正。谋求与对方和解,积极避免事态扩大,使失信事件中止,惩戒中断。

负面反应

惩戒继续

失信人收到警示信息后拒不改正,或明确表示不履行义务,或消极不作为。

三、信息共享与公开

1.信息共享

要求

惩戒机构将失信信息上传到联合惩戒系统，并借助公共信用信息共享平台对外公开，同时接受被惩戒人或相关人员的质询，对被惩戒人影响特别重大的联合惩戒，被惩戒人可以申请召开听证会。

2.通知相关单位

要求

对参与联合惩戒的相关单位作出提示。

四、启动联合惩戒

1.其他惩戒机构实施惩戒

要求

失信信息上传10个工作日，参与联合惩戒的其他部门和单位对失信人展开联合惩戒。

↓

2.反馈信息

要求

惩戒机构将联合惩戒的状况反馈到平台，建立和完善系统日志，有必要的情况下，直接反映给相关单位。

五、联合惩戒的持续监督和管理

1.启动修复程序

条件

失信人积极纠正，申请信用修复，直接惩戒机构可以启动信用修复程序(特殊情况下不允许信用修复)。

2. 停止和暂停惩戒程序

条件

(1)停止惩戒:惩戒到达期限;被惩戒人死亡或不复存在;其他特殊情形。
(2)暂停惩戒:失信人积极谋求和解或表明继续履行义务,暂缓失信惩戒。失信人提交和守信人的和解协议,一旦执行和解,可以进行信用修复,但如果和解协议执行不顺利,联合惩戒则继续执行。
(3)相关单位应实时更新信息,说明情况,使相关单位顺利展开下一步的工作。

3. 惩戒继续

条件

失信人拒不改正,或明确表示不履行义务,或消极怠于履行义务。

图3　失信联合惩戒总流程图

必须说明的是，以上是一幅失信联合惩戒总流程图，具有概括性和抽象性，不同社会领域和不同行业还需要基于自身特点在总流程图的基础上建立专属流程图。

二、严格控制信用修复程序

信用修复机制的存在，本质上是对惩戒机制的异化和效率的消解，会导致一个问题，即可能抵消失信联合惩戒机制的功效，使失信人忽视行为本身，转而建立形式合规的表象。生活在只要失信就可以允许修复的普遍制度中，一个信用看起来干净的人可能并不是那么干净，而是信用修复的结果，所有人都可能是修复后的结果，就像整容行业这么发达的今天，美人很多，分不清哪些人是天然的还是整形的结果，于是对所有美人高度怀疑，怀疑是整形的结果。

在现实中，那些表面看来信用记录干净的企业有可能是信用修复的结果，那些尚有不良记录的企业未必比那些信用记录干净的企业更恶劣，因为后者的不良记录被修复了，人们依然无法辨认企业的信用状况。因此，笔者在相关部门调研的过程中，听到尤为让人感慨的一句话是："信用修复制度是对信用惩戒制度最大的伤害，信用修复为重复失信打开了大门。"

首先，要提高恢复信用的难度。失信联合惩戒无形之中完成了架构设计，架构设计进而影响失信人的选择，通过提高信用修复的难度，可以影响失信人作出失信决策，最终影响选择结果。行为经济学一直都强调简化程序或增加便捷性可以推动人们作出选择，反过来，增加繁复程度则阻碍人们作出选择。一个人如果知道恢复信用如此艰难，又面临现实的惩戒，就不得不有所顾虑，不会轻易作出失信的决定，就像汽油价格上涨就会影响开车的动机，进而减少驾车时间，同时推动人们利用公共交通出行，从而关注成本收益，改变信用习惯，当恢复信用的难度增加、成本加大时，会让失信需求下降。

其次，信用修复以有期限为原则，以无期限为例外。一般地，信用修复时间可以加长，但不可断绝，如果惩戒过于严厉，失信人永无翻身的机会，这些人则无法参与诚信社会建设，被排除在诚信社会建设之外的人们失去希望，只能永久停留在失信人群中，最后他们变得更加偏激，进一步粉碎自己的信用而不是努力修复信用，因为修复的出路已经堵塞，于是他们把攫取利益看作获得补偿的路径。通常，我们倾向于为失信联合惩戒设置一个期限，但在有的领域，如城市规划建设领域设置失信联合惩戒的期限则显得不妥，一个违法建设主体因违章建筑被城管部门列为失信人，如果失信联合惩戒是有期限的，那么意味着期限届满，他的违章建筑变得不再违法了，因此，城市建设领域的失信联合惩戒就没有设置期限，定期修复规则并不适用于城市建设领域，这也是在情理上可以理解的例外。

为什么要允许修复？一方面，人们对失信人怀有一种愧疚感，众多权力机构联合起来针对一个单独的公民个体，对失信人的惩戒已经达到历史最高峰。很多人注意到了那些因失信不能回家看望父母、生病不能得到治疗的失信人的悲惨境遇，要通过完善失信联合惩戒机制来缓解失信人内疚的心情。另一方面，还有来自国际的压力，西方国家指责失信联合惩戒制度挑战了人的基本权利，不符合人权，间接反对了失信联合惩戒的部分措施。我们要预见到联合惩戒的极端状态，惩戒机构努力将不同的机构连接起来，这等于掌握公权力的机构向失信人关上了大门，斯蒂芬·茨威格说，如果魔鬼被关在房门外，它们大多会从烟囱或者后门强行进来[①]，这也是为什么要给信用惩戒设置一个期限的原因。惩戒机构和被惩戒人之间的内在张力即信用修复，如果不为失信人留有缝隙，给予信用修复的机会，使失信人终有翻身之日，导致的结果可能正好与失信惩戒的原本意图相反，既然维持体面已经不可能，失信人从此一去

① ［奥］斯蒂芬·茨威格：《昨日的世界》，吴秀杰译，民主与建设出版社，2017，第93页。

不回头，跌入无底深渊，失信惩戒不仅没有提高失信人的道德修为，反而可能激起失信人的反抗。

再次，建议区分私人之间的失信修复和涉及社会公共利益的失信修复，予以区别对待。穆勒在探讨社会对个人权利的限制时提到，个人自主权和社会职权有各自的管辖范围，涉及个人的部分属于个人自主权，涉及社会的部分属于社会行使职权的范畴①。前一种失信行为，不涉及公共利益，只要满足条件或达到期限就可以修复；后一种失信行为传播广泛，受到伤害的不只是受害人，还有受害人和失信人之间的私人事务，因此要设置更长的惩戒期限或者施以更严厉的惩戒措施。信用修复制度的缺陷在于，只要修复就可以继续制造新的失信事件，这种制度的代价是那些潜在的受害人，他们恐惧自己将是下一个受害者，到现在为止，虽然有的联合惩戒备忘录规定，有些行为不允许修复，但是即便这样，这个制度的缺点也没有得以消除。

最后，信用修复要在信用记录上予以体现。信用修复后，失信记录可以被封存，但不可被永久删除。联合惩戒在单一惩戒的基础上对可能施加于失信人身上的处罚设置了上限，这是一种“一站式”惩戒场域，只要作为惩戒对象进来，所有的惩戒措施都可能被尝遍，直至期限截止或者信用修复。在现实中，修复使曾经的失信人和守信人处于无差别的等高地位，同对方没有越界时处于一样的地位，一种所有失信行为都可以修复的制度等于另一种制度，这种制度要求，关于信用修复的所有要求一般都由惩戒机构拟定，缺少任何条件都不能进行信用修复。关于允许修复所有失信行为的深入思考在很多方面是很有趣的。第一，如果有些失信行为是永久的或一直持续的，就不能进行信用修复，比如只要“老赖”欠钱不还的行为一直存在，失信行为就一直持续，不存在修复的问题。第二，信用修复让所有人仍然处在失信的忧虑和恐惧之中，如果周围布满这些伪装和修饰过的人，这更让人忧心忡忡，感到恐惧，这种忧虑和恐惧不是由某一个具体的人引起的，而是由制度引起的。我们会感慨，信用监管真的起作用了吗？要知道，我们设置失信惩戒制度的本意是避免这种忧虑和恐惧，但失信联合惩戒制度既不能保证失信行为不再发生，也不能保证社会公众感到安全，虽然严重失信行为被惩戒，但是失信行为仍然频繁地、不可预料地发生，仍然让人们感到恐惧，只是失信不会让人产生如违法犯罪那样的恐惧。如果债权人被告知，被列为

① ［英］约翰·穆勒：《论自由》，欧阳瑾、戴花译，上海文化出版社，2020，第106页。

失信被执行人的债务人终于愿意恢复履行，信用修复之后又可以继续招摇撞骗，去欺骗下一个人，但凡有些社会责任感的债权人还会那么满心欢喜吗？还是会为除自己以外的所有人忧心并且不安地度过每一天呢？

三、明确失信信息的披露流程和维度

相比以前，信用信息具备更多的公共能见度，信息本身在将来会成为减少失信的一个非常关键的诱因，信息公开的意义已经到了一个相当醒目的高度，因为没有哪一个企业或个人愿意自己位列失信人的行列。

首先，要明确信息披露流程。失信联合惩戒机制会因为信息披露流程不科学而导致效率损失，现在我们知道，政府采取的方式是设立一个特别机构，在我国，这个机构是社会信用信息公共中心。从这个机构向里瞭望，人与人之间有时能画出一条看不见的线，虽然失信人的种类很多，但是所有种类的失信人最终都会走向一条路——社会信用信息公共中心的路，自从国家曝光这些掩藏在人群里的失信人后，每个城市让人感觉更加可信、更加真实了。联合惩戒之所以能发挥作用，是因为它本身就是一种协调方法，它能协调惩戒各方的惩戒方式，将信息在彼此之间来回共享，进而提出一个能有效拦阻失信人行为的方案。这样的逻辑并不难理解，但条件是这么多惩戒机构的行为必须充分协调一致，除了设置信用办这样的协调机构，还要有公共信用信息中心这样的半政府性质的部门来提供信息服务，以增强联合惩戒的优势。可以说，设置公共信用信息中心并对信用问题作出全面反应，是惩戒手段的一部分，各个惩戒机构和社会信用信息公共中心之间的工作协调成为重中之重。

其次，要明确信息披露的维度。如果政府放开信用信息管理，将一切信息公开，包括好的和不好的，这有助于诚信社会的形成吗？信息公开是一项非常有用的策略，是失信联合惩戒机制的核心。第一，信息公开是一项低成本、高收益的监管手段，有着其他措施不可替代的作用。信息公开和不公开的区别很明显，但公开和有效公开的区别不明显，将信息公开在局部和公开在网络上又有区别。显然，我们需要的是全面且有效的披露，是正确恰当的披露方式，分散的方式并不受欢迎，统一公开的方式更有效，可以提高效率。路易斯·布兰代斯的格言“阳光是最好的消毒剂”从未受到质疑，只有将信息公开了，人们才能看到信息公开的进展，哪些信息披露了，哪些没有披露，公共监督能督促公共机构改善自己的行为，增强其责任感。第二，信息公开，社会更开放，能减少信息不对称，使人们更有能力预见和解决突发问题。可以推断，信息公开越全面的社会领域，失信的频率越低。第三，信息公开可以提升公共机构的决策能力。向外披露信息的一个原因是可以查漏补缺。哈耶克提到，因为知识的分散性，无论政府官员本身的素养如何，哪怕是专家，也不可能对全局了如指掌。市场经济有信息分散的特点，信息公开并由公众反馈信息是我们获得分散信息的重要渠道，而网络为我们收集分散信息提供了极佳的技术手段。借助网络平台，政府和公众之间可以进行信息交换，政府可以从公众那里获得之前没有掌握的信息，从公众的反馈中掌握更多实情，减少决策的误差。现代政府在面临重大决策时，都会把即将颁布的制度公之于众，让公众进行广泛的评议，然后收集建议，在没有进行充分的民意调查之前，政府不会草率地通过该制度。

总体上，公开和不公开有区别，公开和有效公开有区别，要避免抽象、含糊、复杂的公开，趋向简洁、具体、明确和及时公开。第一，以公开为原则，以不公开为例外。除涉及国家秘密、商业秘密和个人隐私的失信信息外，原则上均应公开。第二，针对企业和个人的征信，如果要予以公开，敏感的个人隐私权和商业秘密权成为不可逾越的障碍，要在征信体系和隐私权、商业秘密权之间画出合理的界限，就必须依靠法律。

四、完善救济机制

失信联合惩戒程序存在非常高的风险，可能惩罚无辜者，或者对失信人惩罚过重。作出失信联合惩戒的机构都应当相应地配备信用申诉专员，通过调查、公开调查结论、报告等程序，对涉及失信联合惩戒的行为进行纠错，以起到积极的防范作用，进而保障程序和实体公正，这是对失信人进行救济的制度，也是对失信联合惩戒进行监督的制度。

第一，设置预警程序。在对严重失信人作出联合惩戒之前，通过可能的方式告知当事人失信联合惩戒将要发生，并警示可能带来的后果，尤其是那些将严重影响当事人权益的惩戒，为当事人预留一定挽回的空间。这是因为政府或司法机关以国家的权威发言，一旦他们对外公开某一个人的名字，公开质疑一个人的信用品格，“媒体的报道和舆论就足以毁了那个人，就算他后来被判无罪也已无济于事”[①]。

第二，被惩戒人对惩戒有异议的，有权通过向上级机关申请复议、仲裁和诉讼推翻原惩戒结果，但惩戒不中止执行，法律另有规定的除外。

①［德］费迪南·冯·席拉赫：《尊严》，姬健梅译，浙江人民出版社，2018，第83页。

公力监督和救济机制一般包括三种，即仲裁救济、行政救济和司法救济，将行政处罚和失信联合惩戒进行对比，有时候，后者的惩戒力度并不更轻，被施以联合惩戒的失信人面临比过去严重得多的惩戒，多渠道救济在法理和情理上都是可以解释得通的。尤为可贵的是，法院在2022年新年伊始就迈出第一步，《最高人民法院关于审理涉执行司法赔偿案件适用法律若干问题的解释》（法释〔2022〕3号）明确“违法采取纳入失信被执行人名单、限制消费、限制出境等措施的”[①]情形，法院应当受理。

第三，设置听证程序。对于严重有损失信人权益的联合惩戒，被惩戒人有要求听证的权利，被惩戒人要求听证的，行政机关应当组织听证，除涉及国家秘密、商业秘密或个人隐私应予保密外，听证依法公开举行。听证会应由第三方主持，允许被惩戒人就失信事实、惩戒证据和惩戒结果进行申辩和质证，最后制作听证笔录，由被惩戒人或其代理人签字确认。同样，失信人可以就自身受到的惩戒事件通过互联网公开，接受全民质询，汇聚公共意见，形成多数人可以接受的意见。

第四，设置调解程序。失信事件的发生，有时影响巨大，有时牵涉甚广，允许公共组织、民间组织或个人参与调解是化解失信事件的方法之一，这也是应对失信事件差异性的方法。这是一种非正式程序，理想状态的调解能够获得一个特定的解决方案，让当事人以及社会免受失信事件的后续困扰。调解程序的植入有三种方法：一是合同约定；二是纠纷发生后双方同意；三是基于社会公共利益，公共组织适当介入。调解程序在某种意义上就是法律商谈，调解程序本身就是沟通性质的，有研究刑罚的学者将刑罚也看作一种惩罚性的沟通过程[②]，刑事调解意在与罪犯沟通其应得的责难，让其理解相关的理由，缓刑和社区服务都有沟通的因素在内，那么关于失信联合惩戒程序的调解则旨在让失信人认知其失信行为应当承受什么样的惩戒以及为什么要惩戒，说服失信人放弃未来的失信行为。

救济机制是逐步建立起来的。一方面，在信用领域建立起成熟的救济程序并不容易，与合同不同的是，尽管关于合同的情形也是非常复杂的，人们已经熟知合同的注意事项，并建立了良好的救济体系，具备良好的行为习惯，但在信用问题上人们并不是这样。另一方面，失信人的

① 参见《最高人民法院关于审理涉执行司法赔偿案件适用法律若干问题的解释》（法释〔2022〕3号）第二条第（十）项。

② ［英］安东尼·达夫：《刑罚·沟通与社群》，王志远、柳冠名、姜盼盼译，中国政法大学出版社，2018，第143页。

利益表达和利益诉求要通过救济渠道来实现。失信联合惩戒机制本身也有很多局限性，由于联合惩戒的标准通常是官方制定的，关于严重失信行为的标准以及惩戒对象的标准不会征求失信人甚至社会公众的意见，失信人作为最直接的利害关系人往往最无发言权，他们对惩戒的滥用噤若寒蝉，担心自己的利益进一步受损，失信人更没有主动参与联合惩戒决策过程的意愿。通常情况下，能从联合惩戒中获利的人除了守信人，还有参与机构，他们积极主动参与联合惩戒，不坐等上级部门自上而下的指挥，参与机构的负责人对参与联合惩戒也有很高的积极性。由于财政制度日趋严苛，现代政府部门已经绝少有从日常职能中收获私利的念头了，但也不要低估行政官员追求事业的雄心和热情，这些在失信联合惩戒制度的推进过程中占据更多的成分。

五、赋予失信人程序对抗权

程序的安全保护程度越高，失信人受到不公正惩戒的概率就越低。一个原则是，如果一个机构试图把一种不可靠的不公正程序施加于人，失信人可以抵制，抵制将不可靠或不公平的程序强加于他（她），法律也禁止任何人对其成员使用不公正的程序，这样，失信人在面对惩戒时可以保卫自己，而不是先接受惩戒，然后来证明这种惩戒是不正义的，再去要求赔偿。如果他知道程序是不正确的，自己是无辜的，他难道不可以立即拒绝惩戒吗？失信人可以在特定条件下行使程序对抗权，对抗联合惩戒的施行，即在施行失信联合惩戒过程中，失信人为维护自身合法权益，针对惩戒机构不合程序的联合惩戒行为在法律规定范围内采取的程序对抗措施。

首先，失信联合惩戒必须建立在确凿无疑的失信事实上面，并且该事实经过查证，并对失信人本人进行过询问，不经查证程序，不经对失信人本人的询问程序，失信联合惩戒就是经非法程序作出的非法活动，失信人可以以程序对抗权予以抗辩。“在一个法治国家，‘涉嫌’不该危及名誉”①，在没有查证属实之前，当事人还没有成为真正的失信人，那么他就是诚实守信的公民，不应该有与他有关的负面消息出现。

其次，当事人之间达成和解协议可以按下失信联合惩戒的“暂停键”。在不侵害社会公共利益和不违背社会公序良俗的情况下，允许失信人和守信人之间和解，在满足规定的和解条件后，惩戒机构可以将达成

①［德］费迪南·冯·席拉赫：《尊严》，姬健梅译，浙江人民出版社，2018，第87页。

的和解协议提留存档后暂缓作出联合惩戒，如果失信人未依据和解协议执行，惩戒机构将重启联合惩戒程序。之所以暂缓，是因为有时联合惩戒的结果对失信人和守信人都是有害的，即失信人背负污名，守信人的利益也得不到保障。信用监管方法的进步以及信息技术的不断发展，增强了人类对失信行为的控制能力。过去，国家在制度上的缺失推迟了人们信用生活条件的改善；现在，国家对严重失信行为课以处罚，结果是，虽然社会信用秩序有所好转，但是守信人有时并没有直接得到相应的好处。因此，他们更容易得出这样的结论：失信联合惩戒有助于阻止失信蔓延，但守信人得到的福利并不多，守信人还是要寻找其他办法来对付失信人。我们可能要重新考虑失信联合惩戒的目的，不只是解决现实的执行难题或者维护信用秩序，失信无处不在，危及所有人，失信联合惩戒制度应该尽可能地符合所有人的利益，包括政府，也包括守信人。

六、设置豁免程序

边沁曾提出四种不适于惩罚的情形，包括无理由、无效、无益和无必要[①]。对失信联合惩戒的要求一样不少，既要合法，也要合乎道德伦理和社会公序良俗的要求。在追求诚信社会的过程中，表现为普遍规则的法律也会出现缺陷和漏洞，无法应对所有未知的情况，还没有达到法律基准的联合惩戒备忘录更是如此。在某种意义上，信用问题的上佳解决方案必须是个人化的，这就意味着需要在不同情景下建立不同的惩戒人和被惩戒人的关系，甚至在某些情况下，失信人需要被免责。

关于信用的场合，我们假设存在若干种可能：第一，失信得到对方允许，如违约，自愿为失信打开了大门；第二，有一些事情，即便得到许可，也没有权利失信，如违法行为，即便赔偿也不能解决问题，失信人必须受到惩罚；第三，即便没有得到对方许可，失信人赔偿可以解决问题，也不禁止所有未经同意的失信行为。我们的失信惩戒制度相对宽容，作出赔偿即允许失信，但前提是必须禁止失信之后拒绝赔偿的行为。让我们假设，赔偿总是能够收取的，但是总有人逃脱，或者失信人的身份不容易暴露，处于匿名状态，这样一来，赔偿还不足以阻止失信人越界。

首先，失信人本身的不同境况使问题复杂化，失信联合惩戒机制不能确定哪个失信人将会遭遇威慑，虽然有时知道哪些人会遭遇威慑，但

---

①［英］边沁：《道德与立法原理导论》，时殷弘译，商务印书馆，2017，第217-224页。

是不确定威慑确切的伤害概率，如果有人作出一种失信行为，无论这种行为侵犯到他人权利的概率高低，采取一刀切，伤害就会越严重。因此，可能需要一张关于失信的特定风险图表，如果一个失信行为的预期伤害大于或等于特定阈值，就值得反思，此时，豁免程序是作为补救手段存在的。

其次，不可抗力或紧急避险应被列入法定免责事由。必须明确的是，除非失信人主观上有过错，因不可抗力或紧急避险导致失信并不会招致失信联合惩戒。本书此处所指的是，失信人的行为已经构成失信联合惩戒的各项法定要件，应予联合惩戒，失信人受到联合惩戒后，积极谋求信用修复，也取得一定效果，但因客观情况不能实现，或因不可抗力或紧急避险需要临时解除惩戒。比如因新型冠状病毒的流行造成了不可预见的经济困难，失信人和守信人之间达成的和解协议暂时无法履行，但疫情得以控制后可以继续履行。康德在提到紧急避难权时也说，“在紧急状态下没有法律”[①]。

再次，被惩戒人遭遇特别困难，继续惩戒将有违道德伦理或社会公序良俗。比如，被惩戒人被限制出行，但突发疾病，亟须赴外地就医治疗，继续限制出行可能影响被惩戒人的生命安全或身体健康，这体现出立法的人文关怀，即失信联合惩戒受到道德伦理或社会公序良俗的限制，惩戒的最高限度不能与道德伦理或社会公序良俗发生抵牾，超出这个限度的失信联合惩戒都得不到正当的证明。

成文法是失信联合惩戒的程序依据，由惩戒机构执行惩戒，除非立法，否则任何人无权制定惩戒的程序和条件。虽然到现在为止，很多行政机构仍然坚持认为联合惩戒在纸面上与现行法律法规是保持一致的，并且是更为切合实际的惩戒模式，但是事实上，多数失信联合惩戒规范性文件和立法无关，也不是完全采取法学思想的架构，惩戒的程序和条件也是五花八门，没有统一标准，失信联合惩戒几乎是现代政府职能发展的产物。当然，在对失信行为的控制过程中，尽管存在不同的具体的制度和程序，但它们的基本思想是一致的，比如都知道司法机关是如何发挥作用的。最大的变化在于，在过去，像国家发展和改革委员会这样的机构，主要依据成文法的命令按程序办事，而现在，作为惩戒机构，他们不再局限于根据成文法对失信事件作出处理的程序，而是开始控制决定失信事件如何处理的实体。当失信事件进入联合惩戒程序后，惩戒

---

① ［德］康德：《法的形而上学原理——权利的科学》，沈叔平译，商务印书馆，2011，第50页。

机构意识到，和法院的法官一样，他们自身要更明白运用什么标准去评判失信事件，于是，惩戒机构从仅仅控制程序发展为制定实体法，迈出了重要的一步。

第三节　配套制度维度的构建

一个社会要从“单一系统”转变为“联合系统”，不仅要调整法律这一个工具，所有制度都要经过整合和调度，以适应环境的变化。失信联合惩戒制度本身不应该被看作一组由原则、规则所组成的特定技巧，在那种情形下，信用理论、法律原则以及政治学主张可能通通被置于叙述范围之外。相反，失信联合惩戒制度要与以下因素并肩而立，譬如政府机构的进取行动、公共信用信息中心记录失信信息的方式、社会各个领域的信用状况等，这些因素都可以用来解释失信联合惩戒制度的现代形态。在这个过程中，不能简单地将失信联合惩戒视作某种自然过程的反映，也不能将其视作采取了正确政治经济学立场的人为结果，本书的目的之一是厘清失信联合惩戒制度的历史条件。巴特思就说，在任何地方都不存在“任何自然的东西，而只有历史的东西”[①]。

基于此，社会信用治理须遵循整体性原则，要把诚信社会建设视为一个系统，以整个社会信用环境的优化作为基准，协调系统中各个部分的相互关系，使系统平衡、和谐。在这个大系统之下，要考虑各个小系统的特性，以大系统的目标来协调各个小系统，将失信联合惩戒的产生、发展、演变的全过程纳入法律系统，失信联合惩戒机制的有效运行必须建立在成熟完备的法律体系之上，而且要随着社会经济生活状况的变化不断作出修正。目前，我国失信联合惩戒最大的问题在于，相关法律配套制度尚未建立，承载失信联合惩戒机制正常运转的制度环境尚未形成。

一、设立国家信用管理局和地方信用监察办公室

几百年来，惩戒机制的变化和惩戒机构的变化是一体的，随着惩戒机构的发展演变，法律和机构要随之变化来维系惩戒机制的延续。要建设诚信社会，就要形成专业的知识体系，惩戒机构的工作人员将作为专家存在，过去的失信惩戒机制以法院和直接主管部门为中心，排除了其他机构的介入，形成了某种程度的垄断，惩戒权力和机构都受到严格限

① ［澳］布拉德·谢尔曼、［英］莱昂内尔·本特利：《现代知识产权法的演进：英国的历程（1760—1911）》，金海军译，北京大学出版社，2006，第7页，注释。

制，但现在，这种情况更加复杂了。

在社会信用体系建设之初，筹建信用调控的人工机构是首要问题。《国务院办公厅关于社会信用体系建设的若干意见》提出由国务院牵头建立国务院社会信用体系建设部际联席会议来统筹协调、监督、指导社会信用体系建设工作。在地方，各地成立省、市、县三级社会信用体系建设领导小组，如2005年江苏省社会信用体系建设领导小组成立。信用体系建设领导小组是一个新兴的机构，是在人员配备和机构协调尚不到位的情况下设立的，后来的事实表明，它的作用并不如想象中那般大，在工作上无先例可循，在权力架构上也令人困惑，它设置在国家发展和改革委员会之下。一般来说，信用体系建设领导小组作为协调机构，是诚信社会建设的典型组织形式，但几乎没有专业人士来承担这一任务，也没有被赋予特别的权限，必须以沟通协调的方式和其他机构进行对接，这限制了他们的工作效率。纵观信用体系建设领导小组整个运行过程以及它们与其他机构构建的关系，这个机构现有的权限还不足以担负起诚信社会建设的重任。诚信社会建设所需要应对的是一个数量庞大、行为复杂的失信人群体，通过一个单一的机构或制度无法建立诚信社会，最终可能导致制度上的失败，或者制度在失信治理上的贡献微不足道。

（一）设立国家信用管理局

国家信用管理局的功能既是宏观的，也是微观的，包括信用领域的决策、建档开卡、分类管理、精准打击、选派督察人员、建立预防失信机制、建立严重失信人帮扶改造机制、加强宣传引导等。从社会信用体系建设领导小组到国家信用管理局的设立，从非正式机构到正式机构，这只是时间问题。具体而言，新设立的国家信用管理局应被赋予以下职能：

第一，建立全国通用的信用信息系统。在基础设施上，公众不能自己解决网络等基础设施问题，需要政府为他们做好，国家建设必须跟上。亟须建立一个全国通用的信用信息系统，将不同社会领域的信用信息纳入进来，就算失信人从一个地方到另一个地方，他的失信记录一直会跟随本人，不会造成失信信息难以获得的障碍。同时，把互联网技术应用到信用管理之中，比如建立各类专门网站。

第二，信用政策监管。建立一个独立的指挥中心，而不是将社会信用体系建设领导小组挂靠在国家发展和改革委员会之下，那将是一个弱权威的工作结构。将专职工作人员放在同一个地方工作更有效率，他们思考同一个问题并形成解决方案，组织成员在频繁和有规律的合作基础上，一起投入时间，一起思考应对方案，就像学术午餐会，大家聚在一起，谈论事情的进展以及遇到的障碍，让大家更清楚自己所做的事情，克服挑战，形成应对性方案，如果不这样，可能不会形成解决方案。国家社会信用管理局的主要职责之一是推动国家监督失信惩戒（包括联合惩戒）制度的制定，政府会通过很多指令和政策，很多指令是地方政府推行的，中央政府给地方政府留下了很大自主空间，地方政府可以酌情制定失信联合惩戒方面的法规，自行判断怎样的失信联合惩戒措施是必要的，并且恰如其分。有时候，就算国家层面的指示非常具体，但仍然要为地方政府留下余地，让他们自己作出切合实际的判断，地方政府对失信联合惩戒的具体内容具有决定权。

第三，培育第三方征信机构。《传播与劝服——关于态度转变的心理学研究》花很大篇幅来描述传播者的可信度，信息传播效果在很大程度上取决于传播者的可信度[①]。第三方征信机构在重点领域行业信用监督上起关键作用，政府提供公务信用信息资源，社会信用信息资源依靠第三方征信机构提供，通过和公共部门合作，第三方征信机构可以实现公共信用信息资源和社会信用信息资源的对接，互联互通，合作共享，实现信用资源全覆盖。但很明显，在我国，完全符合诚信社会建设期待的第三方征信机构还没有出现。

第四，助推功能。诺贝尔经济学奖得主理查德·塞勒在《助推》一书中指出，助推应被视为一种监管手段，它没有强制性质，给予公众更多选择权，这是一种轻轻推动个体作出选择的力量，在不需要强制的情况下引导个体作出最优的选择[②]。比如，政府颁布法令禁止人们失信不算助推，进行征信管理，把优异信用品格的人摆在人们眼前，将其奉为楷模，鼓励守信人，让守信人得到更多利好，开展诚信教育，让人们主动选择守信，此为真正的助推。

第五，数据采集功能。未来的政府，说得会更少，证据分析会更多。这是一个大数据时代，美联储前主席格林斯潘早在《动荡的世界》里提到国民经济研究局首任负责人韦斯利·克莱尔·米歇尔和伙伴分析大量经济扩张与收缩的统计数据，力图找到经济危机的转折点，进而测算商

---

①［美］卡尔·霍夫兰、［美］欧文·贾尼斯、［美］哈罗德·凯利：《传播与劝服——关于态度转变的心理学研究》，张建中、李雪晴、曾苑等译，中国人民大学出版社，2015，第15页。

②［美］理查德·塞勒、［美］卡斯·桑斯坦：《助推》，刘宁译，中信出版集团，2018，第65页。

业周期[1]，通过数据可以发现和信用相关联的多个方面，借助数据，开发新的关于失信人的数学模型，有的模型能预测失信人会作出怎样的选择，有的模型能发现失信人正极力避免什么，这个模型现在还只是个简单的框架，但在若干年后，这些模型会为失信人群体描绘出更丰富的内容。在这方面的实例很多，如每周银行结算数据是经济分析师们解读经济活动的重要信息来源，有了关于信用方面的足够数据，我们可以对信用制度的广度和深度进行测算和估计，最终使制定成熟的信用标准成为可能。

失信联合惩戒不能因为失信事件的数量而作出，要建立在确实的事实和结果分析基础上，我们知道失信联合惩戒能够降低失信的概率，但无法确定降低概率的程度。在有的情况下，失信联合惩戒的可量化收益是清晰的，但可量化收益并不是全部，信用具有特殊性，在信用领域，提高失信成本未必管用，比如客观环境变化，守信不仅成本过高，而且会产生未知的风险。对于形形色色的失信事件，我们不能自欺欺人地说失信联合惩戒万无一失，足以吓退失信人，失信联合惩戒给公共机构本身带来了负担和成本，只不过在诚信社会这个巨大的利益面前，政府考虑承担起这些负担和成本，这样心知肚明的不成文的共识，在实践上的意义已经超过了理论意义。

（二）设立地方信用监察办公室

为了增强社会公众对失信联合惩戒的信心，立法不仅要为失信联合惩戒提供立法框架，也要监督失信联合惩戒活动，保证惩戒机构公正执法，监督和应对投诉的机构的成立是与失信联合惩戒制度改革同步进行的。

第一，成立信用监察办公室作为监督和受理投诉的机构。既要有独立的监察人员，也要有专业人士，针对不同的社会领域，选择专业人士参与，有利于对失信事件的准确判断和公正裁断，如知识产权领域失信联合惩戒的施行是否恰当，知识产权专业人士的意见不可或缺。必须说明的是，信用监察办公室是一个独立的机构，不同于向直接作出联合惩戒的惩戒机构申诉，后者由惩戒机构决定是否对失信联合惩戒进行审查。与此相比，信用监察办公室被赋予更多职能：一方面，监督惩戒机构的执法活动，有直接的监督权，并有专门人员。另一方面，制定投诉的标准，确保投诉得到及时有效的处理，有助于被惩戒方接纳惩戒结果，还

①［美］艾伦·格林斯潘：《动荡的世界》，余江译，中信出版社，2014，第99页。

有助于惩戒机构改进工作方式，减少工作失误。

第二，投诉程序的标准化。通过一个什么样的固定程序处理对联合惩戒的投诉，不仅关乎程序正义，还关乎结果正义。由国家信用监管局制定《失信惩戒投诉指引》，明确各类投诉的具体流程，包括投诉机构、投诉范围、如何投诉、如何开展调查、如何处理投诉、对投诉处理结果不服如何处理等事项。同时，《失信惩戒投诉指引》应当适用于境内所有信用监察办公室以及涉及联合惩戒的所有工作人员。

第三，投诉的可选择性。相关人员对惩戒结果怀有异议可以向惩戒机构或其上级机关提出，提供相关证据，据理力争。投诉有两种选择，一种是“就地解决”，由作出惩戒的机构或其上级机关来接受投诉，并作出相应处理；另一种是由第三方机构接受投诉，对联合惩戒进行调查，给出最终结论，当事人可以自由选择投诉方式，并接受对应的结果。

综上，在过去百年的时间里，人类积累下来的经验是：倘若要使惩戒公正且有效，必须由专门的机构和专门的人员进行，常设机构或独立机构必不可少，并且要通过一整套严谨的惩戒程序。失信联合惩戒的困境在于，惩戒机构扩大了，变得不那么专业和独立，尤其政府机构自身具有灵活性，必定不会让自己过分受制于惩戒规则，也不会受制于惩戒程序，所以经常冒着越界的风险。

二、探索与国际接轨的机制：积极加入国际信用联盟

对标国际信用标准已经成为国家不得不面对的紧迫任务，未来要以全球化来叙事社会信用体系建设。失信联合惩戒机制需要各方面力量的协调，全球化使所有国家结合成一个整体，对信用事件的处置需要趋近于国际平均水平，否则，在各种突发的全球性商业信用或政治信用事件的冲击下，国家之间的应对会出现巨大差别，无法形成一致的行动。

首先，国内信用标准要与国际信用标准接轨。1999年，联合国秘书长安南在达沃斯世界经济论坛年会上提出“全球契约”（Global Compact）计划，号召全球各公司遵守在人权、劳工标准、环境及反贪污方面的十

项基本原则[①]。“全球契约”旨在建立有共同价值的标准，使全球各企业与联合国各机构、国际劳工组织、非政府组织以及其他组织结成合作伙伴关系，构建一个更加广泛且平等的世界市场，这种国际意识[②]应该在各国制度上体现出来。另外，诞生于20世纪初的国际信用评级行业历经百年金融风险和经济危机的洗礼，已经形成比较成熟稳定的信用评估标准，我国应鼓励银行和企业进行参评，尤其对上市公司，建议以接受国际信用评级作为合规条件之一，比如韩国规定公司发行商业票据超过一定数额就必须通过信用评级。当然，这个过程同时伴随着信用评级行业要进一步开放，才能吸引更多国际信用评级机构进入中国市场[③]，社会组织的各个机构参与信用评级，现实地，就是每一个机构都日益成为一个信用评估机构，这将是联合时代最显著的特征。

其次，国际层面合作要进一步扩大，积极建立信用信息跨境流动机制。针对国际商业领域，世界银行集团提出“金融市场诚信计划”，号召建立一个透明、包容的金融体系，该计划的目标是通过技术援助、评估工作和政策制定来帮助借款国增强其金融部门的诚信度，向世界银行所服务的国家提供提升透明度和追踪赃款的工具，借此增强金融体系的安全性、财政稳健度和诚信度，参加这样的“金融市场诚信计划”对我国还是有利的。针对国际犯罪领域，在《海牙送达公约》《海牙取证公约》《联合国打击跨国有组织犯罪公约》等国际条约基础上，要积极加入有利于开展国际刑事司法协作的国际公约，进一步扩大刑事司法协助的范围[④]。同时，将国际条约内化为国内的细则，如《公安机关办理刑事案件程序规定》第十三条规定，我国公安机关可以和外国警察机关开展刑事

① 十项基本原则包括：企业界应支持并尊重国际公认的人权；保证不与践踏人权者同流合污；企业界应支持结社自由及切实承认集体谈判权；消除一切形式的强迫和强制劳动；切实废除童工；消除就业和职业方面的歧视；支持采用预防性方法应对环境挑战；采取主动行动促进在环境方面更负责任的做法；鼓励开发和推广环境友好型技术；努力反对一切形式的腐败，包括敲诈和贿赂。

② 国际意识指国民对跨国事务或国际事务的理解程度，它是世界观的一种体现，和民族意识相对。

③ 在国际三大信用评级公司中，标准普尔于2019年1月、惠誉于2020年5月正式以独资公司的形式进入中国市场。

④ 参见《中国人权法治化保障的新进展》白皮书。中国已加入《海牙送达公约》《海牙取证公约》和《联合国打击跨国有组织犯罪公约》。截至2016年，中国已与19个国家签订了民（商）事司法协助条约（协定），均已生效；与40个国家签订了刑事司法协助条约（协定），其中32个已生效；与20个国家签订了民（商）事司法协助条约（协定），其中17个已生效。

司法协助和警务合作[①]，并在第十三章“刑事司法协助和警务合作”中专章说明公安机关进行刑事司法协助和警务合作的范围[②]。

三、法院退出失信联合惩戒联盟

学者指出，“失信联合惩戒具有多主体、多行为两大特征，致使行政诉讼救济面临渠道不畅和审查不力的困境”[③]，比如由于对失信联合惩戒缺乏统一定性，对其合法性依据也缺乏清晰判断，法院无法有效展开审查，这种困境在法院同样成为联合惩戒的实施者之后变得更加复杂了。

在法治的场合，所有人都处于某种共同制度之下，需要有一个公共机构来裁断他们相互冲突的要求。司法机关的权威不是无端而来的，“法律机构的权威受到这样一种共同认识的限制，即它们的权威只有在一个适当的、非政治的范围内才是最高的”[④]。在康德的年代，他已经意识到，“对罪犯与惩罚之间的平等，只能由法官的认识来决定”，“只有法院的判决才能作为对一切犯人内在邪恶轻重的宣判”[⑤]。对失信人进行救济面临的困难很多，“请求法院救济者须有洁净之手”，负有污名的失信人向法院起诉会不会成为徒劳无功之事呢？这恐怕是“失信人”整体都很忧虑的问题。救济机制是对法治理想的遵循，也是保护失信人不受非法侵害的一种机制，在失信联合惩戒问题上，个体面对的威胁最可能来自公共机构，失信人如果不能得到有组织的力量的救济，就很难对抗侵害，这不是想象，而是对现实状况的描述。

首先，法院退出失信联合惩戒联盟符合法院一贯的中立立场。一旦法院加入联合惩戒联盟，结果就如瓦克斯教授所言，“当事人不信任庭上

① 《公安机关办理刑事案件程序规定》第十三条规定：“根据《中华人民共和国引渡法》《中华人民共和国国际刑事司法协助法》，中华人民共和国缔结或者参加的国际条约和公安部签订的双边、多边合作协议，或者按照互惠原则，我国公安机关可以和外国警察机关开展刑事司法协助和警务合作。”

② 《公安机关办理刑事案件程序规定》第三百七十五条规定：“公安机关进行刑事司法协助和警务合作的范围，主要包括犯罪情报信息的交流与合作，调查取证，安排证人作证或者协助调查，查封、扣押、冻结涉案财物，没收、返还违法所得及其他涉案财物，送达刑事诉讼文书，引渡、缉捕和递解犯罪嫌疑人、被告人或者罪犯，以及国际条约、协议规定的其他刑事司法协助和警务合作事宜。”

③ 彭錞：《失信联合惩戒行政诉讼救济困境及出路》，《东方法学》2021年第3期，第171页。

④ ［美］P.诺内特、［美］P.塞尔兹尼克：《转变中的法律与社会：迈向回应型法》，张志铭译，中国政法大学出版社，2004，第64页。

⑤ ［德］康德：《法的形而上学原理——权利的科学》，沈叔平译，商务印书馆，2011，第174页。

的职业法官具有独立性和公正性，那么他们将不会愿意接受裁决”[①]。就法律而言，并不是任何机构都可以参与实施失信联合惩戒，如果没有一个机构能对失信联合惩戒的决定作出最终裁断，就不可能有信用法制，但在当前形势下，已经没有一个中立机构可以站出来对失信联合惩戒作出公允的裁断。过去，我们追求一种更高层次的权力机构，它能制衡各种惩戒机构，并在发生冲突时，由于自己的中立性，不偏向任何一方，能够保持公平独立的立场。它无须指挥其他惩戒机构，但能够制止惩戒机构作出危害人民的举动，曾经交到司法机关手中的权力是维持平衡的最低限度的权力，但当司法机关也参与到联合惩戒中来，成为惩戒机构中的一员，行政机关越来越多地成为失信联合惩戒主体，关于失信的纷争不再是个人之间，而是个人和国家之间、惩戒机构之间的纷争了，法院作为惩戒机构介入失信联合惩戒，既是“运动员”，也是“裁判员”，如何客观中立地处置纠纷是一个很大的疑问。

其次，法院参与失信联合惩戒联盟不符合法治理念。布雷耶大法官指出，如果想维系人民对法院的信任，法院自身要有合法性，被人民广泛认可[②]。关于失信，应该存在客观的检验标准，至少司法机关不应该特别关注政府的特定目的，而应该独立公允地判断该行为是否具有失信行为的特征，进而判断它是否要接受联合惩戒。毋庸置疑，官方文件主张诚信社会建设时所指向的失信，实际上是官方关于失信的内部标准，但是政府把这个内部标准通过指导性文件、行政法规规章，甚至备忘录等形式展示出来，并不可避免地进一步在组织的驱使下动用立法权力去为政府服务，制定具有普遍约束力的信用行为规则。如果所有的权力机构都以政府马首是瞻，都以官方失信标准为基础，其他社会组织也都承认这样的安排，联合惩戒的正当性即通过行动的正义性来证明。毫无疑问，我们需要的是能够判断失信联合惩戒是否有效的法院，但是后来发现法院本身也在发布联合惩戒的信息，承担着联合惩戒的权力，这绝不是法治认可的方式。

再次，法院退出联合惩戒符合现实需求。显然，失信人如耶林所言，在斗争中发现了自己的权利[③]。同时，失信人对信用的珍视，取决于失信

---

①［英］雷蒙德·瓦克斯：《法律》，殷源源译，译林出版社，2016，第89页。

②［美］斯蒂芬·布雷耶：《法官能为民主做什么》，何帆译，法律出版社，2012，第103页。

③ 耶林为《为权利而斗争》一书写的题词是“你当在斗争中发现你的权利”，每一项既存的法律规则必定只是从对抗它的人手中夺取的。参见［德］耶林：《为权利而斗争》，郑永流译，商务印书馆，2016，第2页。

人为获得良好信用付出的努力。从现实需求看，因失信联合惩戒引发的社会纠纷要由第三方机构来最终裁决，虽然起草者一度认为备忘录无须解释，政府也是这样认为的，但是实践中已经出现要求附带审查失信联合惩戒备忘录的行政诉讼[①]，因此关于失信联合惩戒备忘录的解释工作只能留给司法机关。

最后，从国际经验来看，域外国家对失信问题的处置主要还是秉持一种司法治理的方式，行政权力和其他社会力量隐于幕后。司法治理主要以事后处罚的手段进行，法律以成文法的形式制定行为规范，违反者将受到惩处，法律并不对公民和团体的单个信用行为进行监督，每个人可以自由选择守信或者不守信，法律只是对违反者进行事后惩罚。它的优点在于避免了政府官吏因无知、徇私、情绪不稳定带来的擅权或腐败，缺点在于在应对复杂的客观情势时缺乏弹性和灵活性。

为什么主要是司法治理，而不是行政治理呢？布雷耶大法官提出将“相对专长”作为试金石，即如果行政机关更有解决问题的能力，就由行政机关来解决；如果法院更有优势，就不会遵从行政机关的决定，会对行政机关进行限制[②]。第一，基于对行政权力的警惕。亚里士多德曾提出，法律是实现正义的基本先决条件，他反复警告以权力实施正义的危险，如果正义是对平等者的平等待遇，那么普遍的共同标准必须建立起来，以之衡量平等[③]。他也承认特殊情况的存在，有些领域是必须让渡给社会组织和个人自由裁量的，但他认为这种情形只能存在于一种情况之下，即统治者是完人，而这种情形几乎不存在，因此必须使他们的权力受到法律的限制[④]。政府指定特定机构，身在其中的政府官吏被指定确定的工作，他们的目的是惩戒失信人，构建良好的社会信用秩序。至于对失信行为的处置标准，通常是根据官方文件，对失信情形的判断和处置经常是个人化的，因为存在自由裁量权，容易发生权力滥用、徇私的情形。第二，行政治理成本高昂。行政治理的手段是借助人力和技术。一方面，正如交通警察遍布各条街道路段，在很多人准备闯红灯之前就受到交通警察的严厉制止，使得失信行为提前得以抑制；另一方面，信号灯、斑马线与道路监控录像结合起来严密监视着一切，人们处于权力监

---

① 参见〔2016〕闽01民终2692号民事裁定书。

② ［美］斯蒂芬·布雷耶：《法官能为民主做什么》，何帆译，法律出版社，2012，第158页。

③［古希腊］亚里士多德：《政治学》，吴寿彭译，商务印书馆，1983，第163–168页。

④［美］埃德加·博登海默：《博登海默法理学》，潘汉典译，法律出版社，2015，第44页。

督之下，因为畏惧惩戒措施，公民和团体约束自身，坚守信用。以上手段的存在，对失信行为的泛滥起到了遏制作用。

我们的疑虑还在于，假设所有的惩戒机构都在法律授予的权限范围之内谨慎行事，但是，一个庞大的拥有多个权力机构的组织仍有可能侵害个人，这里的个人不仅仅包括失信人，而是所有人，谁能断定自己不会是下一个失信人呢？联合惩戒涉及的机构如此之多、如此之广，人们又无法拒绝和他们打交道，无法减少这些机构对自身的干预，如果联合惩戒联盟侵害个人，个人作为失信人无法从司法机关那里寻求有效的救济，那么失信人将会变成受害人，而不是按照联合惩戒制度的最初愿景变成守信人。

四、进行公民诚信教育

虽然经济学家马歇尔将教育看作国家的一种有利的投资[①]，但是教育的意义显然不止于此。川岛教授说："真正崇高的道德和秩序只能期待于自发的人格，仅凭单纯的权力压制，人的道德是得不到提高的。"[②]勒庞也说，"在人类所能支配的一切力量中，信仰的力量最为惊人"[③]，人的行为既受到他们的信仰和信念支配，也受由这些信仰和信念所形成习惯的支配，如果诚信都是别人要求他去做的，那么它就不是一项值得称道的美德。失信联合惩戒将开辟一条诚信之路，诚信理念随着失信联合惩戒的创造性变化焕发青春，它的方案可能不够完美，但背后的基本理念是正确的。在一个竞争的世界，单一组织已经不能保证诚信社会的实现，我们需要政府、司法机关和其他社会力量之间更具合作性的框架和方案，使每个人意识到信用的价值，让人们对自己的信用做主，形成自己终身的信用持有能力，但不能放任。当个体拓展了自己关于信用的知识边界，学习如何管理并运用自己的信用，更有适应性地变成一个守信人，才能构建出一个守住边界的守信人群体，那么，离诚信社会才能更进一步。

首先，家庭的作用不容忽视。没有诚信感的家庭将是"破窗理论"中的"第一扇破窗"，这是诚信精神恶化的起点。建设信用社会不仅是政

---

①［英］马歇尔：《经济学原理》，朱志泰、陈良璧译，商务印书馆，2019，第272页。

②［日］川岛武宜：《现代化与法》，申政武、渠涛、李旺、王志安译，中国政法大学出版社，2004，第21页。

③［法］古斯塔夫·勒庞：《乌合之众》，冯克利译，广西师范大学出版社，2015，第174页。

府的责任，也是父母的责任，如果孩子生活在一个不诚信的世界，就知道父母作了什么样的榜样，因此政府制定信用监管制度是必要的，父母也要承担起责任。如果孩子目睹父母的不诚信行为日久，他（她）自己也不会觉得诚信有多重要，教育始于家庭，诚信教育也是如此，家庭鼓励孩子诚信为人做事，孩子具备诚信品格才能成就事业，诚信观念的欠缺可能导致他们将来满盘皆输。没有家庭的持续支持，政府的作用也不会全覆盖，因此，在未来的家庭教育方面，也需要来一场革命。

其次，学校教育有助于诚信信仰的建立。学校教育持续时间长达数年，在一个人幼年时期埋下诚信的种子，把个体与生俱来的对守信的信仰调动起来，把信用同道德、情感驱动力结合起来，而不是等他（她）成年之后依靠惩戒或者奖励制度的规训。的确，我们应该让更多的人在幼年时期就在内心建立起对诚信的信仰。信用，不管来自政府还是学校，都不应该只是一种意识，抑或是一种人格培养和习惯养成，而是一种信仰。学校教育的确有助于建立这种信仰，这种信仰也是一种自治精神的体现。

直到现在，我们都认同，诚实、正义、公平、意思自治要优于惩戒和制裁，虽然我们几百年来都在利用人类的自私倾向设计信用机制，但是无论哪一种机制，传统的抑或外部强加的，都不会在任何时代对任何人群都有效。总体上，人类在有些情况下会失信，但在有些情况下会守信，我们要做的是设计出导向守信的办法，让这种体系在最大程度上促进、鼓励长期守信的行为。当然，无论是思想纯正的原始社会，还是思想复杂多元的现代社会，都很难纯粹以诚实、正义、公平、意思自治为基础发展起来。我国人口众多，地大物博，社会信用体系需要在社会内部架构一个强制性的框架，这是传统道德伦理和习惯无法达到的目标，在信用缺失、失信事件层出不穷的紧迫情势面前，有能力控制局面的只有权力和法律。

五、加大失信联合惩戒的舆论宣传

宣传的作用究竟有多大？2018年，《我不是药神》开始在国内上映，因为这部电影，人们更多地关注白血病人，国家也开始关注“天价药”问题，着手进行行业整改，这让我们看到了一部电影的力量。历史再往前推，1956年，内维尔·舒特的小说《海滨》开始在美国境内报刊上连载，包括《华盛顿邮报》和《洛杉矶时报》在内的报刊，这进一步推高了美国的反核声浪。1959年12月，电影《海滨》上映，艾森豪威尔内阁开始探讨如何抵消这部电影如此强有力的反核宣传的影响。

失信联合惩戒对多数人来说还是一个几近全新的制度，人们关于它的记忆是极少的，记忆中不可得，更加支持了失信发生的概率增加的观点。很多人都不知道失信联合惩戒的存在及其风险，在大多数人缺乏意识和知识的情况下，国家只能依靠启发式策略，这又被学界称为“心理捷径”[①]。卡斯教授有一个类似的提法，即可得性启发法[②]，它指的是我们对行为概率的判断往往受到脑海中能够想到的事件的影响，如果这个事件曾经发生过，记忆中可得，人们可能作出高风险预估，反之，如果这个事件在记忆中不可得，风险往往被低估，概言之，可得性偏见影响人类对恶果概念的判断[③]。失信联合惩戒恰恰属于后一种，为了增进人们对它的记忆，就要广泛传播失信联合惩戒，使人们更加确信失信联合惩戒的存在，有类似失信行为的人遭遇过惩戒，就更有可能维持这个制度的运转。人们意识到失信联合惩戒机制的效果后，需求就会发生变化，惩戒改变了行为的刺激形式，刺激可大可小，失信联合惩戒无疑是较大的刺激形式，随着刺激幅度的降低，作用也不同，政府的信用宣传则是刺激幅度较低的刺激形式。

首先，政府负有舆论宣传的首要职责。诚信社会建设需要很好的宣传者，有很多机构都有惩戒的权力，但有的机构不得不走到公众面前解释：现在我们的政策发生了变化，我们只接纳那些信用良好的组织或个人，如果您不能提供良好的征信记录，我们将不能为您提供公共服务。政府对外宣传得越成功，人们得到的信息就越多，政府未来工作的一部分是向公众解释失信联合惩戒机制的运作流程以及失信的后果。政府的工作包括解释失信联合惩戒制度本身，我们需要的惩戒机制不仅要惩戒失信人，还要找到改造失信人的方法，发现问题，解决问题，重新设计系统，治标又治本。

其次，开展多渠道舆论宣传工作。成立信用宣传机构，全国各地招募志愿者，利用交通工具、商场、超市、电影院等公共场所进行宣传，敦促报纸媒体揭露失信行为，媒体自觉遵守舆论导向，将正面的信用信息和论点呈现在公众面前，鼓励民众检举失信行为，这些工作将实现信用从制度向信仰转变。

---

①［美］罗伯特·西奥迪尼：《影响力》，闾佳译，北京联合出版公司，2019，第14页。

②［美］卡斯·桑斯坦：《简化——政府的未来》，陈丽芳译，中信出版社，2015，第72页。

③［美］卡斯·桑斯坦：《简化——政府的未来》，陈丽芳译，中信出版社，2015，第72页。

舆论宣传的作用之一是形成“信息瀑布”[①]，许多失信联合惩戒的信息构成“信息瀑布”，对社会个体的行为产生巨大影响。“信息瀑布”可以解释为什么人们对失信事件和失信联合惩戒普遍关注，失信使得与失信人相关的人调整原有的安排，也引发周围人对失信人的恐慌，“社会影响的存在推进了社会运动的发生，甚至可能触发社会革命”[②]，每个人都关心自己的信用，尽量避免被否定或损害，社会公众极力避免信用受损的观念形成“信息瀑布”，因此，无须政府强制，个体亦能自觉遵守。在一定意义上，失信联合惩戒本身是一个信号，它在展现自己的社会表达功能，国家反对失信，对严重失信人予以惩戒，如演员范某某偷税被罚事件，会给其他演艺人员乃至广大民众发出信号，表明政府的期望和决心，社会影响很大，利用社会影响可以助推或改变事态的发展。一个人的失信事件以及成为联合惩戒的对象，本身就能表明社会发展的动向，诚信社会得益于这样的社会动向，社会性力量对诚信的追捧，是适时出现的强大外推力量。

六、企业信用合规制度的建立

信用监管法律法规越来越多，越来越复杂，信用合规建设已经迫在眉睫。“合规”一词源于金融领域，最初指银行的经营活动与法律、法规、监管规则或标准相一致。规则和标准有不同的渊源，除了法律法规，现在还延伸到监管部门制定的规则、市场公约、行业协会制定的行业守则以及适用于行业内部的行为守则等。合规风险即来自未能遵守这些规则，面临法律制裁、监管部门的处罚、重大财务损失、声誉损失等风险，失信无疑也是一种合规风险。

首先，对大型企业建立合规制度提出硬性要求，即硬标准。想想2007年全球金融海啸之后，美国对存在合规问题的银行处以巨额罚款，合规监管被认为是悬在各国际金融机构头上的达摩克利斯之剑[③]。尤其对于上市公司，应当强制设立信用合规制度，包括信用合规官岗位、企业内部守信行为准则、失信举报制度、信用风险评估（针对客户、供应商和中介机构的信用风险尽职调查程序）、财务会计控制等。世界在不断变

---

① ［美］卡斯·桑斯坦：《简化——政府的未来》，陈丽芳译，中信出版社，2015，第70页。

② ［美］卡斯·桑斯坦：《简化——政府的未来》，陈丽芳译，中信出版社，2015，第70页。

③ 据统计，2012—2017年，美国对13家存在合规问题的银行作出共计176.22亿美元的重大罚款。参见岳留昌：《美国反洗钱合规监管风暴》，中国金融出版社，2019，第2页。

化，倒逼企业信用管理制度更新换代，“企业信用合规制度”取代“企业信用风险管理制度”是大势所趋，第三代企业信用管理制度要求完整的信用信息规范、信用管理标准化、形成信用管理的人力资源市场以及企业外部信用管理服务增加等[①]。

其次，对中小型企业，可以不作强制性要求，但出于企业经营风险考虑，建议财务部门将信用合规作为日常审计内容之一纳入，避免企业落入信用风险陷阱。现代意义的企业合规包含两层含义：一是守法经营，二是遵守商业伦理[②]。在我国，企业缺少信用内审制度，对信用缺乏集体意识，不了解信用监管法律法规，就会面临信用风险。

建立企业信用合规制度有两种方案：第一种是企业自建；第二种是采用第三方机制，成立第三方监督评估机制管理机构，建立第三方机制专业人员名录库，公开选任第三方机制专业人员，包括法务、财务、市场监管、金融、信息网络、知识产权、安全生产等，预防企业违规失信，促进社会综合治理。一旦企业信用合规制度成形，企业信用合规官的设置成为必要，2020年信用管理师列入《国家职业技能标准制定工作计划（2020—2022年）》[③]，从多重需要出发，正式或非正式的信用培训师这个新职业可能出现。助理合规官、首席合规官、合规总监等职位迅速产生，可以比照现代的“参谋部”概念[④]，每一次行动背后都有专家幕僚进行全方位研究，并提出建议，“参谋部”概念可以用于企业管理实践。连续不断的企业失信事件表明我国企业信用合规文化的缺失，关于信用合规的理念远远没有渗透到企业日常管理和运营中，2012年荷兰安智银行被美国财政部处以6.19亿美元天价罚款已经告诉我们关于银行合规监管的重要性[⑤]，对于企业也是一样的。传统的企业信用管理被动地依靠外在

---

① 林钧跃：《第三代企业信用管理理论及其特点》，《征信》2014年第1期，第31页。

②〔日〕川崎友巳：《合规管理制度的产生与发展》，李世阳译，载李本灿等编译《合规与刑法：全球视野的考察》，中国政法大学出版社，2018，第12页。

③ 2020年，中国就业培训技术指导中心与人力资源和社会保障部职业技能鉴定中心联合印发《国家职业技能标准制定工作计划（2020—2022年）》，最新推出的一批国家职业中就有信用管理师，这一职业属于“社会需要职业”。

④“参谋部”概念是毛奇将军在担任普鲁士总参谋长时提出的，关于每一次重要的军事行动，都有一个幕僚专家进行全方位研究，这些专家组成一个最高参谋部，为指挥官给出建议。参见〔美〕丹尼尔·A.雷恩、〔美〕阿瑟·G.贝德安：《管理思想史》，孙健敏、黄小勇、李原译，中国人民大学出版社，2014，第206页。

⑤ 荷兰安智银行触犯美国外国资产控制办公室（OFAC）法规，涉及该行在古巴的运营。同时，该行被控触犯了限制与伊朗、利比亚等国家进行交易的法规，6.19亿美元的罚单创下OFAC制裁史上的最高纪录。参见岳留昌：《美国反洗钱合规监管风暴》，中国金融出版社，2019，第17页。

力量，而不主动进行信用管理，更没有组建独立的信用合规部门，“将人们置于新经历之中，这是一种变革组织文化最有力的方式”[①]，企业信用合规官的设置，表明企业主导性避免失信事件的发生，主动发现且采取适当措施纠正已发生的失信事件，信用合规官的设置是构建企业内部有效的信用控制机制的基础。

七、建立社会公众参与机制

参与会产生信任，失信联合惩戒机制从创制之日起，就应该包括广泛的公民参与，方式包括线上论坛或政府召开听证会等，这可以化解关于失信联合惩戒机制的部分误解，也有助于缓解公众对于争议部分的强烈抵触情绪。公共机构、私人机构和社会公众等各方意见融合，互相增进理解，将各方利益恰当地匹配到失信联合惩戒机制中去，信任被认为是协作中的黏合剂，“尽管信任水平随着特定的跨部门协作方式而有所不同，但是信任是所有成功的协作都具备的要素。在很少有正式规则指引其行动时，相信或指望他人使得人们可以更有效地合作”[②]。

首先，失信联合惩戒制度的使命之一是构建卓有成效的失信信息广泛传播体系。该体系涉及国家、政府、企业和个体，要关注失信联合惩戒制度的制定是否听取了专业人士的意见，是否听取了各方的不同意见，是否将某些群体排除在考虑范围之外，是否最大程度地满足全体公民的需求。学界提供界定清晰的概念，民众能够就可选方案开展讨论，公开发表意见，制度制定机构要和各方紧密合作，合力为解决信用问题提供良策，在法治允许的范围内，构建理想的失信联合惩戒机制。

其次，要建立透明的公民参与机制。在一定程度上，失信联合惩戒是适应公众需求、符合公众期望的产物，更高的公民参与度是提升失信联合惩戒社会认同感的一种方式，公众参与公共政策决策对制度的形成起着关键作用。现代公共管理者倾向于直接向社会公众征询意见，让社会公众直接参与政府决策，公众意见有时决定着公共政策的规模和范围，甚至是启用或废弃。

事实上，政府正在利用媒体、网络来改善政策，几乎所有的公共机构都有为社会公众建立评论和建议的平台，与公众分享信息，并向社会

---

① ［美］戴维·奥斯本、［美］彼得·普拉斯特里克：《再造政府》，谭功荣、刘霞译，中国人民大学出版社，2014，第270页。

② ［美］约翰·弗雷尔、［美］詹姆斯·埃德温·凯、［美］埃里克·波伊尔：《跨部门合作治理》，甄杰译，化学工业出版社，2018，第174页。

公开反馈，政府和民间互动，从而推动事件发展。网络为政府和公众之间的信息沟通提供了比以往更多的机会，公众参与机会大大增加，“电子政府”这个概念的提出就是一个证明。2009年，奥巴马政府就倡导政府开放化行动，联邦决策的制定过程充满选民的反馈和评论。一个初步建议是建立一个关于失信联合惩戒的专门网站，对联合惩戒机制的结构进行概述，提出政府的总体期望，允许公众在网站上提出自己的设计，很多意想不到的情况都是由社会公众暴露出来的，这是政府很难想象的。多媒体的存在，允许公众表达思想，交换思路，表达自己的偏好和价值观，政府要做的事情是搜集文字信息，搜集数据，将公众评论内容的趋势识别出来，更好地理解公众的感知以及应对失信的模式，然后对最紧要的部分进行重新设计。公众参与和政府公共管理行为之间的关系发生了巨大的变化，社会公众不应再被视为和失信联合惩戒无关的人，而是被当作联合创建诚信社会的合作伙伴，多媒体则是提升公众参与度的强有力工具。尤其政府可以运用之前几乎不可能的方式，与偏远地区建立互动关系。众所周知，因为地域限制，信息不对称是导致失信行为重复发生的一个重要原因，这表明，保持开放的公众沟通交流至关重要。

一言以蔽之，诚信社会建设任重道远，过去被广泛认可的规范不应该被违反，构造信用行为新规范，建立失信联合惩戒新标准，建立能代表联盟的新组织，无一不需要付出艰辛的努力，学界在建立概念和提出政策建议上的智力付出还远远不够，对于作为促进诚信社会基本力量的政府，诚信社会建设需要接纳新的政治参与者。

八、建立守信激励机制，确立守信人优先权

富勒说，“对奖励和惩罚的分配是我们社会中的一项无所不在的事务，它从法律领域一直延伸到教育、工业、农业和体育”[①]。要实现诚信社会，仅仅靠惩戒显然不是问题的答案，但惩罚往往被置于优先位置。富勒在《法律的道德性》中专章研究奖赏与惩罚，他区分了义务的道德和愿望的道德，在义务的道德中，惩罚应当是优先于奖励的[②]。如果我们真的想提升失信联合惩戒的制度能力，就需要用另一种表达来说明我们的目标，我们不是去往一个充满了失信人标签的人的国家，相反，我们

①［美］富勒：《法律的道德性》，郑戈译，商务印书馆，2011，第37页。

②［美］富勒：《法律的道德性》，郑戈译，商务印书馆，2011，第37页。富勒同时指出，一个人不会因为遵从了社会生活最低限度的条件而获得表扬或被授予荣誉。

带着善意，鼓励失信人重新建立自己的信用，并帮助他们改过自新。如果失信联合惩戒对失信人是一把悬在头顶的剑，那么我们要把它看作一把双刃剑。更重要的是，国家和政府要抵制通过联合惩戒来加重惩戒这一理念的诱惑，失信联合惩戒机制一部分建立在被广泛认可、早已存在但是错误的假设基础上，即认为失信人失信是基于自私自利的本性，而失信联合惩戒相当于应对自私的方案，因为人类本质是自私的，所以通过惩罚和监督来限制失信行为。

在联合惩戒模式实施过程中应着重解决的基本问题是：所采取的联合惩戒模式以及惩戒的结果能否使社会公众受益，而不是单纯打击失信人。失信联合惩戒作为一项机制，只有括定了影响其运行的要素，才能进行有效改良。对于受利益驱动的那部分失信人，剥夺其利益是更有效的方法；对于非利益驱动人群，制度约束很重要；对于中间人群，激励手段比涉及利益的手段更有效。我们调整信用制度体现在两个方面：一个是针对失信人的，另一个是针对守信人的。失信联合惩戒机制建立起针对失信人的惩戒结构，守信激励机制建立起针对守信人的激励结构。如此，在每一个时点上观察，失信人数量在下降，守信人数量在上升。

首先，建立守信激励机制是诚信社会建设的需要。在诚信社会建设过程中，虽然新的失信人不断涌现，但是旧的失信人不断被改造，这是失信人数量多年仍然没有大规模增加的原因。我们不想摧毁原有的惩戒体系，又希望更多人参与诚信社会建设，留在守信人的行列，使社会对守信人的需求比过去更旺盛，一个方法是在制度设计中将良好的信用记录作为门槛条件嵌入整个制度体系。要确定哪些是失信，哪些是守信，为了避免失信，人们需要做什么，满足什么条件，要在全社会树立一个观念，即因为信用良好，人就更特殊，更有竞争力，更容易被社会和他人接纳，获取失信人不能获得的东西。事实也是，社会风气正在向着有利于守信人的方向发生重大变化，守信人在生活和工作上获得了应有的尊重，恰恰是抑制失信的风暴才激发了人们对守信人的敬仰之情，如在浙江，孤寡老人去世，法官判决照顾其30年的邻居继承老人一半的遗产。

其次，不需要严格监控，通过建立激励机制也可以防范失信。“看不见的手”会起作用，把责任交给市场。当然，并不是人的所有行为都是对信用奖惩机制的机械反应，个体通过良好行为获利，组织找到吸引个体的信用点，而不是控制和惩戒失信人的新方法，不得不说，惩戒至上的方法是有缺陷的。惩罚型的失信惩戒机制是根据错误的假设条件设计出来的，先将人定义为利己主义者，只有偏好和欲望，认定人会作出什么样的失信行为，这种假设仅部分正确，这种控制方法部分是无效的。当然，我们需要有共同认知，通过诚信社会建设让公众有一个共同的目标，建立公众的认同感。

再次，建立守信激励机制是发展信用经济的需要。信用要成为一项资产，它本身有内在的荣誉性，通过立法使人们因信用良好获利，对信用不良者进行惩戒，使信用的价值加大，信用成为资产，让更多的人像挣钱一样去挣信用，让每个人成为自己信用的主人，而不是被征信的对象。在当前世界，我们希望看到的是，公众作为信用资产的持有者，不仅要从信用中获利，还要参与和融入诚信社会的建设，人人都应该拥有好的信用，就像人人都拥有资产一样。经济学家马歇尔将财货分为可转让的和不可转让的，后者包括一个人的特性和活动、享乐的能力以及营业关系中依靠个人信用不能转让的部分等①。在当今世界，每个人都面临着激烈的竞争，如果人们拥有比别人更好的信用，就会拥有更多的机会去积累财富，也会更加独立。过去，我们总是想着惩戒失信者；而现在，我们应该把精力放在如何壮大守信者队伍上。

最后，诚信社会的建设需要正能量。体制上有欠周全，社会更需要用精神力量来补足，每年都进行的“感动中国十大人物评选”“全国道德模范评选”活动可以证明，有的人的确可以不图任何回报甚至自愿作出牺牲来坚守信义。这些道德模范被隆重地表彰，固然由于他们自身德行高尚，他们更是形式上的代表，象征了国家和社会对信义的渴望，表现了守信精神的可贵。不难想象，学校的老师和家里的父母因为受到这深厚信义精神的感染，势必对学生和子女作出教导，举国上下的道德风俗会更为淳厚。

实践中，和多数人想象的不一样，事实上，我国社会诚信建设是从激励守信人开始的，首届“中国诚信建设成果展”在2003年举办，彼时政府就意识到“当前中国建立完善标准的诚信缺失惩罚法律法规的条件不够成熟，暂时还难以增加诚信缺失行为的成本，因此，政府将重点加大诚信行为的收益，把它作为开展诚信建设工作的重要切入点”②。无论是谁，在内心深处对信用都有一种极深的直觉，失信人身上的这种直觉一点也不逊于守信人，甚至有的还超过守信人，只是他们自己放弃了这

① ［英］马歇尔：《经济学原理》，朱志泰、陈良璧译，商务印书馆，2019，第78页。

② 参见2004年国家统计局官员在中国诚信建设成果展新闻发布会上的讲话。

种直觉的坚守，放弃了自己守信人的位置。不得不说，当时的制度是负有责任的，并没有有效地阻止守信人向失信人的堕落和转变，也没有对守信人进行激励，哪怕只是精神上的激励。从情理上，信用激励机制应当给予守信人一种特殊荣耀，使其获得某种权利，这种权利超过一般人，更超过失信人。这并不能算作荒诞或不合时宜，在一个物欲横流的时代，有的人能坚守诚信品格算是不同寻常的事情，为了能够吸引更多的人加入这个队伍，守信人应被赋予一定的权利，将他们作为精神代表，在一定的管辖范围内，给予守信人一定的优惠待遇，又有什么不可以呢？一枚见义勇为勋章的意义不仅仅在于精神上的激励，很多退伍老兵在退伍几十年后，在耄耋之年，还会因为身上的伤疤和珍藏的荣誉勋章而深为动情，他们骄傲地将这些作为军人的标记，这恰恰是中国精神中最显要和最珍贵的内容。

九、建立失信人社会矫正机制

失信人在失信前的肆无忌惮，在失信后的无动于衷，可能真的可以归于过于看重物质利益，物欲造就了很多独一无二的景象，比如儿子谋杀倾心抚育自己的母亲，丈夫蓄谋杀害曾经相濡以沫的妻子，有时候到了十分荒谬的地步。诚实善良无疑是高尚的品格，但它如何能把失信人吸引到自己的地盘，让失信人摆脱物欲，不断超越自己呢？很多人认为，传统失信惩戒制度气数已尽，因为它根本无法对付那些最顽固难缠的严重失信人，关于惩戒失信的讨论非常之多，但很少有人关注如何转变失信人，促其成长。

首先，矫正资源的联合。社会是一个想象的实体，“它的表象还是一个‘照顾和分担’的共同体”[①]，不幸的个体需要依赖集体，求助于集体，福利制度就是这样被设计出来的。共同体意味着相同性，又无法绝对排除“他者”的存在，针对“他者”，如果除了惩戒我们什么都没有做过，我们对矫正资源当然一无所知，大家都袖手旁观，结果可能导致“多元无知”[②]，大家都不做，那我们自己也不做，人们倾向于根据他人的行为来决定自己该做什么。要寻找对失信人有作用的改造和矫正项目，一个陷入经济困境的失信人最需要的是一份就业岗位，一个重视家庭的

①［英］齐格蒙特·鲍曼：《共同体》，欧阳景根译，江苏人民出版社，2007，第129页。

②“多元无知”指在自己不确定、情况不明或存在不确定性时，人们倾向于观察别人在做什么，觉得别人的行为是正确的，容易跟着别人走。参见［美］罗伯特·西奥迪尼：《影响力》，闾佳译，北京联合出版公司，2019，第158–159页。

失信人，其父母子女就是最有用的矫正资源，从这个方向上，每一个失信人对应不同的矫正资源，需要根据具体情形灵活处理，再将这些矫正资源联合起来。尤其要注意，如同献血体系一样，一旦涉及金钱，事情就变得“商业化”，不再是纯社会性的，而且将变得不可逆。本科勒教授提醒过，“把钱的因素加进来，无论是作为奖励还是作为惩罚，实际上都可以改变所有动机的总驱动力，导致人们偏离合作的轨道”[①]，信用问题的处理，无论是激励还是惩戒，我们应关注的是关系，而不单单是惩戒或激励。同理，任何类型的失信联合惩戒机制都不是由僵化的结构或严厉的惩戒措施造就的，而是必须建立包容、信任的社会环境，正如学者呼吁去包容穷人的失误一样[②]，我们也要包容失信人的失误，在那样的环境里，失信人才会迷途知返，受到良善动机的驱动。信用精神在善意中安稳孕育，要善用物质和精神方面的资源，并让两者皆能精进。

其次，失信人所在单位、社区或村组负有矫正责任。新加坡康复企业管理局的宗旨是“社会复归”[③]，帮助犯人过正常的生活，这和美国2008年《第二次机会法案》的宗旨是一致的。“邪恶的平庸性”这个概念指出，平凡人要为同类最残酷与堕落的卑劣行为负责[④]，当多数人选择让步或不闻不问时，我们无法对抗邪恶。所有人都要负起责任，但失信人所在单位、社区或村组是主要的帮扶力量，它们应对辖内失信人予以关注并采取矫正行动。这来自一个互惠互利的利他主义假设，即假如有一天我也变成失信人，其他人也会如此对待我。人类都认同互惠原理，负起矫正责任的集体组织和失信人之间形成互惠关系，互惠体系的达成及随之而来的亏欠感将给失信人带来意想不到的影响，使失信人有偿还人情债的义务感，正是因为互惠体系的存在，人类才被称为人类。著名学者理查德·利基早已研究过，“欠债网”是人类一种独特的适应机制，有了它，人类才得以实现劳动分工，交换不同形式的商品和服务，让个

---

① ［美］尤查·本科勒：《合作的财富》，简学译，浙江人民出版社，2018，第194页。

② 学者提出包容穷人的不当行为，穷人因为环境压迫，失误频发，不可避免，失误的存在与穷人的积极性根本无关。参见［美］塞德希尔·穆来纳森、［美］埃尔德·沙菲尔：《稀缺》，魏薇、龙志勇译，浙江人民出版社，2014，第185–186页。

③ 新加坡狱政署1996年起开始改革，“康复”这个流行语兴起，指出监狱不应仅是惩罚手段，还据此修正规范章程，进行监狱建设，狱后强制辅导、社区主题量刑等新策略被提出。参见［美］贝兹·卓辛格：《把他们关起来，然后呢?》，陈岳辰译，中信出版集团，2017，第232–235页。

④ ［美］菲利普·津巴多：《路西法效应》，孙佩妏、陈雅馨译，生活·读书·新知三联书店，2013，前言。

体相互依赖，凝结成高效率的单位[①]。在我们向失信人提出要求之前，先对他们施以行动上的善意，那将极大地提高其向守信人转化的概率。反之，作为单位成员之一的失信人不会维护如此无情的集体组织，更甚者，他们不愿再做一个守法的好公民了。

任何将失信人直接隔离或驱离的做法都不是长久之计，这是另一种“姑息之恶”[②]。伯克说，邪恶的凯旋唯一需要的只是善良人的袖手旁观[③]。失信不仅是失信人个人作出的选择，还是宏观社会环境下的产物，要想真正帮助失信人，就不能单单采取惩戒和驱离的做法。当今国家并不是不需要失信联合惩戒，而是需要成熟的体系，这个机制蕴含着巨大的能量，缺乏的是操作它的可持续战略和部署。对减少失信最有帮助的是那些和失信人正面交锋的人，他们与失信人斗争，督促他们改正，指出现行体系的漏洞，向政府建议补上漏洞以及给失信人最好的建议，帮助他们修复不良信用，避免日后的麻烦。那些躲在背后向失信人扔石头或批判失信联合惩戒机制的人对于帮助失信人起不到实际作用。

再次，政府要积极树立矫正失信人的典范，肯定他们的正确行为，使社会信用得以维持平衡。失信人中的一员看到同类获得转变之后也会对自己说：“为什么我不能这样呢?”榜样的力量很强大，否则，诚信社会就是由失信人一方参与，没有守信人参与的社会。信用激励的重要性由此而生，要让守信人围绕自己的守信行为建立起优越感，并得到切实的好处，国家要做的则是宣传守信人正确高尚的行为，并采取行动，诚信社会的内在驱动力不是制度上优劣的考虑，而是一种自然的诚信精神以及对诚信榜样的默认学习，人人力求守信，拒绝失信，失信会受到攻讦和否定，因失信而获取财富不会赢得社会认可和尊重。在2020年末，身陷抄袭漩涡的作家郭某和编剧于某被迫向权利人郑重致歉，但仅仅如此是不够的，法律上要做的是剥夺失信人因失信获取的利益，而政府要做的是敦促失信人向守信人转化。

失信联合惩戒使失信人处于弱势，其实会造就一种双输格局。对失信人来说，因信用记录不良，无法进入正常竞争，同时面临整个社会的

---

① ［美］罗伯特·西奥迪尼：《影响力》，闾佳译，北京联合出版公司，2019，第32页。

② 不做任何事也是一种邪恶。隔离或驱离的做法其实就是不闻不问，失信的促成因素之一是不伸出援手、不给予帮助的沉默的大多数。

③ ［美］菲利普·津巴多：《路西法效应》，孙佩妏、陈雅馨译，生活·读书·新知三联书店，2013，第360页。

排斥和抛弃；从社会来说，由于失信人处在诚信社会之外，不能对诚信社会有所贡献，这种状态不是我们乐见的，我们需要的是把所有人聚集在一起，信用秩序和信用文明来自每一个人。毫无疑问，失信会导致资格减等，但资格减等反过来又使人们在不良信用记录里越陷越深，进一步削弱他们进入良性循环的能力，让他们无法成功攀爬上诚信社会的最低的台阶。即便失信人的比例是1%，除非我们能成功转化这1%，否则这1%一直会保持恶性循环状态，而另外99%的人为诚信社会建设作出的努力也可能受到制约。笔者有时不无忧虑，我们过分严厉的惩戒制度，容易导致失信人认为我们正在驱离失信人并彻底与他们决裂。克服偏见的能力太重要了，笔者反对轻率地将惩戒力度等同于信用秩序的好转，由于政治上的考虑、信用经济的现实以及缺乏想象力，我们始终找不到惩戒以外改造失信人的方法。失信联合惩戒也是一场心理战，惩戒未必能解决所有问题，新的信用规则至少要防止诱导新的失信行为产生。

失信联合惩戒有技术上的成就，还有价值上的弱点，虽然囿于环境和可能的偏见，我们需要敏锐的眼光才能探访与失信联合惩戒制度有关的各个方面或领域，但是很明显，我们的眼光还要向前延伸。在信用领域，我们看到了人性卑劣的基因，在一个崇尚财富、以获取更多财富为荣的时代，人们是不可能过分尊重信用的。凡勃伦就曾说："财产的保有一旦成为博取荣誉的基础，它也就成为满足我们所称为自尊心的必要手段。"[①]当社会成员被分裂为守信人和失信人两个不同的阵营，产生重大分歧时，如何重新形成一种社会内聚力？有什么样的力量才能把社会团结在一起？根本还在于，守信人和失信人并不是绝对对立的，失信联合惩戒的目的不在于除掉所有的失信人，而是千方百计改造失信人，让他们成为守信人的一员，正是这种思维拉着失信联合惩戒制度，不让它太离谱。

综上所述，本章涉及失信联合惩戒的制度构建，笔者主要从宏观和微观两个层面展开论述。首先，在整体制度设计层面，失信联合惩戒的制度框架应遵循"基本法构建+单行法创设+局部规则嵌入"这一思路，在制度模式选择上宜采取分类立法的模式，因为不同社会领域差异较大，统一的规则难以适用于全境。在制度上，要区分内部关系和外部关系，内部主要处理好惩戒机构之间的关系，外部主要处理好惩戒机构和被惩

① ［美］凡勃伦：《有闲阶级论》，蔡受百译，商务印书馆，2007，第27页。

戒人之间的关系。其次，在微观层面，实体规则要出台明确具体的立法，形成详细完整的规范体系，提供规范性指引。在程序规则上，要完善失信联合惩戒的流程步骤，没有规范的程序，就没有规范的失信联合惩戒机制。在配套制度上，涉及的方面很多，包括对接国际信用标准、保持司法机关的独立性、加强公民诚信教育、构建企业合规制度等。概言之，失信联合惩戒制度的构建是一个全方位的系统工程，仅仅着眼于某一处，都不足以构建起一个完善的失信联合惩戒制度。

结　语

马歇尔教授在其名著《经济学原理》扉页上落下警句——“自然界没有飞跃”，经济发展的每一步都是逐渐的和连续的，这句话至今振聋发聩。一方面，每一种制度的形成都是由多种力量促成的，须对不同的力量进行具体的研究；另一方面，每一种力量都受到社会环境的影响，为其改变，对社会环境的研究必然涉及更多的领域。正因如此，本书关于失信联合惩戒的很多解释都不完整，不能令人满意。

第一，关于失信联合惩戒的基础理论。失信联合惩戒早已成为一种惯常的实践活动，但是其治理框架或模型还在形成过程中，还没有形成稳固的概念和体系，也没有固定的形式，亟须学术上的补救。失信联合惩戒是有史以来在信用领域进行的最庞大的实验，事实正在证明这一描述。一个有进取心的政府，一群热情的人民，加上失信联合惩戒机制，他们共同开启了信用新革命（亦可称信用联合惩戒实验），借着诚信社会运动，政府向失信人发起猛攻，给失信人全面且彻底的一击。当前的理论对于解释失信联合惩戒所牵涉的挑战和问题远远不够充分，还没有产生一种完整且明确的理论，政府文件记录中关于联合惩戒模式的表述比学术文献中记载更多。失信联合惩戒机制已经向传统信用治理框架提出了挑战，我们应该直面挑战，扩大和调整历史视角，而不是抨击、回避或刻意诋毁，学界要在失信联合惩戒机制上生成新的概念，实务部门要在实践上生成新的实践性方法，理论和实践融合，互相交融、互相促进，对任何制度进行理性批判，实事求是地看待制度本身，这是一个学者应始终坚守的信条。

第二，关于失信联合惩戒制度跨越公私领域的问题。在诚信社会建设目标提出以前，信用及其衍生的问题多被看作私法领域的问题，我们采用的主要是柔性手段，不是硬性指令，现在受到经济学的启发，采用联合手段，颁布硬性规定。任何制度都必须遵循日常生活实践，在促进诚信社会目标的同时，我们要助推人们自主选择，选择灵活多变的标准而不是死板的设计方案，否则会进入一个“两难”困局：第一种困局是关于失信联合惩戒的规定很多，自由空间小，自主权更小；

第二种困局是关于失信联合惩戒的规定很少，灵活性提高，自主权大，但不确定性上升。我们要做的是，涉及私法领域，要让公众获得更多的自主权；涉及公法领域，要出台更多的成文规定，减少不确定性，方便公众，降低执法成本。选择正确的措施和手段来执行失信联合惩戒是关键，如果规定含混不清、过于烦琐，就可能招致民怨。当然，学界的疾呼和社会公众的监督能够助推理性的决策，防范政府的激进冒失行为。

第三，关于研究对象的问题。如果研究刑法，不能不研究犯罪嫌疑人本身；对失信惩戒制度的研究，也无法忽视对象——失信人。传统失信惩戒机制功效减弱的一个原因在于失信人开始变得强大，我们的起点是失信人群体，他们来自不同地域和不同阶层，属于异质性群体，身份、生活环境和受教育程度不同，跨越阶层，他们可能是理发师、厨子、泥瓦匠，也可能是公务员、律师、教师，他们仅仅因为失信行为被联系在一起，社会信用立法可能标示出失信人的少数特征，却无法标示出全部。关于失信人群体的判断，尚没有成为一个专业的技术性问题，智力起不了多少作用，失信是一个一般性问题，有时法学专家和一群泥瓦匠对失信并没有十分不同的判断，专家的意见和专长不再有多大的作用，100个专家给出的惩戒建议也许不会比100个外卖员给出的更高明。但这还不是事情的全部，世界并不是被严格分成守信人和失信人两个阵营，许多人生活在两者之间的过渡地带，我们可以将这部分人称为“两面人”，他们处于半信用状态。事实上，这样的人占人口的相当比例。公民个人信用是一个很大的主题，短短数行评论不仅于事无补，甚至不如不说。人们对失信联合惩戒制度的关注，注意力投射到惩戒的力度、措辞、合法性或形式上，很少将注意力投射到人身上，但失信人作为联合惩戒的对象，对惩戒对象的研究会有不可思议的启发，不至于使联合惩戒看起来是在对失信人一无所知的情况下完成的，用的不过是立法的基本技巧，但看到真实的失信人的生活之后，联合惩戒就像一个中看不中用的工艺品，这不由得使人们对制度本身的信任遭到沉重一击。笔者也重新反思，我们对促成联合惩戒的力量知之甚少，这个世纪之初出现的不可思议的飞跃是否来得太仓促，如果等学者们有进一步的研究再来面对这个世界是不是更好呢?

埃利希说：“有生命力的新法的萌芽可能比那些垂死的法律残余更重

要。”[①]本书力图解决但没有解决的问题还有很多，我们疑惑为什么在这样一个历史关头出现了关于失信联合惩戒的制度需求，为什么对于它的需求出现在这样一个特定的时间点上。失信联合惩戒制度从本质上来说是一个历史产物，不了解当代中国的历史，根本无法获得关于失信联合惩戒的正确理解。寻找失信联合惩戒背后的故事，将其置于历史大背景下，可以帮助我们理解它的制度演进，也可以用来解释关于其本质的理论争议，特别是在这个制度被援用之前，政府已经实验性地适用它了。随着信用问题的拓展，出现了很多非常具有吸引力的主题，我们已经有防范诈骗、假冒伪劣等不诚信行为的一系列法律，为什么还要制定一部专门的失信惩戒方面的法律？它对社会信用秩序会有什么影响？或许，法律对现状根本无能为力，失信联合惩戒机制如何与其他法律联系起来？失信联合惩戒真的有助于信用秩序的重建吗？还是，只是让守信的人稍感安慰而已？这些都是待解的谜团。

失信惩戒制度改革是必行之事，惩戒适用于所有人，涉及所有人利益的事项，都必须经立法者之手，由高级别机构作出，这可以解释为什么失信联合惩戒不能由基层组织来完成。虽然专家未必比基层工作人员更熟悉失信人群体，专家作出的惩戒决策也未必比基层组织更高明，但是知识分子与包括政府官员在内的社会公众之间有巨大的鸿沟，攻击知识分子，不尊重思想，美国20世纪50年代的反智[②]现象揭露了这样“一个众人早就怀疑的事实”[③]，但实际上，基层工作人员是根据日常生活和工作经验来处理失信事件和制定失信联合惩戒措施的，可能远远谈不上理性教导和立法智慧，由此产生的失信联合惩戒制度要经过多番磨砺，最后才可能成为一个合乎法治国家品质的制度，这也是可想而知的。

再完美的法律也无法保证所有人守信，很多人不了解失信联合惩戒机制的实质，它被认为只是笼罩在少数失信人头上的阴云。本书的目的是加深人们对失信联合惩戒究竟存在什么问题以及未来如何修正的了解，

---

① ［奥］尤根·埃利希：《法律社会学基本原理（三）》，叶名怡、袁震译，中国社会科学出版社，2009，第1091页。

② 反智没有一个确定的定义，它表达的是社会大众对知识分子普遍感到的厌恶。理查德·霍夫斯塔特所著《美国的反智传统》提出，将反智的这些态度与观念聚集起来的是对思想生活、对被认为代表思想之人的生活所存有的怨怼与怀疑。参见［美］理查德·霍夫斯塔特：《美国的反智传统》，陈思贤译，中译出版社，2021，第7页。

③ ［美］理查德·霍夫斯塔特：《美国的反智传统》，陈思贤译，中译出版社，2021，第4页。

想要对它有一个清晰的认识并不是一件容易的事情，笔者所做的只是像休·理查兹所说的那样："这是一幅由变化中的行为方式、非正式和突然出现的规则，以及转变中的权力游戏等交织而成的混乱的图画。我们需要更多的透明度，以协助公共管理者及其他公共服务机构的人员了解政府改革，也让更多的公众更好地理解这些改革。"[①]

① 这是休·理查兹在谈到英国政府改革时的评论。参见［美］B.盖伊·彼得斯：《政府未来的治理模式》，吴爱明、夏宏图译，中国人民大学出版社，2014，第17页。

参考文献

一、著作

［1］哈特.法律的概念［M］.许家馨，李冠宜，译.第三版.北京：法律出版社，2018.

［2］埃德加·博登海默.博登海默法理学［M］.潘汉典，译.北京：法律出版社，2015.

［3］康德.法的形而上学原理——权利的科学［M］.沈叔平，译.北京：商务印书馆，2011.

［4］柏拉图.法律篇：第一卷［M］.张智仁，何勤华，译.上海：上海人民出版社，2001.

［5］卡尔·拉伦茨.法学方法论［M］.陈爱娥，译.北京：商务印书馆，2003.

［6］伯恩·魏德士.法理学［M］.丁晓春，吴越，译.北京：法律出版社，2013.

［7］布赖恩·比克斯.法理学——理论与语境［M］.邱昭继，译.北京：法律出版社，2008.

［8］韦恩·莫里森.法理学——从古希腊到后现代［M］.李桂林，李清伟，侯建，郑云瑞，译.武汉：武汉大学出版社，2003.

［9］尤根·埃利希.法律社会学基本原理（一）［M］.叶名怡，袁震，译.北京：九州出版社，2007.

［10］蒂莫西·A.O.恩迪科特.法律中的模糊性［M］.程朝阳，译.北京：北京大学出版社，2010.

［11］哈贝马斯.在事实与规范之间——关于法律和民主法治国的商谈理论［M］.童世骏，译.北京：生活·读书·新知三联书店，2014.

［12］霍菲尔德.基本的法律概念［M］.张书友，译.北京：中国法制出版社，2009.

［13］约翰·奥尔森.司法语言学［M］.王虹，欧阳国亮，刘旸菲，译.北京：中国人民公安大学出版社，2015.

［14］马歇尔.货币、信用与商业［M］.叶元龙，郭家麟，译.北京：

商务印书馆，2011.

［15］雷蒙德·瓦克斯.法律［M］.殷源源，译.南京：译林出版社，2016.

［16］罗伯特·诺齐克.无政府、国家和乌托邦［M］.姚大志，译.北京：中国社会科学出版社，2008.

［17］米歇尔·福柯.规训与惩罚［M］.刘北成，杨远婴，译.北京：生活·读书·新知三联书店，2012.

［18］边沁.道德与立法原理导论［M］.时殷弘，译.北京：商务印书馆，2017.

［19］罗斯科·庞德.通过法律的社会控制［M］.沈宗灵，译.北京：商务印书馆，2011.

［20］拉塞尔·M.林登.无缝隙政府［M］.汪大海，吴群芳，译.北京：中国人民大学出版社，2014.

［21］塞德希尔·穆来纳森，埃尔德·沙菲尔.稀缺［M］.魏薇，龙志勇，译.杭州：浙江人民出版社，2014.

［22］亨利·萨姆奈·梅因.古代法［M］.高敏，瞿慧虹，译.北京：中国社会科学出版社，2011.

［23］凯尔森.纯粹法理论［M］.张书友，译.北京：中国法制出版社，2008.

［24］维拉曼特.法律导引［M］.张智仁，周伟文，译.上海：上海人民出版社，2003.

［25］托马斯·阿奎那.论法律［M］.杨天江，译.北京：商务印书馆，2018.

［26］司丹木拉.现代法学之根本趋势［M］.张季忻，译.北京：中国政法大学出版社，2003.

［27］卡尔·曼海姆.重建时代的人与社会：现代社会结构研究［M］.南京：译林出版社，2014.

［28］克鲁泡特金.互助论［M］.李平沤，译.北京：商务印书馆，2017.

［29］约翰·莫里斯·凯利.西方法律思想简史［M］.王笑红，译.北京：法律出版社，2010.

［30］玛高温.中国的行会［M］//彭泽益.中国工商行会史料集（上）.北京：中华书局，1995.

［31］科耶夫.法权现象学纲要［M］.邱立波，译.上海：华东师范大学出版社，2011.

［32］亚当·斯密.道德情操论［M］.蒋自强，钦北愚，朱钟棣，沈

凯璋，译.北京：商务印书馆，1997.

［33］戴维·奥斯本，彼得·普拉斯特里克.再造政府［M］.谭功荣，刘霞，译.北京：中国人民大学出版社，2014.

［34］布赖恩·辛普森.法学的邀请［M］.范双飞，译.北京：北京大学出版社，2015.

［35］罗伯特·阿克塞尔罗德.合作的复杂性［M］.梁捷，高笑梅，译.上海：上海人民出版社，2017.

［36］菲利普·津巴多.路西法效应［M］.孙佩妏，陈雅馨，译.北京：生活·读书·新知三联书店，2013.

［37］理查德·霍夫斯塔特.美国的反智传统［M］.陈思贤，译.北京：中译出版社，2021.

［38］尼尔·麦考密克.法律推理与法律理论［M］.姜峰，译.北京：法律出版社，2018.

［39］罗伯特·诺齐克.无政府、国家和乌托邦［M］.姚大志，译.北京：中国社会科学出版社，2008.

［40］彼得·德恩里科，邓子滨.法的门前［M］.北京：北京大学出版社，2012.

［41］西田几多郎.善的研究［M］.何倩，译.北京：商务印书馆，2017.

［42］保尔·拉法格.思想起源论［M］.王子野，译.北京：生活·读书·新知三联书店，1978.

［43］保罗·利科.论公正［M］.程春明，译.北京：法律出版社，2007.

［44］罗伯特·阿列克西.法理性商谈——法哲学研究［M］.朱光，雷磊，译.北京：中国法制出版社，2011.

［45］莫顿·霍维茨.美国法的变迁1780—1860［M］.谢鸿飞，译.北京：中国政法大学出版社，2004.

［46］古斯塔夫·勒庞.乌合之众［M］.冯克利，译.桂林：广西师范大学出版社，2015.

［47］川岛武宜.现代化与法［M］.申政武，渠涛，李旺，王志安，译.北京：中国政法大学出版社，2004.

［48］冯·哈耶克.民主向何处去［M］.邓正来，译.北京：首都经济贸易大学出版社，2014.

［49］B.盖伊·彼得斯.政府未来的治理模式［M］.吴爱明，夏宏

图，译.北京：中国人民大学出版社，2014.

［50］马歇尔.经济学原理［M］.朱志泰，陈良璧，译.北京：商务印书馆，2019.

［51］阿图尔·考夫曼.法律获取的程序——一种理性分析［M］.雷磊，译.北京：中国政法大学出版社，2015.

［52］伯纳德·施瓦茨.美国法律史［M］.王军，洪德，杨静辉，译.北京：法律出版社，2018.

［53］戴维·克雷因，格里高利·米切尔.司法政策的心理学［M］.陈林林，张晓笑，译.北京：法律出版社，2016.

［54］乌尔里希·克卢格.法律逻辑［M］.雷磊，译.北京：法律出版社，2016.

［55］埃德加·博登海默.法理学——法律哲学与法律方法［M］.邓正来，译.北京：中国政法大学出版社，2017.

［56］丹尼斯·罗伊德.法律的理念［M］.张茂柏，译.上海：上海译文出版社，2014.

［57］理查德·波斯纳.各行其是——法学与司法［M］.苏力，邱遥堃，译.北京：中国政法大学出版社，2017.

［58］费迪南·冯·席拉赫.尊严［M］.姬健梅，译.杭州：浙江人民出版社，2018.

［59］戴维·霍尔.大转折时代［M］.熊祥，译.北京：中信出版社，2013.

［60］P.诺内特，P.塞尔兹尼克.转变中的法律与社会：迈向回应型法［M］.张志铭，译.北京：中国政法大学出版社，2004.

［61］安东尼·达夫.刑罚·沟通与社群［M］.王志远，柳冠名，姜盼盼，译.北京：中国政法大学出版社，2018.

［62］卡尔·霍夫兰，欧文·贾尼斯，哈罗德·凯利.传播与劝服——关于态度转变的心理学研究［M］.张建中，李雪晴，曾苑，译.北京：中国人民大学出版社，2015.

［63］海因里希·盖瑟尔伯格.我们时代的精神状况［M］.孙柏，等，译.上海：上海人民出版社，2018.

［64］弗里德里希·奥古斯特·冯·哈耶克.通往奴役之路［M］.王明毅，冯兴元，等，译.北京：中国社会科学出版社，1997.

［65］大木雅夫.比较法［M］.范愉，译.北京：法律出版社，2006.

［66］C.L.孟德斯鸠.论法的精神［M］.彭盛，译.北京：当代世界出

版社，2008.

［67］尼科洛·马基雅维利.君主论［M］.潘汉典，译.北京：商务印书馆，2017.

［68］罗伯特·西奥迪尼.影响力［M］.闾佳，译.北京：北京联合出版公司，2019.

［69］帕特里克·德富林.道德的法律强制［M］.马腾，译.北京：中国法制出版社，2016.

［70］丹尼尔·A.雷恩，阿瑟·G.贝德安.管理思想史［M］.孙健敏，黄小勇，李原，译.北京：中国人民大学出版社，2014.

［71］理查德·A.波斯纳.法律的经济分析（上）［M］.蒋兆康，译.北京：中国大百科全书出版社，1997.

［72］托马斯·弗里德曼.世界是平的［M］.何帆，肖莹莹，郝正非，译.长沙：湖南科学技术出版社，2008.

［73］路德维希·冯·米塞斯.货币与信用理论［M］.孔丹凤，译.上海：上海人民出版社，2018.

［74］马克思.资本论（第3卷）［M］.北京：人民出版社，1975.

［75］齐格蒙特·鲍曼.共同体［M］.欧阳景根，译.南京：江苏人民出版社，2007.

［76］约翰·弗雷尔，詹姆斯·埃德温·凯，埃里克·波伊尔.跨部门合作治理［M］.甄杰，译.北京：化学工业出版社，2018.

［77］迈克尔·舒德森.知情权的兴起——美国政治与透明文化（1945—1975）［M］.郑一卉，译.北京：北京大学出版社，2018.

［78］R.M.昂格尔.现代社会中的法律［M］.吴玉章，周汉华，译.南京：译林出版社，2008.

［79］费希特.自然法权基础［M］.谢地坤，程志民，译.北京：商务印书馆，2011.

［80］约翰·洛克.论降低利息和提高货币价值的后果［M］.徐式谷，译.北京：商务印书馆，2011.

［81］朱迪丝·N.施克莱.守法主义——法、道德和政治审判［M］.彭亚楠，译.北京：中国政法大学出版社，2005.

［82］罗斯科·庞德.法理学［M］.邓正来，译.北京：中国政法大学出版社，2007.

［83］马修·德夫林.哈贝马斯、现代性与法［M］.高鸿钧，译.北京：清华大学出版社，2008.

［84］拉德布鲁赫.法学导论［M］.米健，译.北京：商务印书馆，2017.

［85］贝兹·卓辛格.把他们关起来，然后呢？［M］.陈岳辰，译.北京：中信出版集团，2017.

［86］尤查·本科勒.合作的财富［M］.简学，译.杭州：浙江人民出版社，2018.

［87］塞缪尔·鲍尔斯，赫伯特·金迪斯.合作的物种——人类的互惠性及其演化［M］.张弘，译.杭州：浙江大学出版社，2015.

［88］科尼利厄斯·M.克温.规则制定——政府部门如何制定法规与政策［M］.刘璟，张辉，丁洁，译.上海：复旦大学出版社，2007.

［89］黑格尔.法哲学原理［M］.范扬，张企泰，译.北京：商务印书馆，2011.

［90］大卫·萨维奇.合作式思维：如何有效掌控、激活群体智慧［M］.信任，译.北京：中国友谊出版公司，2017.

［91］伊莱恩·卡斯凯特.网上遗产［M］.张淼，译.福州：海峡文艺出版社，2020.

［92］奥特弗利德·赫费.政治的正义性［M］.庞学铨，李张林，译.上海：上海译文出版社，2014.

［93］理查德·波斯纳.超越法律［M］.苏力，译.北京：北京大学出版社，2016.

［94］约翰·罗尔斯.正义论［M］.何怀宏，何包钢，廖申白，译.北京：中国法制出版社，1988.

［95］欧内斯特·J.温里布.私法的理念［M］.徐爱国，译.北京：北京大学出版社，2007.

［96］艾伦·格林斯潘.动荡的世界［M］.余江，译.北京：中信出版社，2014.

［97］艾伦·德肖维茨.你的权利从哪里来？［M］.黄煜文，译.北京：北京大学出版社，2014.

［98］卡斯·桑斯坦.简化——政府的未来［M］.陈丽芳，译.北京：中信出版社，2015.

［99］罗杰·赛勒.法律制度与法律渊源［M］.项焱，译.武汉：武汉大学出版社，2010.

［100］斯蒂芬·布雷耶.法官能为民主做什么［M］.何帆，译.北京：法律出版社，2012.

［101］布拉德·谢尔曼，莱昂内尔·本特利.现代知识产权法的演

进：英国的历程（1760—1911）［M］.金海军，译.北京：北京大学出版社，2006.

［102］恩斯特·卡西尔.国家的神话［M］.范进，杨君游，柯锦华，译.北京：华夏出版社，2015.

［103］尤根·埃利希.法律社会学基本原理（三）［M］.叶名怡，袁震，译.北京：中国社会科学出版社，2009.

［104］布鲁诺·莱奥尼.自由与法律［M］.秋风，译.长春：吉林人民出版社，2004.

［105］丹宁勋爵.法律的界碑［M］.刘庸安，张弘，译.北京：法律出版社，2011.

［106］入江昭.全球共同体［M］.刘青，颜子龙，李静阁，译.北京：社会科学文献出版社，2009.

［107］拉希德·阿利莫夫.上海合作组织的创建、发展和前景［M］.王宪举，胡昊，许涛，译.北京：人民出版社，2012.

［108］迈克尔·巴尼特，玛莎·芬尼莫尔.为世界定规则［M］.薄燕，译.上海：上海人民出版社，2009.

［109］莱斯特·M.萨拉蒙.全球公民社会——非营利部门视界［M］.贾西津，魏玉等，译.北京：社会科学文献出版社，2002.

［110］齐格蒙特·鲍曼.共同体［M］.欧阳景根，译.南京：江苏人民出版社，2007.

［111］约瑟夫·E.斯蒂格利茨.全球化逆潮［M］.李杨，唐克，章添香，等，译.北京：机械工业出版社，2019.

［112］约翰·穆勒.论自由［M］.欧阳瑾，戴花，译.上海：上海文化出版社，2020.

［113］劳伦斯·M.弗里德曼.美国法律史［M］.苏彦新，译.北京：中国社会科学出版社，2007.

［114］唐纳德·凯特尔.权力共享——公共治理与私人市场［M］.孙迎春，译.北京：北京大学出版社，2009.

［115］浜野洁，井奥成彦，中村宗悦，岸田真，永江雅和，牛岛利明.日本经济史［M］.彭曦，刘姝含，韩秋燕，唐帅，译.南京：南京大学出版社，2018.

［116］谷内满.日本经济：演进与超越［M］.杨林生，王婷，译.南京：江苏人民出版社，2016.

［117］DAN ARIELY.The Honest Truth About Dishonesty: How We Lie to Everyone-Especially Ourselves ［M］.New York: Harper Collins Press,2012.

［118］JAN-WILLEM VAN PROOIJEN,PAUL A. M. VAN LANGE.Cheating, Corruption, and Concealment: The Roots of Dishonesty ［M］.Cambridge: Cambridge University Press，2016.

［119］ALESSANDRO DE GIORGI.Re-Thinking the Political Economy of Punishment: Perspectives on Post-Fordism and Penal politics ［M］. New York: Routledge Press，2017.

二、期刊论文

［1］门中敬.失信联合惩戒之污名及其法律控制［J］.法学论坛，2019（11）：18-26.

［2］马怀德.行政处罚现状与立法建议［J］.中国法学，1992（5）：44-49.

［3］叶林.私法权利的转型——一个团体法视角的观察［J］.法学家，2010（4）：138-154.

［4］贾茵.失信联合惩戒制度的法理分析与合宪性建议［J］.行政法学研究，2020（3）：95-108.

［5］周海源.失信联合惩戒的泛道德化倾向及其矫正——以法教义学为视角的分析［J］.行政法学研究，2020（3）：69-81.

［6］顾建国，陈斌.浅谈联合执法及其行政复议［J］.中南政法学院学报，1991（3）：26-30.

［7］王伟.失信惩戒的类型化规制研究——兼论社会信用法的规则设计［J］.中州学刊，2019（5）：43-52.

［8］陈文玲.整顿和规范市场秩序是一项长期任务［J］.管理现代化，2004（8）：4-8.

［9］皮卫东.银行信贷登记咨询制度：我国信用管理体系建设的开端［J］.南方金融，2001（7）：21-22.

［10］唐冰开.华尔街归来看中国信用体系——著名经济学家温元凯教授谈中国信用体系的构建［J］.现代商业银行，2001（10）：30-32.

［11］吴堉琳，刘恒.信用联合奖惩合作备忘录：运作逻辑、法律性质与法治化进路［J］.河南社会科学，2020（3）：11-20.

［12］吴本忠，陈自忠.联合执法与临时执法中的法律问题［J］.学海，1992（1）：59-62.

［13］邱合金.法院渔政联合执法效果好［J］.中国水产，

1994（5）：11.

［14］田歌.我国失信联合惩戒制度的发展现状与问题［J］.区域治理，2019（10）：64-66.

［15］刘今定.人大与“一府两院”联合执法检查的两个主要弊端［J］.人大工作通讯，1997（6）：39-40.

［16］邓超英.联合执法应依法进行［J］.党政干部论坛，1998（3）：46-47.

［17］林炳华.进一步完善协同监管机制的思考［J］.南方金融，2001（8）：30-31.

［18］罗嘉.协同学对我国建立金融监管协同机制的启示［J］.经济师，2004（8）：40-41.

［19］陈学晏.试论建立执行庭［J］.政法学刊，1986（12）：24-27.

［20］丁从汉.对42件未执行的经济案件调查剖析［J］.法学杂志，1989（3）：42.

［21］李敏.失信被执行人名单：从公布到联合惩戒［J］.中国审判，2014（8）：18-21.

［22］侯学宾，陈越瓯.人民法院的运动式治理偏好——基于人民法院解决“执行难”行动的分析［J］.吉林大学社会科学学报，2020（11）：70-84.

［23］胡建淼.“黑名单”管理制度——行政机关实施“黑名单”是一种行政处罚［J］.人民法治，2017（5）：83.

［24］赵锐.我国社会信用体系建设的探讨——剖析、借鉴德国SCHUFA的社会信用体系［J］.电子政务，2017（4）：84-93.

［25］阮爽.《欧盟个人数据保护通用条例》及其在德国的调适评析［J］.德国研究，2018（9）：88-103.

［26］林钧跃.第三代企业信用管理理论及其特点［J］.征信，2014（1）：28-31.

［27］孟刚，赵希伟.美国二级制裁和我方应对思考［J］.公共外交季刊，2019（12）：40-47.

［28］李传水.联合执法应慎行［J］.人大研究，1999（3）：2.

［29］张鲁萍.环境领域失信联合惩戒：实践展开、制约因素与规制路径［J］.征信，2022（6）：28-34.

［30］夏金莱.金融领域失信联合惩戒制度研究［J］.法学评论，2022（6）：96-105.

［31］邹焕聪.跨区域失信联合惩戒措施：实践考察、困境缘由与规范进路［J］.征信，2023（2）：40-48.

［32］吴帅帅.涉金融失信联合惩戒机制的功能锚定与路径完善［J］.征信，2023（3）：13-18.

［33］李烁.论失信联合惩戒的合法性及其补强——以《对失信被执行人实施联合惩戒的合作备忘录》为样本的分析［J］.中国法律评论，2021（1）：141-160.

［34］张鲁萍.失信联合惩戒的限度研究［J］.新疆社会科学，2020（5）：106-116.

［35］郭秉贵.失信联合惩戒的正当性及其立法限度［J］.征信，2020（2）：58-63.

［36］门中敬.失信联合惩戒的正当性拷问与理论解决方案［J］.法学杂志，2021（6）：61-72.

［37］杨晓丹，胡春辉.失信联合惩戒及其形式合法性问题研究——以30份失信联合惩戒合作备忘录为研究样本［J］.湖南工业大学学报（社会科学版），2020（4）：76-85.

［38］彭錞.失信联合惩戒行政诉讼救济困境及出路［J］.东方法学，2021（3）：171-186.

［39］孙日华.信用联合惩戒的检视与制度优化［J］.河北法学，2020（3）：123-134.

三、学位论文

［1］弓丽栋.地方官员更替、失信惩戒与企业污染违规［D］.北京：对外经济贸易大学，2020.

［2］李声高.失信被执行人惩戒制度研究［D］.武汉：中南财经政法大学，2019.

［3］刘云亮.失信惩戒法律制度研究［D］.重庆：西南政法大学，2019.

［4］李佳飞.信用立法问题研究［D］.厦门：厦门大学，2019.

［5］孙纪瑶.美国大学生学术诚信教育研究［D］.长春：东北师范大学，2019.

［6］贡太雷.惩戒·法治·人权——关于社区矫正制度的法理研究［D］.重庆：西南政法大学，2014.

后 记

等我完成书稿最后一个字的时候，我终于可以不受枯燥的学术写作规范的限制，说一说自己的心里话了。“后记”是作者留给自己的一个用来倾诉的“树洞”，在这里，我要把关于书稿的零星事件逐一记录下来。

以2021年3月为界，书稿清晰地分为两个部分。在2021年3月之前，我还沉浸在2020年国家项目立项的喜悦里，踌躇满志地开始筹谋第二部书稿，间隙阅读了很多国外学术名著，读书笔记累积了40万字之多。我当时还不知道一个灾难正慢慢向我走来，它袭击的不是我，却正中要害。冥冥中有一种忧虑，促使我急切地在3月8日提交了第一个项目的结项材料。做好这一切，我在2021年3月18日带孩子去医院，孩子生病了，第二天我们去了上海，开始了漫长的治疗和疗养。从那时起，我每夜难以入眠，痛恨自己为什么因为这些毫无用处的东西忽略了身边最重要的人，以致孩子遭受那样的痛苦。也是从那一天起，我收起书稿，半年内没有翻开过一页书。2021年10月16日这一天对于别人是一个寻常之日，对于我们是不一样的，我们终于可以恢复正常家庭生活了，年迈的母亲欢天喜地，孩子活蹦乱跳地在家里穿来穿去，我一边看向孩子，一边看向书架，纠结我还要重新开始写作吗？最后，我还是重新开启了书稿，并在2022年5月31日正式完成了它。后面的半年里，我已经丢开它，对它没有期待了。2022年11月29日下午4点，我上完课，疲惫地步行在校园，路过计算机楼，打开手机，看到2022年国家社科基金后期资助项目立项公告，我的书稿赫然在列，那是我的第二个国家项目立项，微信群里一片祝福声，我默默关上手机，漫步回家，抱起孩子，带她出门去。

这还不是故事的结尾，2023年10月27日，在去广州的高铁车站，我获悉结项受阻，正是那天清晨，李克强总理逝世，对后者的悲痛掩盖了前者。沉寂许久，2023年1月修改书稿，重新提交系统，直至6月8

日，收到兰州大学出版社的讯息，书稿开始进入下一个轮回。我用“轮回”这两个字，是因为这部书稿跟随我走了很长的路，经历了从未经历的艰难苦痛，它是在彷徨、失落、纠结、痛苦、忍耐不断交替中产出的，它是嵌在人的生命里的东西……

南通大学　柯林霞

二〇二五年一月二十日